Reinhard Lehner

Handbuch der Pendeltafeln

Reinhard Lehner

Handbuch der Pendeltafeln

Homöopathie, Bach-Blüten, Heilkräuter, Aromatherapie,
Lithotherapie, Vitamine, Chakras, Akupressur,
Nahrungsmittel, Radiästhesie und vieles mehr

Verlag Hermann Bauer
Freiburg im Breisgau

Die Deutsche Bibliothek – CIP-Einheitsaufnahme

Lehner, Reinhard:
Handbuch der Pendeltafeln : Homöopathie, Bach-Blüten,
Heilkräuter, Aromatherapie, Lithotherapie, Vitamine,
Chakras, Akupressur, Nahrungsmittel, Radiästhesie
und vieles mehr / Reinhard Lehner. –
2. Aufl. – Freiburg im Breisgau : Bauer, 1996
   ISBN 3-7626-0511-4

2. Auflage 1996
ISBN 3-7626-0511-4
© 1996 by Verlag Hermann Bauer KG, Freiburg im Breisgau
Alle Rechte vorbehalten
Umschlag: Rainer Jäger Grafikdesign, Freiburg-Tiengen
Satz und Bildverarbeitung:
Fotosetzerei G. Scheydecker, Freiburg im Breisgau
Druck: Freiburger Graphische Betriebe, Freiburg im Breisgau
Bindung: Großbuchbinderei Thalhofer, Schönaich
Printed in Germany

Gedruckt auf chlorfrei gebleichtem Papier

Ihr seid nicht in euren Körpern eingeschlossen,
noch an die Häuser und Felder gebunden.
Das, was ihr seid, wohnt über dem Berg und treibt mit dem Wind.
Es ist nicht etwas, das in der Sonne kriecht, um sich zu wärmen
oder Löcher ins Dunkel gräbt, um sicher zu sein,
sondern etwas Freies, ein Geist, der die Erde umhüllt
und sich im Äther bewegt.

Khalil Gibran, *Der Prophet*

Inhalt

Nahrung

Körper

Radiästhesie

Allgemein

Über dieses Buch

Die Idee zu diesem Buch entstand aus der praktischen Notwendig-
keit, eine Sammlung von einheitlichen Pendeldiagrammen verschie-
denster Anwendungsgebiete zur Verfügung zu haben.

Man verwendet üblicherweise die unterschiedlichsten Hilfsmittel
und Unterlagen zur Benützung des Pendels. Zum Auffinden einer
homöopathischen Arznei wird ein Buch über Homöopathie verwendet, zum Auffinden eines Heilkrautes ein Heilkräuterbuch; manch einer erstellt eigenhändig Pendeldiagramme oder verwendet eines
der zahlreichen Pendelbücher, die sich jedoch meist als Lehrbücher
verstehen und daher sehr spärlich und wenig ausführlich mit Pendeldiagrammen ausgestattet sind.

Dieses Buch, das sich als reines Tafelwerk versteht, möchte daher
mit seiner Fülle von Pendeltafeln für verschiedenste Anwendungsmöglichkeiten eine Lücke schließen.

Die Tafeln haben zur einfacheren Handhabung ein weitgehend
einheitliches Aussehen. Als Diagrammform wurde anstatt des
Kreises der Halbkreis gewählt, mit dem Vorteil, daß auch Pendel-
Ungeübte immer klare Ergebnisse erhalten, weil Verwechslungen
von gegenüberliegenden Sektoren ausgeschlossen sind.

Bei Anwendungsbereichen, die sich über mehrere Pendeltafeln
erstrecken, findet sich eine Selektionstafel zum Verzweigen.

Eine Verzweigung zu einer Folge- oder Untertafel erkennen Sie am
Zeichen → im entsprechenden Diagrammsektor. Kurze Hinweise zur
jeweiligen Thematik und Handhabung ersehen Sie auch aus dem
Hinweisblock an der rechten Seite der Tafeln.

Der Heilmittel- bzw. Gesundheitsbereich wird wohl der meistverwendete Teil dieses Buches sein. Dies ist daher auch der umfang-

reichste Abschnitt. Sie finden hier Pendeldiagramme für Aromatherapie, Bach-Blüten, Heilkräuter, Schüßler-Salze, Vitamine, Akupunktur etc. und natürlich zur Homöopathie. Auch homöopathische Komplexmittel wurden aufgenommen, wobei jeweils zwei in der Bundesrepublik und zwei in Österreich verbreitete Marken gewählt wurden. Die Dosierungstafel kann für beliebige Arzneien verwendet werden.

Eine weitere Diagrammreihe bilden die Nahrungsmittel. Auch hier eröffnet sich eine Fülle von Anwendungsmöglichkeiten, z. B. der Bestimmung einer Nahrungsmittelallergie.

Die Tafelreihe über den menschlichen Körper fächert den gesamten Körper nach anatomischen Gesichtspunkten auf. Dies bietet wiederum eine Reihe von Verwendungsmöglichkeiten, wie z. B. die ursächliche Lokalisierung von Krankheiten.

Diagramme zum Bereich Radiästhesie und verschiedene allgemeine Diagramme finden Sie gegen Ende dieses Buches.

Für diejenigen, die sich zum ersten Mal im geistigen Pendeln versuchen, für Pendel-Ungeübte aber auch für interessierte Fortgeschrittene ist das nachfolgende Kapitel gedacht. In diesem Abschnitt erfahren Sie näheres zur Pendeltechnik, Dinge, auf die man achten sollte, Möglichkeiten bei der Verwendung des Pendels – kurz, die wichtigsten Informationen zur erfolgreichen Pendelpraxis.

Weiterführende Literatur zu den einzelnen Anwendungsbereichen bietet die Literaturliste am Ende dieses Buches. Sie finden dort zu beinahe jedem behandelten Gebiet eine Buchempfehlung.

Das Pendeln kann ein schöner Beginn und Schritt auf dem geistigen Weg zu mehr Intuition, Verinnerlichung und Ausgeglichenheit sein. In diesem Sinne hoffe ich, daß Ihnen dieses Buch eine kleine Hilfe für Ihre Pendeltätigkeit und dadurch vielleicht auch für Ihren weiteren Weg bietet.

Im Januar 1996   Reinhard Lehner

Das Geistige Pendeln

Was ist Pendeln? Das wird so mancher fragen, der sich zum ersten Mal mit dieser Materie beschäftigt. Ich formuliere es so: Pendeln ist die Befragung der Seele mittels eines Pendels als Indikator. Die Deutung der Pendelbewegung ergibt die Antwort auf die Frage. Sofern man keine Hilfsmittel, wie zum Beispiel Pendeltafeln, besitzt, kann man über den Pendel nur die Antworten Ja oder Nein erhalten. Zu den einzelnen Arten der Pendelausschläge und ihrer Interpretation kommen wir in einem späteren Abschnitt.

Bewußt sollte Ihnen sein, daß nicht der Pendel Ihre Frage beantwortet, sondern Sie selbst, Ihr Unbewußtes, Ihre Seele. Wenn man es mit einem Meßgerät vergleichen wollte, so wären Sie die Meßvorrichtung, der Pendel nur der Zeiger. Mit Mystik oder übernatürlichen Kräften hat dieses Vorhaben nichts zu tun. Beim Pendeln sprechen Sie sozusagen Ihr Unbewußtes an, wobei der Pendel als Mittler zwischen Unbewußtem und Wachbewußtsein dient. So haben Sie Zugang zum universellen Wissen Ihrer Seele, daher auch die Bezeichnung »Geistiges Pendeln«.

Sie wundern sich vielleicht über den Artikel, den ich gebrauche. Man verwendet beim sogenannten Siderischen Pendel (von lat. *sidera* = Gestirne), um den es sich hierbei handelt, zur Unterscheidung vom mathematischen bzw. physikalischen Pendel, einen anderen Artikel – »der« Pendel.

Wie es zum Pendelausschlag selbst kommt und weshalb man dabei Antworten auf Fragen bekommen kann, die unter Zuhilfenahme unserer fünf Sinne nicht zu beantworten sind, wird in unzähligen Abhandlungen zu erklären versucht, auch wenn kaum eine dies zufriedenstellend beantwortet. Ich bin der Meinung: Man sollte nicht nach theoretischen Erklärungen suchen, diese sind sekundär. Im Vordergrund steht die Tatsache, daß es funktioniert – davon kann sich jeder selbst überzeugen. Nur nebenbei sei erwähnt, daß das Geistige Pendeln eine jahrhunderte-, vielleicht jahrtausendealte Kunst ist, die sich bis in unsere heutige Zeit erhalten hat. Schon in der Antike verwendeten die Griechen bei ihren Orakeln unter anderem auch die Pendelkunst. Daß diese Methode bis heute so erfolgreich bleiben konnte, sollte eventuellen Skeptikern zu denken geben.

»Kann denn jeder pendeln?« wird sich der Pendelanfänger fragen. Ich möchte es mit dem Singen vergleichen. Jeder Mensch kann singen, doch einer beherrscht es von Natur aus sehr gut, ein anderer weniger gut. Mit Gesangsunterricht und Übung läßt sich jedoch vieles verbessern. Und so mancher wird dadurch ein wahrer Meister seines Faches.

So verhält es sich auch beim Pendeln. In jedem von uns steckt ein gewisses Maß an Sensitivität. Wie weit man in dieser Hinsicht fortgeschritten ist, hängt von vielen Faktoren der persönlichen Entwicklung ab, wie z. B. von der inneren Einstellung, der Lebensweise oder der Erziehung. Sollte es daher nicht gleich nach Wunsch gelingen, ist das noch lange kein Grund zu verzweifeln. Bei vielen guten Pendelpraktikern rührte sich der Pendel beim ersten Versuch nicht von der Stelle

Spätestens nach den ersten eigenen Versuchen und Erfolgen mit dem Pendel werden auch jene, die vielleicht noch Bedenken haben, von dieser Methode überzeugt sein.

Die Sensitivität kann natürlich gesteigert werden – wie bei allen Dingen des täglichen Lebens auch hier durch Übung. Meditation ist eine weitere ausgezeichnete Möglichkeit. Regelmäßiges Meditieren trägt sehr zur inneren Ruhe und Ausgeglichenheit bei und wäre eine Bereicherung nicht nur in bezug auf die Pendelpraxis. Auch gesunde Ernährung wirkt fördernd auf die körperliche und geistige Gesundheit; auch sie beeinflußt die Sensitivität des einzelnen.

Näheres zu wichtigen Faktoren, die die Pendelfähigkeit beeinflussen können, finden Sie im Abschnitt »Pendeltechnik«.

Ich bin davon überzeugt, daß es mit der richtigen Einstellung jedem von Ihnen bald gelingen wird, mit Hilfe des Pendels Antworten auf Fragen zu erhalten.

Pendelarten

Die gebräuchlichsten Formen von Pendelkörpern ersehen Sie unten.

1 **Ringpendel**
2 **Kugelpendel**
3 **Tropfenpendel**
4 **Prismapendel**
5 **Mimosapendel**
6 **Spiralpendel**
7 **Kombinationspendel** – Das obere Normalpendel läßt sich durch Aufschrauben des unteren Teiles zum schwereren Geländependel erweitern.
8 **Kugel-Füllpendel** – Für Spezialanwendungen. Die hohle Kugel kann mit bestimmten Stoffen gefüllt werden.
9 **Stäbchenpendel**
10 **Steinpendel**

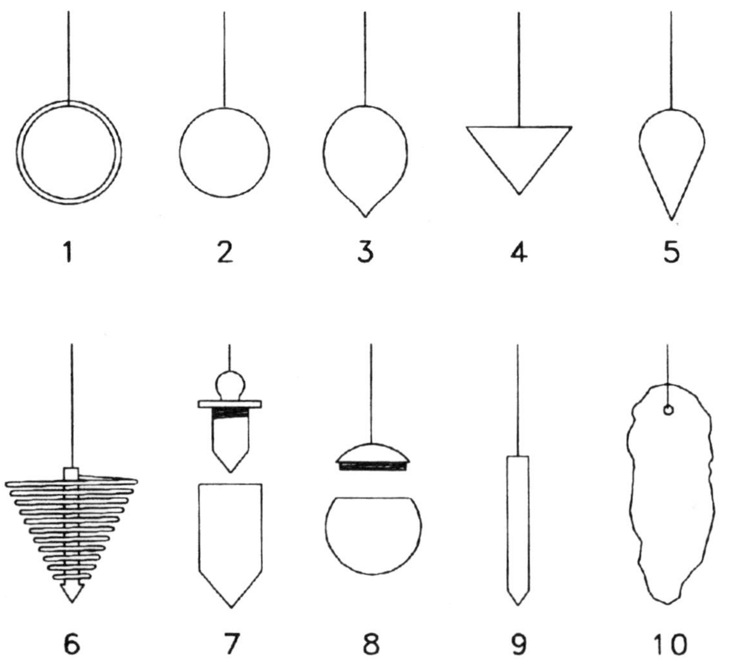

Empfehlungen bezüglich Pendelform sind wenig sinnvoll, da dies mehr eine Entscheidung des persönlichen Geschmacks sein sollte. Sie finden die für Sie passendste Pendelform am besten intuitiv oder durch Ausprobieren.

Auch bei der Wahl des Materials, aus dem der Pendelkörper besteht, bieten sich viele dem persönlichen Gespür überlassene Möglichkeiten. Übliche Stoffe sind Metalle wie Messing, Kupfer, Silber und Gold, weiter Gesteine wie Bernstein, Jade, Bergkristall oder Basalt; auch Glas- und Hartholzpendel werden verwendet.

Zur Wahl des Gewichts gibt es schon mehr zu sagen. Hier kann man oft sehr unterschiedliche Empfehlungen von Radiästhesisten hören. Gebräuchlich sind Pendelgewichte zwischen 20 und 50 Gramm.

Leichte Pendel empfehlen sich wegen der schnellen Pendelreaktion. In der Hand eines Meisters wäre ein solcher Pendel jedoch zu unruhig und ist daher eher dem Ungeübten zu empfehlen. Auch ermüdet die Hand weniger rasch als beim schwereren Pendel.

Für die Arbeit im Gelände nimmt man eher schwere Pendel ab 100 Gramm. Die Unruhe beim Gehen würde sich sonst zu sehr auf die Pendelausschläge auswirken. Mit solch einem schweren Pendel könnten Sie aber z. B. beim Pendeln auf einer Landkarte nur sehr ungenaue Ergebnisse erzielen; hier benötigt man wieder einen feinen, leichten Pendel.

Die Auswahl des Pendelgewichts hängt also sehr vom persönlichen Entwicklungsstand und von der Art der Anwendung ab.

Für den Anfang empfiehlt sich ein Pendel mit 20 bis 30 Gramm und eventuell ein zweiter mit ca. 100 Gramm.

Die Art der Aufhängung richtet sich ganz nach dem Pendelgewicht. Verwendet werden feine Ketten, Schnüre und Fäden.

Pendeltechnik

Ein allgemeingültiges Rezept der Handhabung kann ich Ihnen hier nicht geben. So verschieden die Menschen sind, so verschieden sind auch die persönlichen Eigenheiten und Einflußfaktoren beim Pendeln. Ich kann Ihnen jedoch einige Möglichkeiten aufzeigen und Vorschläge machen und bin sicher, daß Sie sehr bald den für Sie geeigneten Pendelstil finden werden.

Pendelhaltung

Übliche Pendelhaltungen ersehen Sie aus untenstehender Darstellung.

Die meisten Pendelpraktiker halten den Faden zwischen Daumen und Zeigefinger (Abbildung oben). In seltenen Fällen kann es aber gerade mit diesem Fingerpaar Probleme beim Pendeln geben. Versuchen Sie in diesem Fall andere Fingerpaarungen.

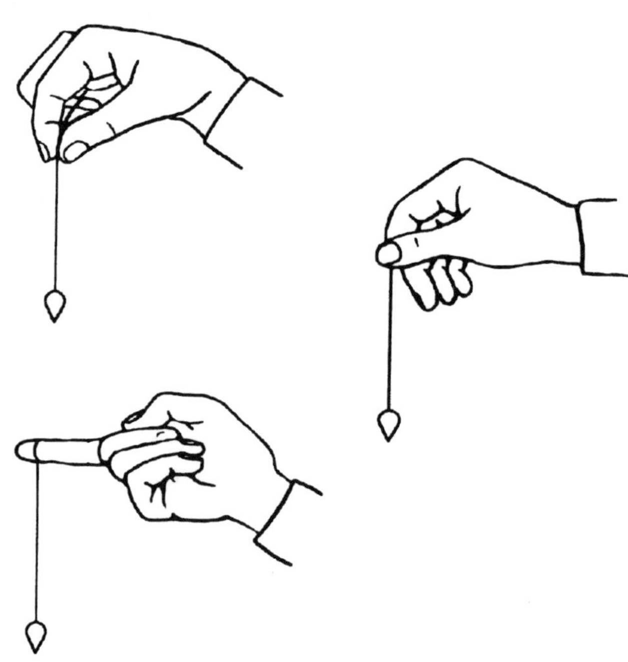

Am besten testen Sie die verschiedenen Möglichkeiten und wählen
dann die für Sie am besten geeignete aus.

Fadenlänge

Die passende Fadenlänge bei der Pendelhaltung hängt einerseits vom
Pendelgewicht und andererseits von der persönlichen Vorliebe ab. Je
schwerer der Pendelkörper, desto länger der Faden. Beim Normalpendel mit 30 Gramm sind Fadenlängen von 6 bis 10 Zentimeter üblich.

Prüfen Sie durch wiederholte Versuche die für Sie beste Länge des
Pendelfadens.

Pendelzeichen

Grundsätzlich gibt es zwei Möglichkeiten der Ja / Nein-Antwort
durch den Pendel.

1. Möglichkeit

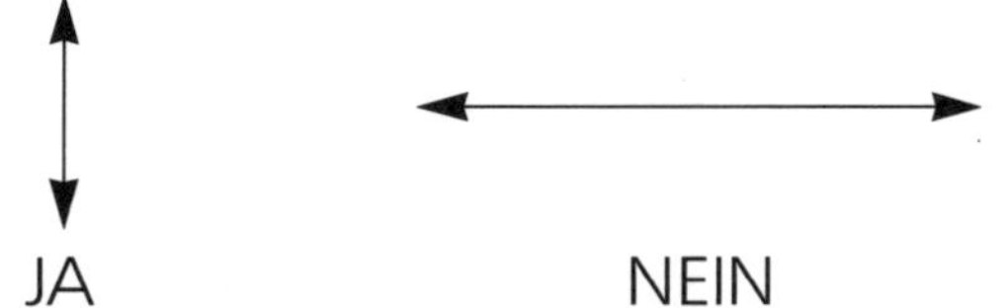

Für das Ja erhalten Sie ein gerades Vor-Zurück-Schwingen (wie ein
Kopfnicken), für das Nein ein Links-Rechts-Schwingen (wie ein Kopf-
schütteln).

2. Möglichkeit

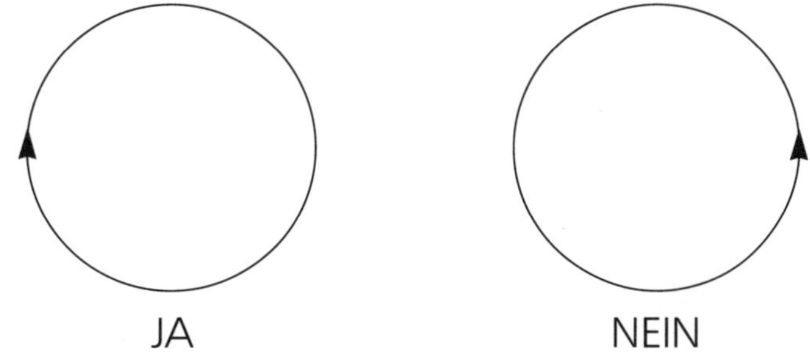

Für das Ja erhalten Sie bei dieser Variante ein Kreisen im Uhrzeigersinn, für das Nein ein Kreisen gegen den Uhrzeigersinn.

In seltenen Fällen erhält man auch eine von der Ja / Nein-Schwingung abweichende Pendelbewegung (z. B. ein Kreisen bei der 1. Möglichkeit) als Antwort. Das bedeutet, daß die Frage nicht beantwortet werden kann. Dieser Fall tritt meist dann auf, wenn die Frage ungültig war oder nicht beantwortet werden darf (z. B. Eingriff ins Karma). Es besteht auch die Möglichkeit, daß der Pendel dann ganz zu schwingen aufhört.

Die Entscheidung für eine der beiden Varianten könnten Sie auch gleich durch Ihren Pendel treffen. Vorerst schlage ich aber folgende Übung vor:

Übung 1

Setzen Sie sich an einen ruhigen Ort und nehmen Sie Ihren Pendel zur Hand. Stoßen Sie ihn einmal nach vorne an und fühlen Sie die Bewegung. Versuchen Sie, den Pendel dann auch in die anderen Schwingungsarten (links-rechts, kreisen) willkürlich durch Ihre Hand zu versetzen. So bekommen Sie ein Gefühl für die Pendelbewegungen.

Als zweiten Schritt halten Sie Ihren Pendel ruhig und versuchen ihn nur durch Gedankenkraft schwingen zu lassen. Richten Sie Ihre Gedanken auf den Pendel und stellen Sie sich bildhaft vor, daß er z. B. im Uhrzeigersinn kreist, bis er tatsächlich zu rotieren beginnt. Funktioniert das, so lassen Sie den Pendel nur durch Gedankenbeeinflussung von einer Bewegung zur anderen übergehen. Spielen Sie mit den Möglichkeiten.

Ist Ihnen das gelungen, so können Sie nun Ihren Pendel fragen: »Welches ist das Zeichen für Ja?« und bestimmen auf diese Weise die für Sie beste Antwortmethode.

Pendelvorgang

Zum Pendeln sollten Sie sich einen ruhigen, störungsfreien Ort suchen. Setzen Sie sich am besten bequem hin. Den Arm können Sie aufstützen, um die Hand ruhigzustellen, oder auch frei halten.

Günstig ist es, sich auf das Pendeln einzustimmen. Dabei sollten Sie sich körperlich und geistig entspannen. Schließen Sie kurz die Augen und versuchen Sie innerlich ruhig zu werden. Auch ruhiges, bewußtes Atmen kann hierbei hilfreich sein. Manche Pendelpraktiker wenden sich an diesem Punkt an Gott oder an ihr höheres Selbst und bitten um geistige Führung.

Richten Sie dann Ihre Gedanken auf die Aufgabe, die Sie lösen wollen. In Gedanken oder auch in Worten stellen Sie Ihre Frage. Sollte es die Frage erlauben, so ist es von Vorteil, sich das Thema bildhaft vorzustellen. Das Unbewußte wird dadurch besser angesprochen.

Als Antwort erhalten Sie dann Ihre Ja- oder Nein-Schwingung.

Beim geistigen Pendeln sollten Sie eine offene Erwartungshaltung einnehmen, sich auf keinen Fall durch ein erwartetes Ergebnis selbst beeinflussen. Neben einer absoluten Unvoreingenommenheit ist auch die Fragestellung sehr wichtig. Achten Sie auf eine möglichst kurze und exakte Formulierung der Frage. Wenn Sie beispielsweise fragen: »*Kann* ich diesen Apfel essen?« müssen Sie immer Ja als Antwort erhalten. Richtig wäre vielmehr die Frage: »Ist es gesund für mich, diesen Apfel zu essen?« Versuchen Sie auch, soweit möglich, die Frage positiv zu formulieren. Ansprechender als etwa: »Ist dieses Nahrungsmittel verdorben?« ist die positive Formulierung: »Ist dieses Nahrungsmittel für mich genießbar / gesund?«

Wenn das Pendeln nicht ganz wunschgemäß klappt, sollten Sie auf folgende Punkte achten:

- Das nötige Selbstvertrauen und das Vertrauen auf die Sache sind ein sehr wichtiger Faktor.

- Vermeiden Sie jede Störung, sei es von außen oder auch durch Sie selbst. Gelingt es Ihnen nicht, zur Ruhe zu kommen, dann wählen Sie besser einen günstigeren Zeitpunkt.

- Sind Sie verärgert, nervös oder allgemein in schlechter Verfassung, verschieben Sie das Pendeln auf einen anderen Termin. Fehlergebnisse wären sonst die Folge.

- Auch die Tageszeit spielt eine Rolle. Nicht jede Tageszeit ist für das Pendeln gleich gut geeignet. Jeder Mensch besitzt seinen eigenen Tagesrhythmus. Dementsprechend sollten Sie versuchen, günstige Zeiten in Ihrem Tagesablauf zu finden.

- Beide Füße sollten auf dem Boden stehen, die Beine nicht überkreuzt sein.

- Für manchen ist es von Vorteil, beim Pendeln mit dem Blick nach Süden gerichtet zu sitzen.

- Uhren, Ringe und andere Metallgegenstände können sich störend auswirken. Entfernen Sie diese gegebenenfalls, bevor Sie mit dem Pendeln beginnen.

- Ein Glas klares Wasser vor dem Pendeln getrunken, wirkt sich oft sehr günstig aus.

Bei diesen Punkten handelt es sich keinesfalls um Vorschriften, die unbedingt einzuhalten sind, sondern um Anregungen. Klappt das Pendeln aber nicht wunschgemäß, dann sollten Sie den einen oder anderen Punkt beachten. Dies gilt besonders für den Beginn Ihrer Pendeltätigkeit.

Um sich die zum Pendelausschlag nötige Anfangsenergie zu ersparen, können Sie den Pendel von Hand anstoßen und dann die Frage stellen. Der Pendel nimmt nachfolgend die Antwortschwingung ein.

Als weitere Erleichterung können Sie die zweite Hand als Sensor verwenden.

Wenn Sie etwas austesten, haben Sie einen intensiveren Kontakt zu dem Gegenstand, sobald Sie ihn in die Hand nehmen. Es genügt auch, die offene Handfläche auf den zu untersuchenden Gegenstand zu richten, um dessen Schwingungen zu empfangen.

Arbeit mit Pendeltafeln

Beim Pendeln über *Pendeltafeln* haben Sie den Vorteil, mehrere Antwortmöglichkeiten zu besitzen. Meist handelt es sich um Kreis- und Halbkreisdiagramme. Pendeldiagramme in Halbkreisform haben den Vorzug, daß Verwechslungen von gegenüberliegenden Sektoren ausgeschlossen sind. Aus diesem Grund finden Sie hier auch ausschließlich diese Tafelform.

Bei der Arbeit mit Pendeltafeln stellen Sie eine entsprechende Frage und erhalten als Antwort einen Pendelausschlag in Richtung eines der Diagrammsektoren.

An einem Beispiel möchte ich Ihnen die Verwendung der Pendeltafeln in diesem Buch verdeutlichen.

Angenommen, Sie haben Schnupfen und suchen ein passendes Heilmittel dafür. Nehmen Sie die Tafel Heilmittelwahl zur Hand. Bestimmen Sie zuerst die passende Heilmittelgruppe, indem Sie fragen: »Wo finde ich das wirksamste Heilmittel gegen meinen Schnupfen?« Der Pendel wird nun auf den richtigen Diagrammsektor ausschlagen, z. B. auf den Sektor Homöopathie. Am unteren Pfeil in diesem Sektor erkennen Sie, daß es hier eine Folgetafel gibt. Nun schlagen Sie die Tafel Homöopathie auf. Fragen Sie dann: »Auf welcher Tafel finde ich das wirksamste Heilmittel gegen meinen Schnupfen?« Nehmen wir an, der Pendel zeigt auf Tafel 6. Sie verzweigen zu dieser Tafel und stellen dort die Frage: »Welches ist das wirksamste Heilmittel gegen meinen Schnupfen?« Der Pendel schwenkt auf Cepa, das Heilmittel ist gefunden. Zur Sicherheit sollten Sie das Ergebnis noch einmal überprüfen, indem Sie fragen: »Ist Cepa das wirksamste Mittel gegen meinen Schnupfen?«

Als weiterer Schritt könnten Sie auch die richtige Potenzierung und Dosierung mittels der entsprechenden Pendeltafeln ermitteln.

Wer möchte, kann nun folgende Übung versuchen:

Übung 2

Nehmen Sie einige Fläschchen homöopathischer Einzelmittel (seriöser Hersteller) zur Hand und stellen Sie sie so, daß Sie das Etikett nicht sehen können. Schlagen Sie die Tafel *Potenzierung* auf. Versuchen Sie nun, die Potenz der einzelnen Mittel zu bestimmen. Sie können dazu auch das Mittel in die Hand nehmen, während Sie mit der anderen Hand über dem Diagramm pendeln. Wenn Sie ein Ergebnis erhalten, überprüfen Sie es dann am Etikett auf Richtigkeit.

Klappt es? Bei manchem wird es vielleicht einige Zeit dauern, bis er sich auf die Schwingung dieser Mittel eingestellt hat.

Methoden zum Auffinden von Objekten

Die meistverwendete und effektivste Methode zur Suche mit Hilfe des Pendels ist die sogenannte *Triangulation*.
Man peilt dabei mit dem Pendel von zwei unterschiedlichen Punkten aus das Suchobjekt an, indem man nach dem Lagepunkt fragt. Am Schnittpunkt der beiden sich ergebenden Linien müßte sich der gesuchte Gegenstand befinden.

Triangulation

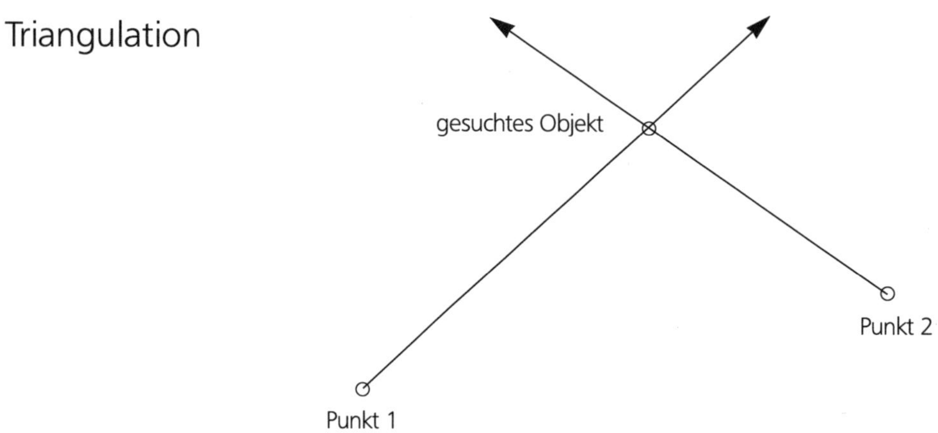

Eine weitere Möglichkeit zum Auffinden von Objekten wäre, dem Pendel in der Ausschlagrichtung zu folgen. Dabei fragen Sie aber besser nicht danach, wo das Suchobjekt liegt, sondern wie Sie dorthin gelangen können. Der Pendel wird zuerst eine Richtung anzeigen. Gehen Sie dann in diese Richtung und stellen Sie immerfort Ihre Frage. Sobald der Pendel die Richtung ändert, wechseln Sie dementsprechend Ihre Gehrichtung. Das tun Sie solange, bis Sie das gesuchte Objekt gefunden haben.

Bei dieser Methode sollten Sie besonders auf eine ruhige Handhaltung achten.

In einigen wenigen Fällen ist die beschriebene Methode der Triangulation vorzuziehen. Angenommen, Sie haben sich im Wald verlaufen und stehen nun vor einem unüberwindbaren Dickicht. Die Triangulationsmethode würde Ihnen zwar den richtigen Lagepunkt Ihres Autos, aber nicht den Weg dorthin zeigen können.

Mit folgender Übung können Sie das Suchen mittels Pendel trainieren:

Übung 3

Eine Vertrauensperson versteckt einen beliebigen Gegenstand. Versuchen Sie, diesen Gegenstand nach einer der beiden Methoden zu finden.

Verwendung von Fotografien

Wenn Sie für einen anderen Menschen pendeln, ist die Verwendung von Fotos hilfreich. Sie können dann das Foto beim Pendelvorgang betrachten, um eine bessere Verbindung zu diesem Menschen aufzubauen.

Ist Ihnen die betreffende Person gänzlich fremd, so wird es meist notwendig sein, ein Foto miteinzubeziehen. Bei Ihren Freunden und Bekannten sind Sie vermutlich auch ohne Foto in der Lage, eine gedankliche Verbindung aufzunehmen. Aber auch hier könnten Sie zur Erleichterung eine Fotografie verwenden.

Anwendungsmöglichkeiten

Pendeltafeln

Für die Arbeit mit Pendeldiagrammen gibt es einen weiten Anwendungsbereich, der nur durch die Auswahl an verfügbaren Tafeln begrenzt wird. Einen großen Bereich deckt dieses Handbuch ab.

Entscheidungshilfe

Sind Sie einmal unsicher oder unentschlossen, ob Sie dieses oder jenes tun sollen, befragen Sie einfach Ihren Pendel. Pendeln ist ein effektives Mittel, Entscheidungen zu treffen.

Manche Menschen neigen gerade in diesem Bereich zur Übertreibung. Man sollte hier jedoch des Guten nicht zu viel tun und für sämtliche Entscheidungen den Pendel zu Rate ziehen. Die eigene Entscheidungsfähigkeit würde darunter leiden.

Gesundheit

Sehr viele Menschen verwenden den Pendel, um geeignete Heilmittel zu finden. Mit den Tafeln in diesem Buch sind zahlreiche Heilmittelarten abgedeckt.

Auch den gesundheitlichen Zustand eines Menschen können Sie mittels Pendel bestimmen: Auf der materiellen Ebene, indem Sie zum Beispiel die Verfassung der einzelnen Organe ermitteln oder auf energetischer Ebene beispielsweise durch Bestimmung des Chakrazustandes. Auch hierzu finden Sie entsprechende Diagramme im nachfolgenden Teil.

Nahrungsmittel

Eine sehr wichtige Anwendungsmöglichkeit ist die Qualitätsprüfung von Nahrungsmitteln.

Sind Sie einmal unsicher, ob ein Nahrungsmittel verdorben oder noch genießbar ist, oder wollen Sie einfach wissen, ob ein bestimmtes Nahrungsmittel gut für Sie sei, prüfen Sie es kurzerhand mit Hilfe des Pendels.

Hierzu weise ich auf die Tafelreihe »Nahrungsmittel« hin. Mittels dieser Diagrammserie sind Sie in der Lage, ganz allgemein für Sie günstige oder weniger günstige Nahrungsmittel zu bestimmen.

Das energetische Potential von Lebensmitteln können Sie mit Hilfe der Bovis-Skala (S. 172) ermitteln. Sie werden staunen, welche unterschiedlichen Werte sich bei den einzelnen Nahrungsmitteln ergeben! Vergleichen Sie z. B. einmal einen Apfel, der mit Spritzmitteln behandelt wurde, mit einem unbehandelten Apfel oder frisch gepflücktes mit länger gelagertem Obst.

Suche

Der Pendel ist auch ein ideales Hilfsmittel zum Auffinden von Dingen und Orten jeglicher Art.

Haben Sie beispielsweise etwas verloren oder verlegt, dann greifen Sie doch einfach zu Ihrem Pendel. Die einzelnen Suchmethoden wurden bereits im vorhergehenden Abschnitt besprochen. Bezüglich des Suchobjektes gibt es eigentlich keine Einschränkungen: Ob es sich um ganz alltägliche Dinge, wie den Autoschlüssel, um Wasser oder Bodenschätze handelt, ist letztlich gleich.

Wenn Sie etwas in einem größeren Areal, wie z. B. einer Stadt oder auch einem ganzen Kontinent, suchen, verwenden Sie am besten Landkarten. Die effektivste Methode hierbei ist die Triangulation. Die Genauigkeit des Ergebnisses wird dabei nur durch die Genauigkeit der Karte begrenzt.

Schon so mancher Vermißte wurde mittels dieser Methode gefunden.

Für die Suche nach Wasser oder allgemein nach Bodenschätzen lassen sich auch mit dem Pendel ganz passable Ergebnisse erzielen, obgleich in diesem Gebiet häufiger die Wünschelrute verwendet wird.

Man sollte dabei aber nicht die Triangulationsmethode verwenden, weil Wasser meist in Adern durch den Untergrund fließt. Besser wäre folgende Methode: Sie gehen langsam das Gelände ab, stellen sich bildhaft fließendes Wasser vor und fragen: »Ist hier Wasser?« Der Pendel zeigt solange *Nein*, bis Sie auf eine Wasserader treffen und geht dann auf *Ja* über. Sie haben einen Punkt der Wasserlinie gefunden. Auf diese Weise bestimmen Sie nun mehrere Punkte dieser Ader und damit den Wasserverlauf. Auch die Tiefe der Wasserführung und die Fließgeschwindigkeit lassen sich gut mittels Pendel ermitteln.

Alternativ zu obiger Vorgehensweise kann man auch vom ersten gefundenen Punkt aus die Frage stellen: »Wohin führt diese Wasserader?«, dem Pendelausschlag nachgehen und so den Verlauf bestimmen.

Gleiches gilt ebenso für das Auffinden von Bodenschätzen.

Will jemand Wasser suchen, um einen Brunnen zu schlagen, so sollte er gleich nach dem qualitativ besten Wasser fragen.

Erdstrahlen

Erdstrahlen oder geopathogene Strahlen findet man ebenfalls mit der oben angeführten Methode.

Diese Strahlen können sich besonders in ihren Kreuzungspunkten auf den Menschen gesundheitlich negativ auswirken. Problematisch wird es aber meist nur dann, wenn man sich längere Zeit und regelmäßig auf solchen Stellen aufhält. Man sollte daher besonders an der Schlafstelle auf derartige Punkte achten.

Es gibt verschiedene Arten dieser Erdstrahlen. Das Hartmann- und
das Curry-Netz, benannt nach deren Entdeckern, treten in Gitter-
struktur rund um den Globus auf. Andere findet man als Linien, wie
z. B. Verwerfungen. Auch Wasseradern zählen hierzu.
Näher auf dieses umfangreiche Gebiet einzugehen, würde den Rah-
men dieses Buches sprengen. Interessierte finden im Anhang emp-
fehlenswerte Bücher zu diesem Thema.

Kraftorte

Sehr interessant ist das Erforschen von sogenannten Kraftorten, also
Orten von höherer Energie. Sie finden solche Punkte und Linien unter anderem in Kirchen und Kapellen oder an Kultplätzen aus frühe-
rer Zeit.

Man kann dabei wirklich erstaunliche Dinge feststellen, beispielsweise wie alte Kirchen auf diesen Kraftlinien plaziert wurden: Der
Altar und die Kanzel sind meist die Punkte in der Kirche mit der
stärksten Energie.

Am besten, Sie untersuchen einfach einmal eine Kirche oder Kapelle
in Ihrer Umgebung auf solche Linien. Fragen Sie dabei nach Kraft-
oder Energielinien.

Wenn Sie einen solchen Verlauf gefunden haben, können Sie mittels
der Bovis-Skala das Energieniveau messen. An den Kreuzungspunkten dieser Linien ist die Kraft oft so stark, daß man sie auch ohne
Hilfsmittel körperlich spürt.

Sehr intensiv mit diesem Gebiet auseinandergesetzt hat sich Blanche Merz. Die beiden Bücher, die sie dazu verfaßt hat, möchte ich
jenen, die tiefer in dieses Gebiet eintauchen wollen, empfehlen.

Mit diesen Beispielen sind die Anwendungsmöglichkeiten des Pendels natürlich nicht erschöpft. Im Laufe Ihrer Pendeltätigkeit werden
Sie sicher noch weitere für Sie wichtige Verwendungsarten ent-
wickeln.

Abschließende Bemerkungen

Entoden

Es kann vorkommen, daß eine fremde Schwingung an Ihrem Pendel haftet, übertragen durch eine Person, der Sie Ihren Pendel geliehen haben, oder durch eine andere Störung. Das zeigt sich dann dadurch, daß Sie plötzlich Schwierigkeiten beim Pendeln haben oder sehr häufig Fehlergebnisse erzielen.

Das Entfernen dieser Störschwingung nennt man Entoden. Dazu streifen Sie mehrmals den Pendel mit geöffneter Hand ab; alternativ können Sie ihn auch unter kaltem, fließendem Wasser spülen.

Reinigung von pathogenen Schwingungen

Bei der Suche nach Erdstrahlen stellen Sie sich auf diese pathogenen Schwingungen ein. Danach sollten Sie jedoch darauf achten, diese Schwingungen auch wieder abzulegen. Andernfalls könnten sich diese natürlich auf Sie selbst gesundheitlich auswirken.

Zur Reinigung stoßen Sie diese Strahlen einfach ab. Heben Sie langsam die Arme und holen dabei tief Luft. Dann lassen Sie die Arme fallen und geben gleichzeitig die Atemluft mit einem Stoß wieder ab. Schütteln Sie zugleich Ihre Arme. Dabei werfen Sie gedanklich mit dem Luftstoß und über das Armeschütteln diese Schwingungen ab. Diesen Vorgang wiederholen Sie am besten einige Male.

Diese Maßnahme ist auch ein hervorragendes Mittel, negative Gedanken, die einen nicht loslassen, abzustreifen. Versuchen Sie es einmal!

Ich hoffe, Ihnen mit diesen Ausführungen geholfen zu haben, und wünsche Ihnen noch viel Erfolg und Freude bei Ihrer Pendeltätigkeit.

Pendeltafeln

Heilmittel

Heilmittelwahl

Hinweise

Anhand dieses Diagramms
können Sie die bestmögliche
Heilmittelgruppe bestimmen.
Zu jeder Gruppe finden Sie
wiederum eigene Pendeltafeln.

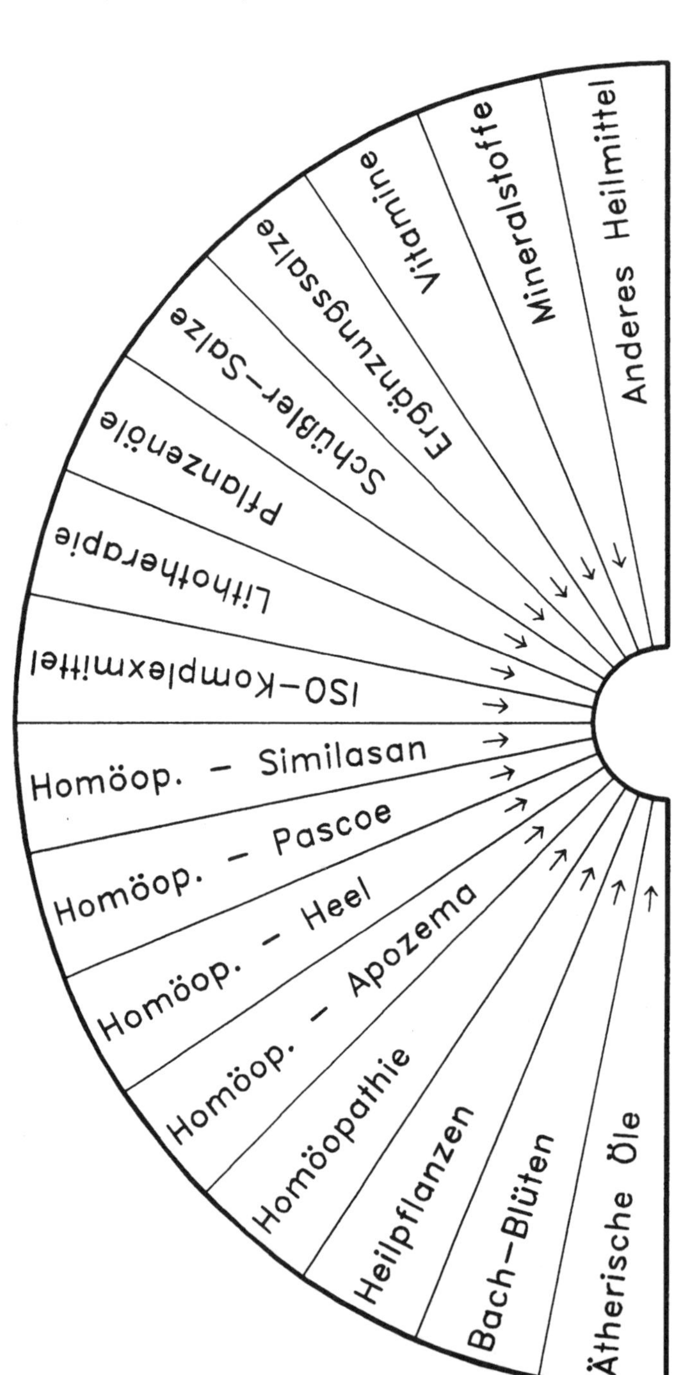

Ätherische Öle

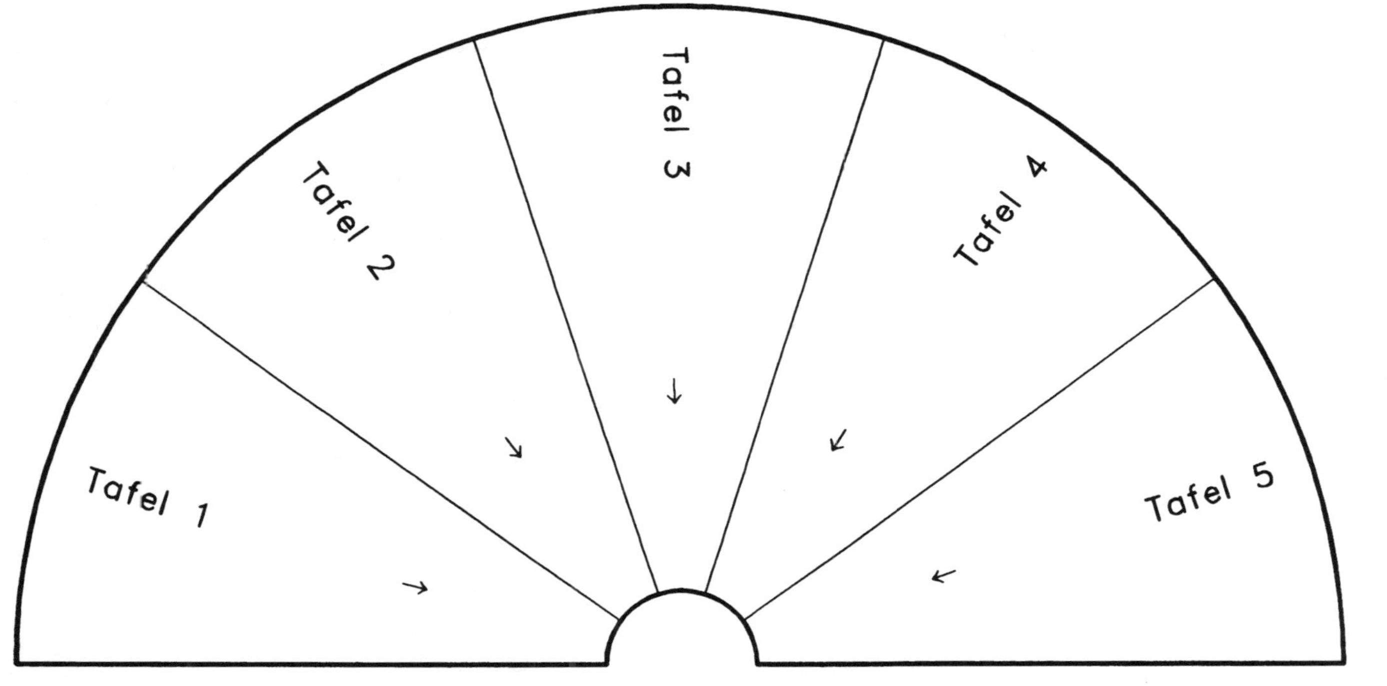

Hinweise

Sie finden hier eine Auswahl von ca. 90 ätherischen Ölen. Falls Sie auch die Anwendungsart bestimmen wollen, so steht Ihnen dazu das Diagramm unterhalb zur Verfügung.

Verzweigen Sie anhand des nebenstehenden Diagramms zur Tafel mit dem gesuchten ätherischen Öl.

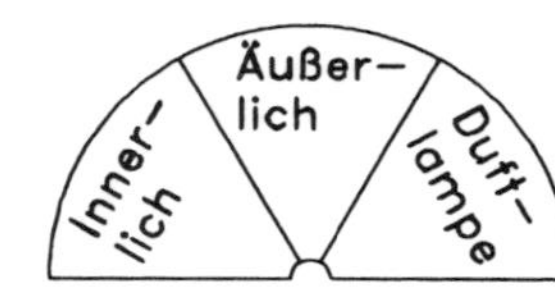

Ätherische Öle – Tafel 1

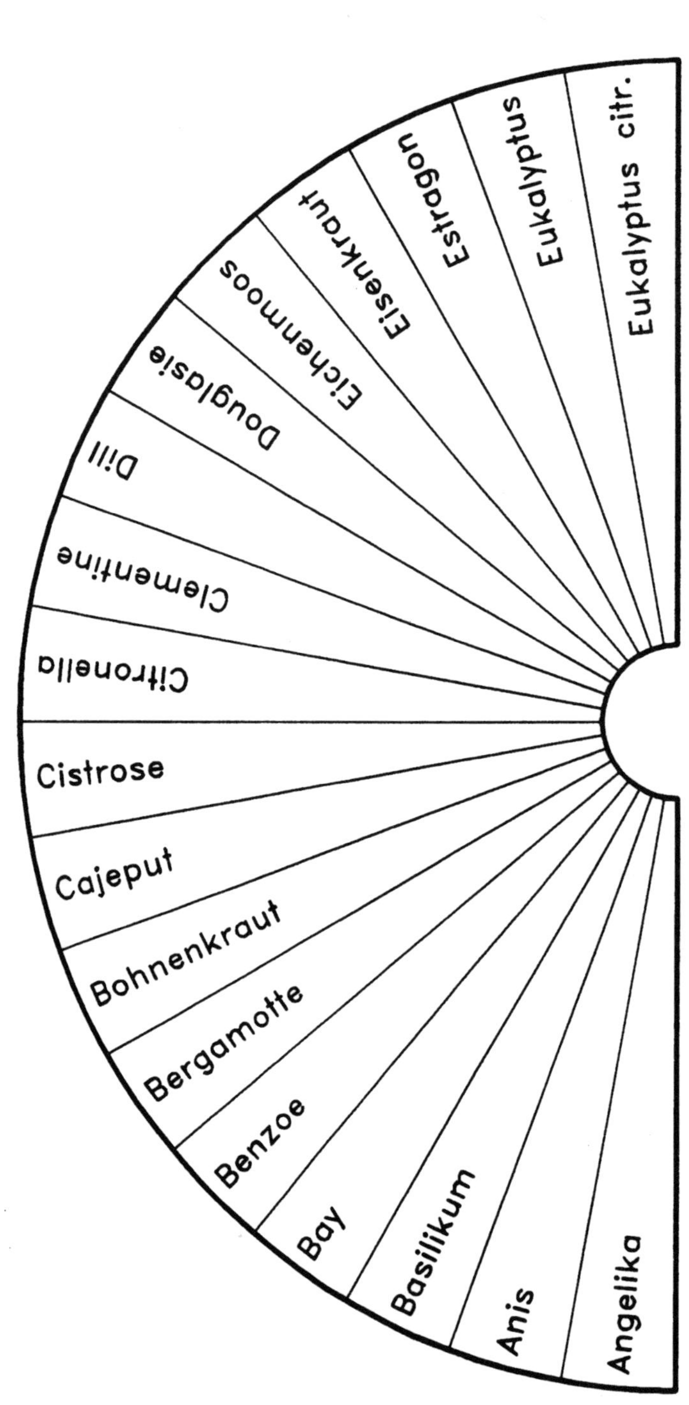

Ätherische Öle – Tafel 2

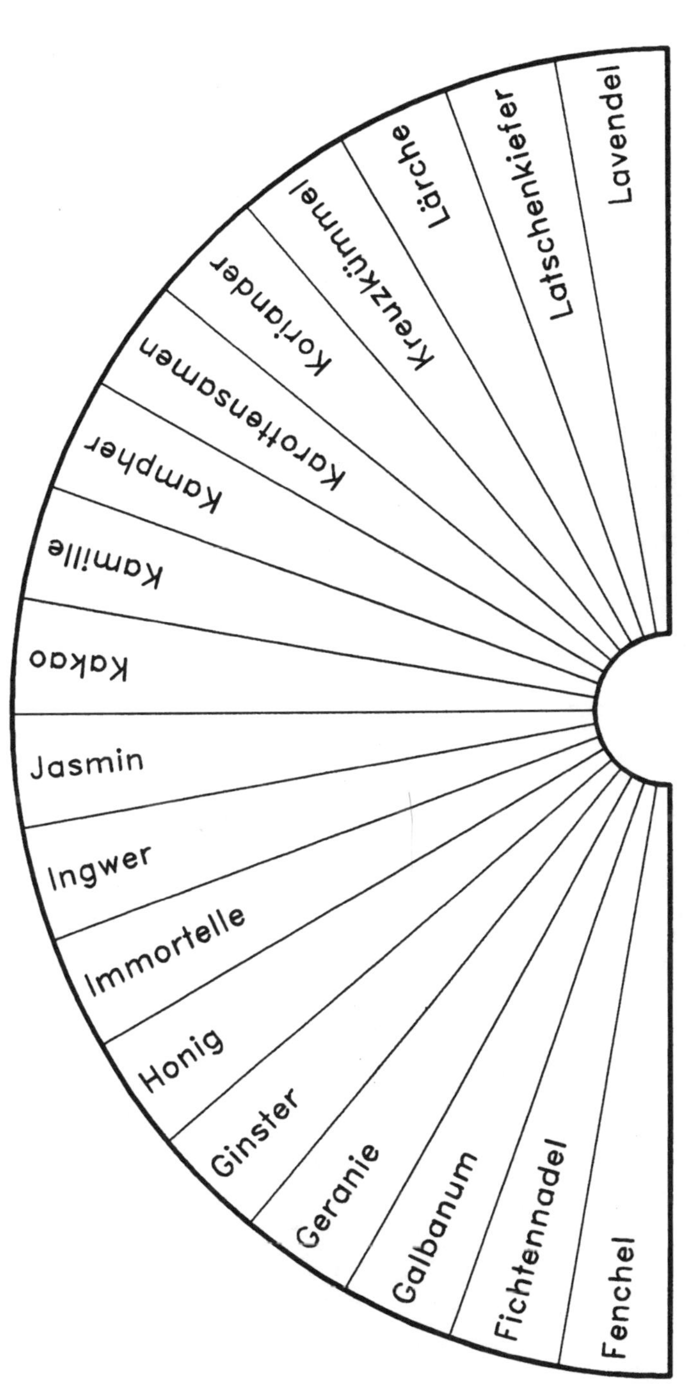

Ätherische Öle – Tafel 3

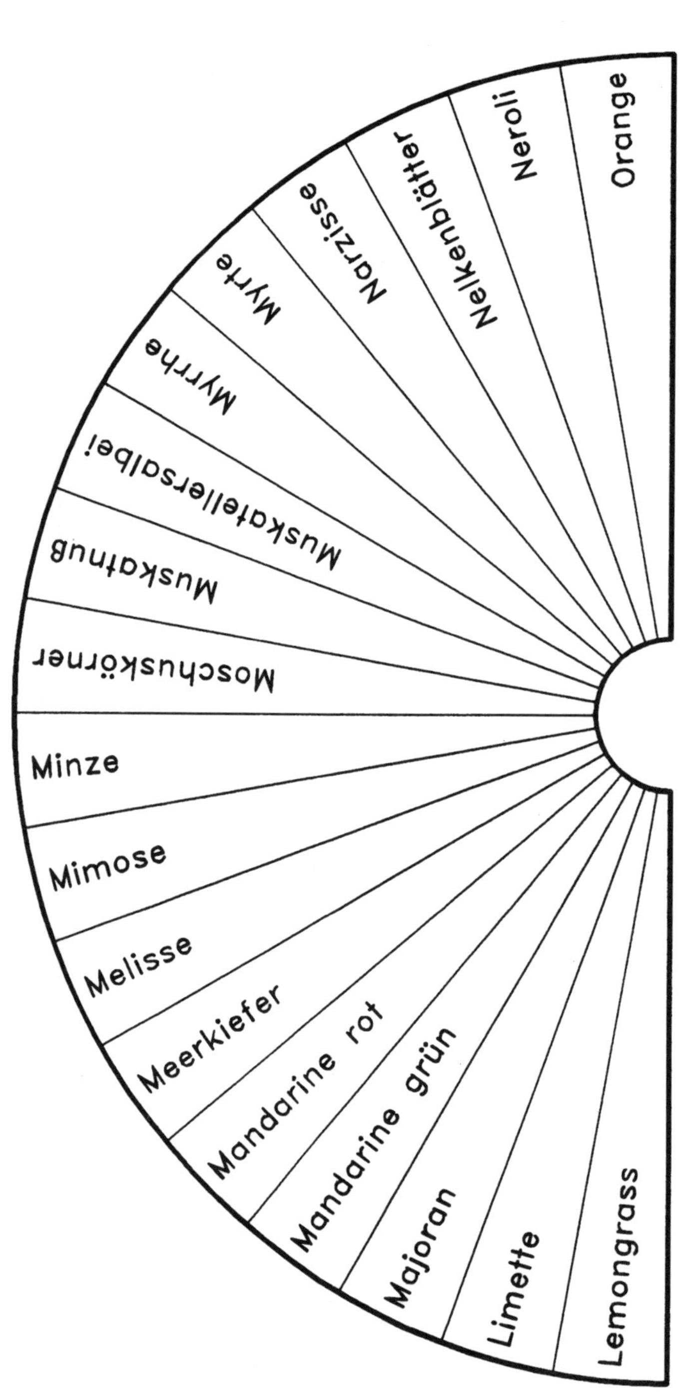

Ätherische Öle – Tafel 4

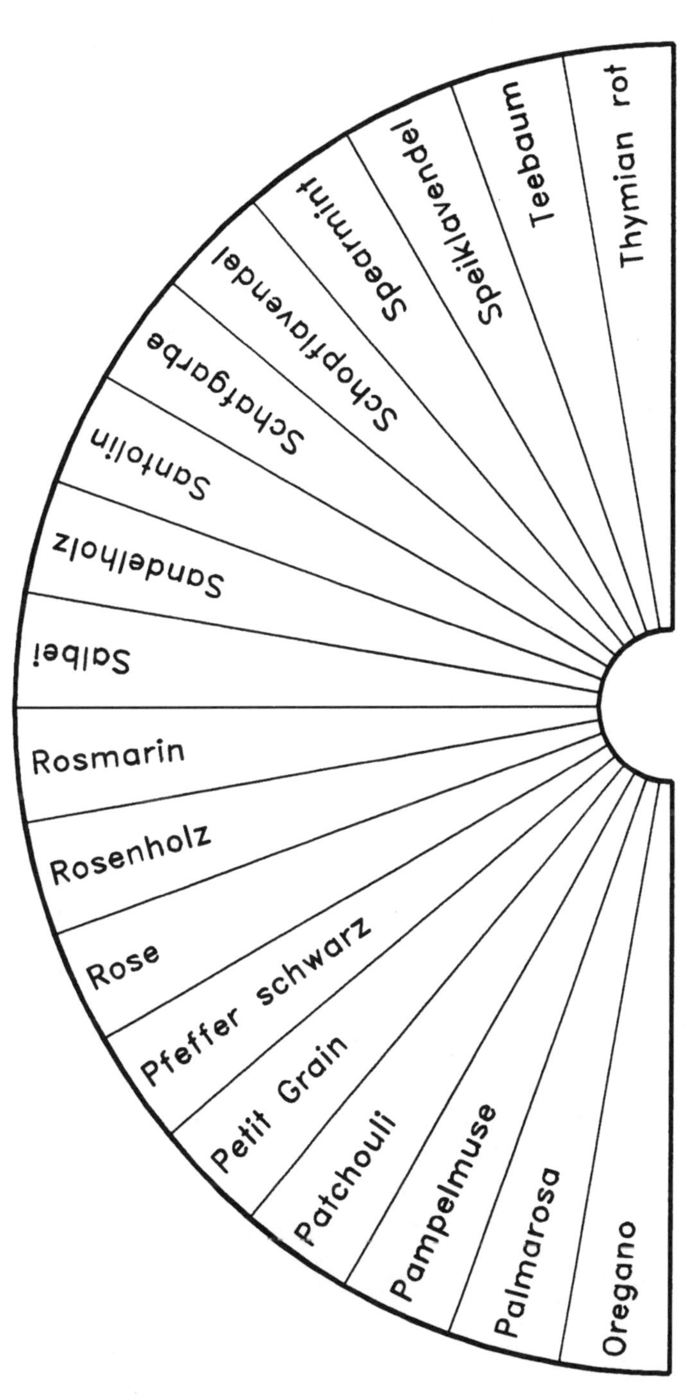

Ätherische Öle – Tafel 5

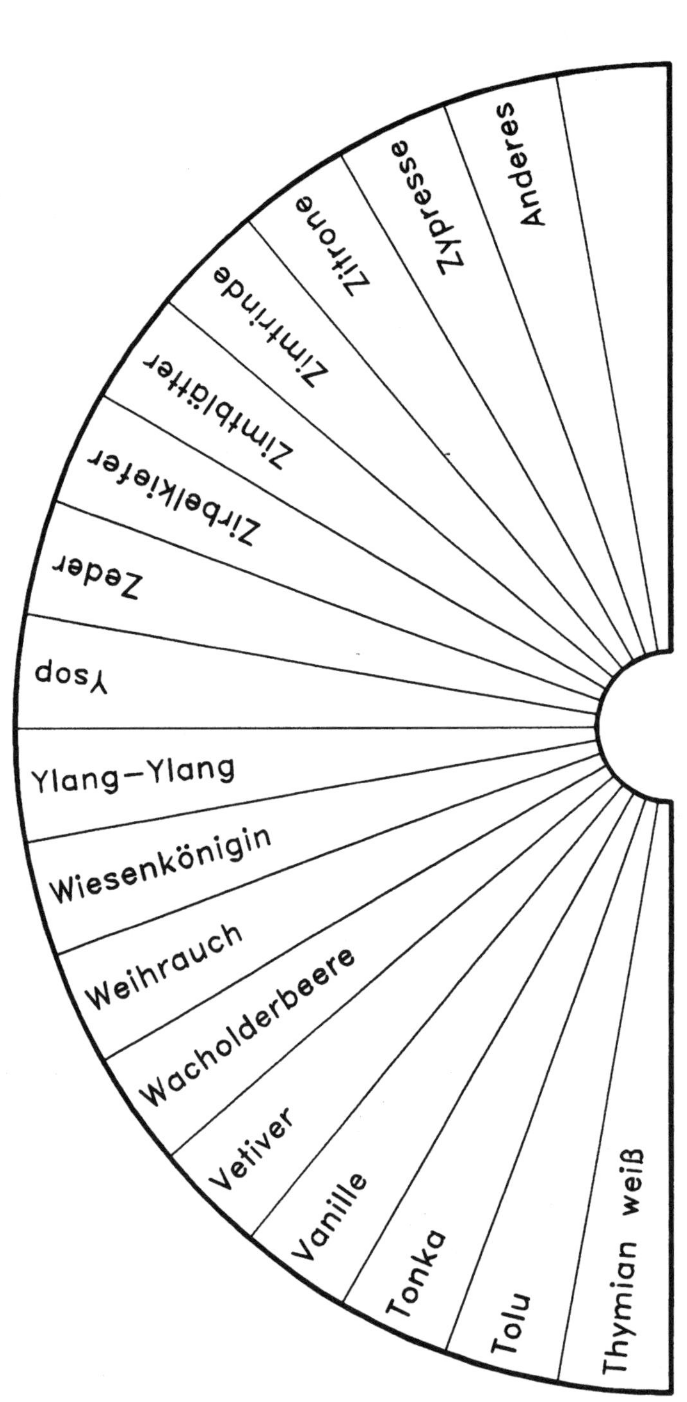

Bach-Blüten – Tafel 1

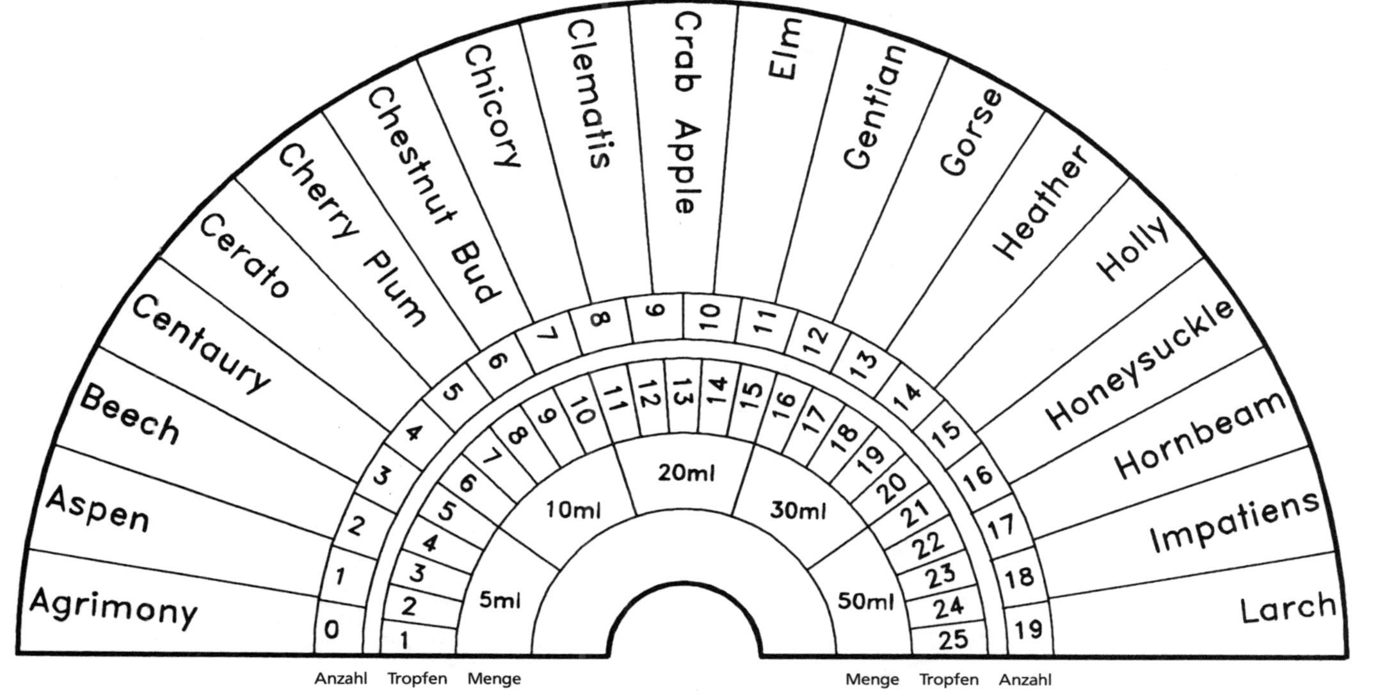

Hinweise

Bach-Blüten wirken auf den seelischen Bereich ein und lösen so auch körperliche Probleme. Krankheiten können auf diese Weise ursächlich geheilt werden.

Zur Bestimmung der heilenden Mischung sind folgende Schritte notwendig:

1. Bestimmen Sie, welche Grundmenge hergestellt werden soll (Menge). Diese Trägerflüssigkeit sollte aus ⅓ Alkohol und ⅔ Wasser bestehen.
2. Bestimmen Sie, wie viele Essenzen der Tafel 1 und wie viele der Tafel 2 verwendet werden sollen (Anzahl).

⇒

Bach-Blüten – Tafel 2

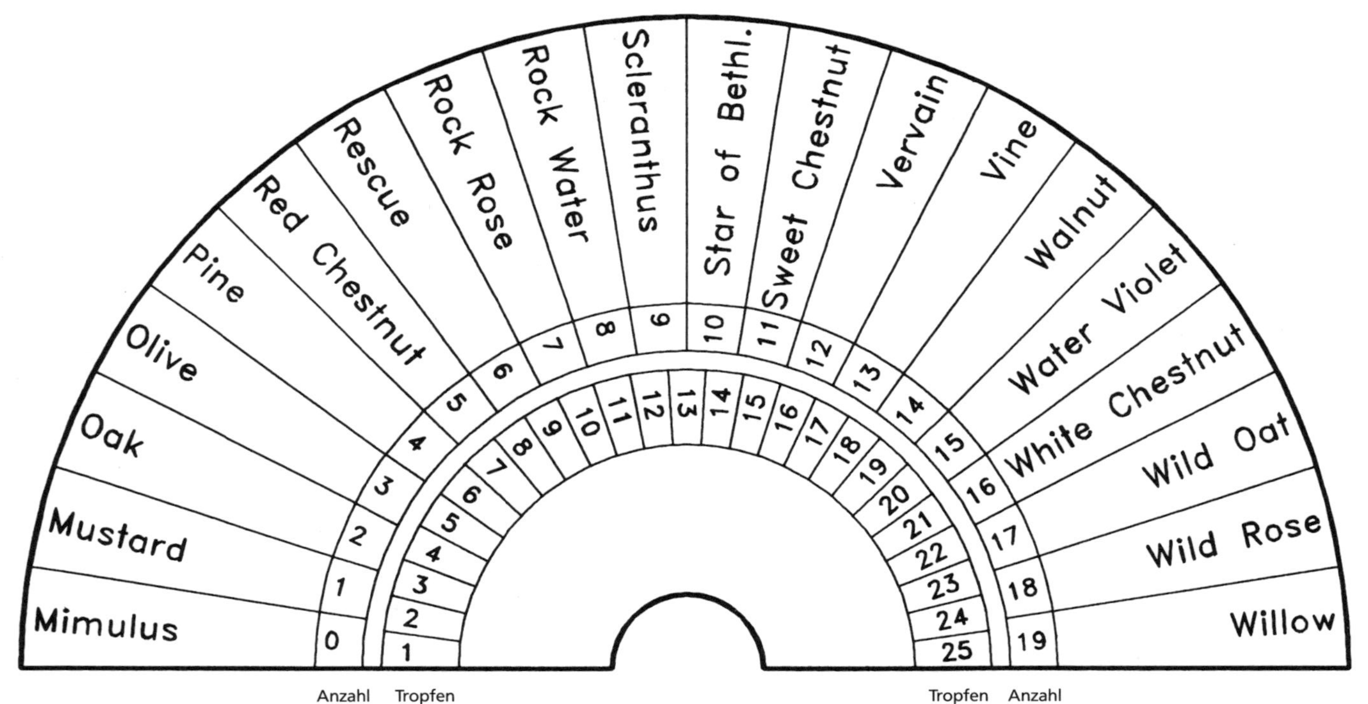

Gehen Sie anschließend für jede einzelne notwendige Blütenessenz auf Tafel 1 und 2 wie folgt vor:

3. Bestimmen Sie den Namen.
4. Bestimmen Sie, wie viele Tropfen dieser Essenz der Trägerflüssigkeit zugegeben werden sollen (Tropfen).

Zur richtigen Dosierung können Sie die Dosierungsskala auf Seite 75 verwenden.

Z. B.: Grundmenge = 10 ml
Anzahl Tafel 1 = 2
Anzahl Tafel 2 = 1
Tafel 1: Elm 5 Tropfen
Holy 3 Tropfen
Tafel 2: Olive 4 Tropfen
Die Tropfen werden der Grundmenge (1/3 Alkohol und 2/3 Wasser) zugefügt und verschüttelt.

Heilpflanzen

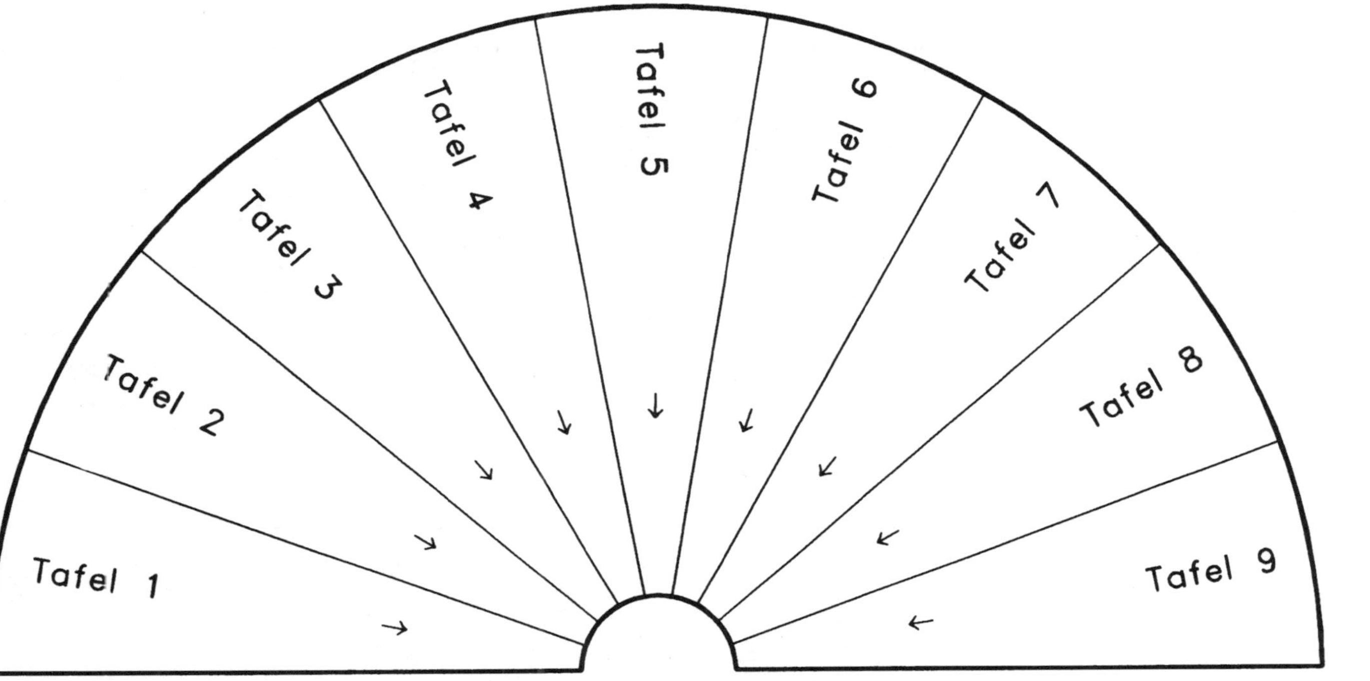

Hinweise

Verzweigen Sie anhand dieser Pendeltafel zur Tafel mit der passenden Heilpflanze.

Auf diesen Tafeln sind ca. 180 Heilkräuter erfaßt. Interessierte können den verwendbaren Teil der jeweiligen Pflanze aus dem inneren Kreis der Tafeln ablesen.

Diese Heilpflanzen können auf verschiedenste Art und Weise Verwendung finden. Sie haben die Möglichkeit, mittels eines eigenen Diagramms auch die beste Zubereitungsart zu bestimmen.

Heilpflanzen – Tafel 1

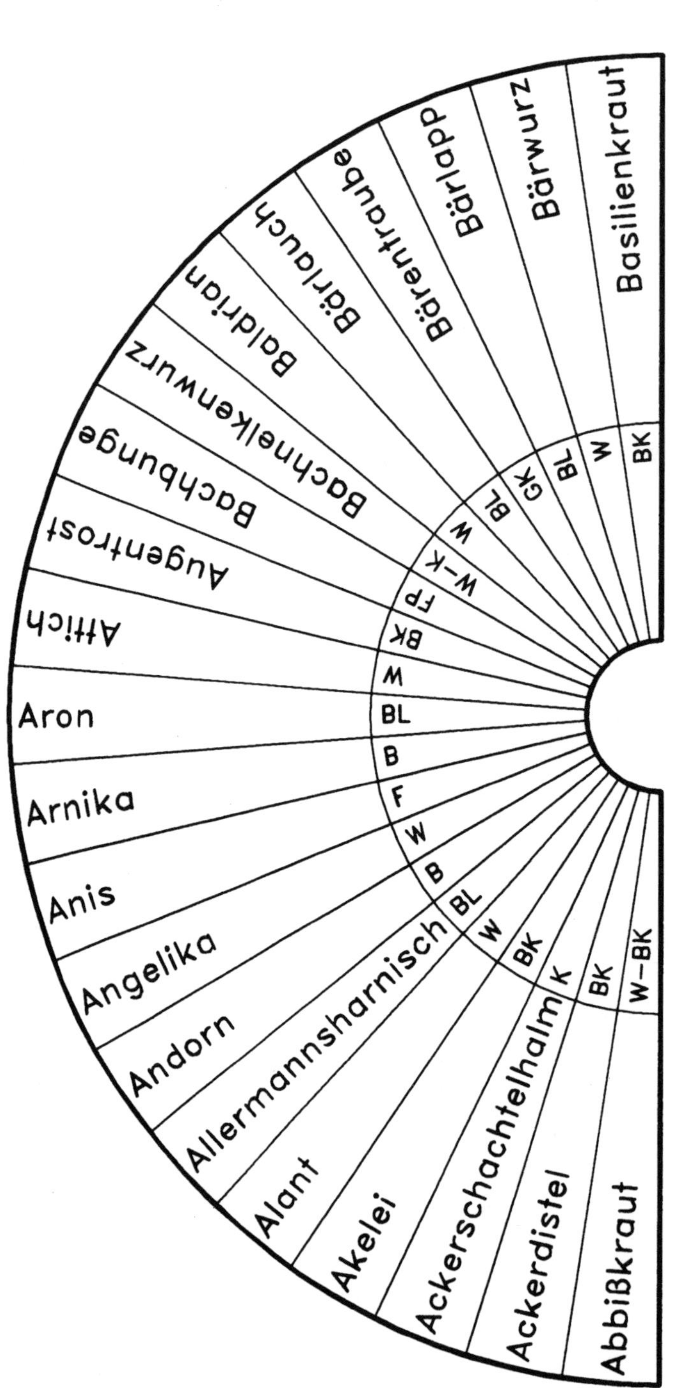

Heilpflanzen – Tafel 2

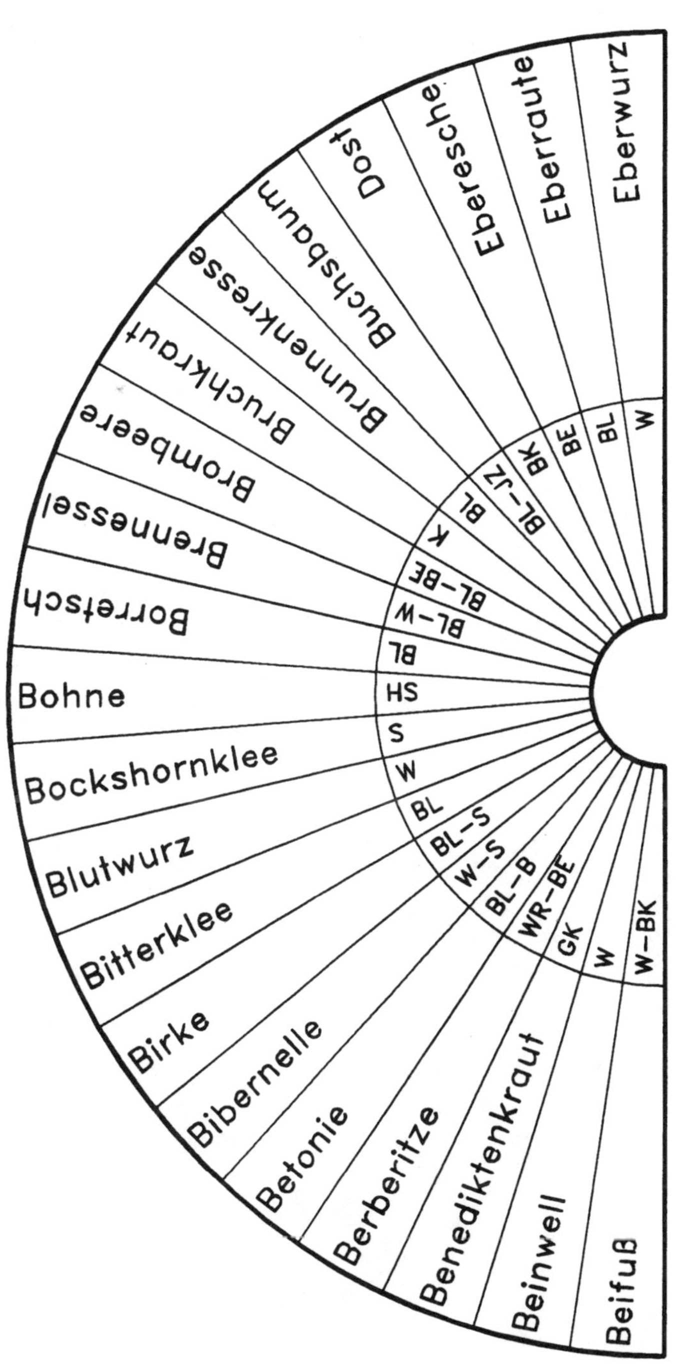

Heilpflanzen – Tafel 3

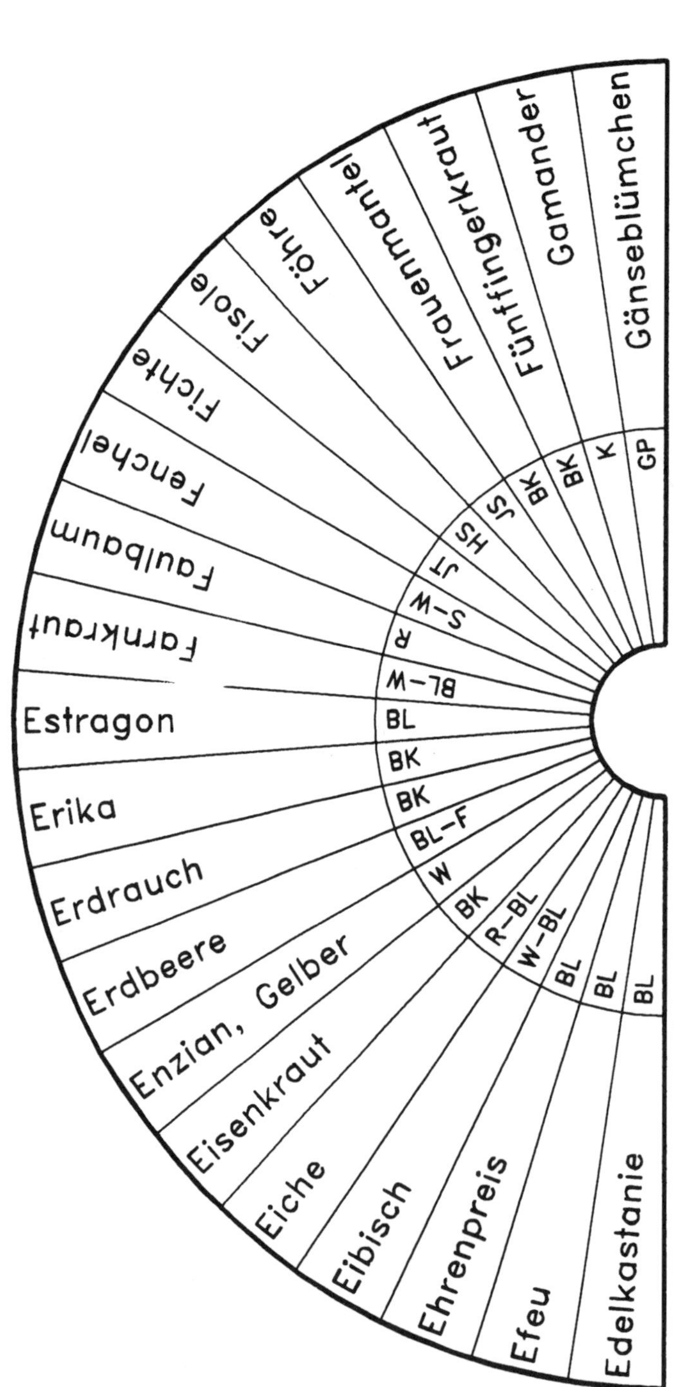

Heilpflanzen – Tafel 4

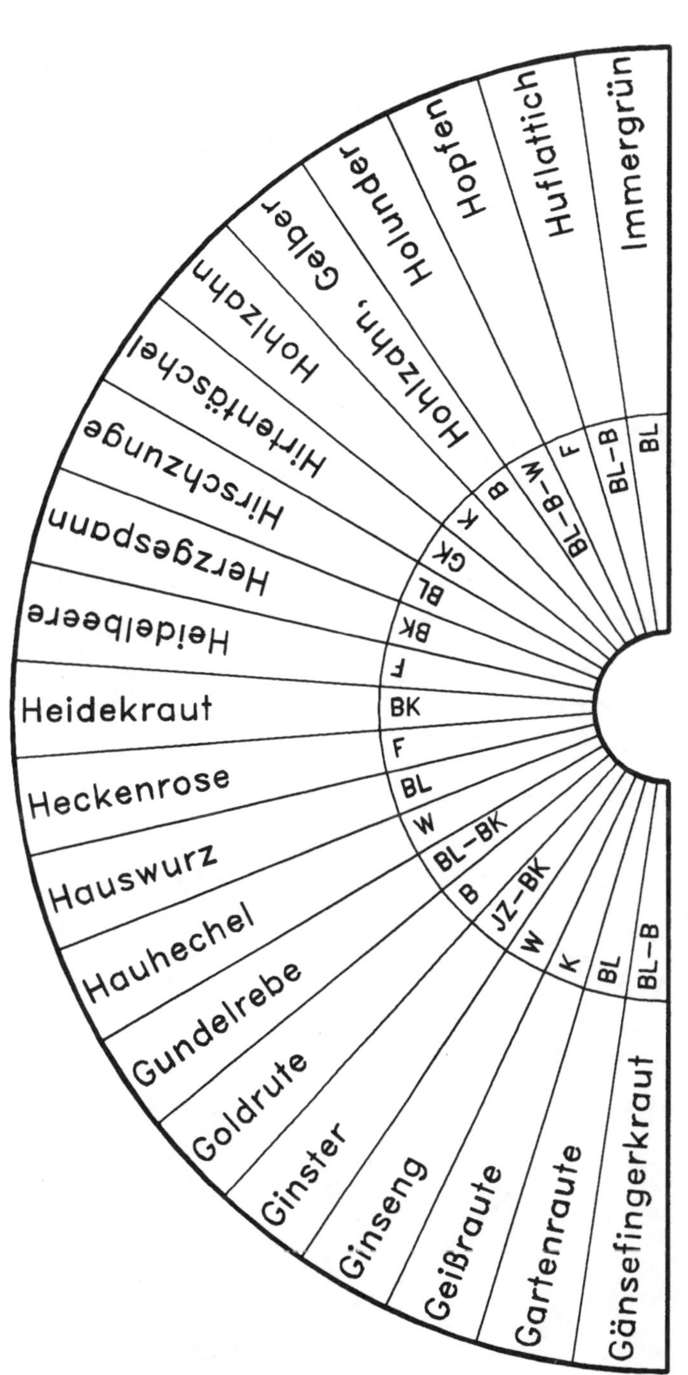

Heilpflanzen – Tafel 5

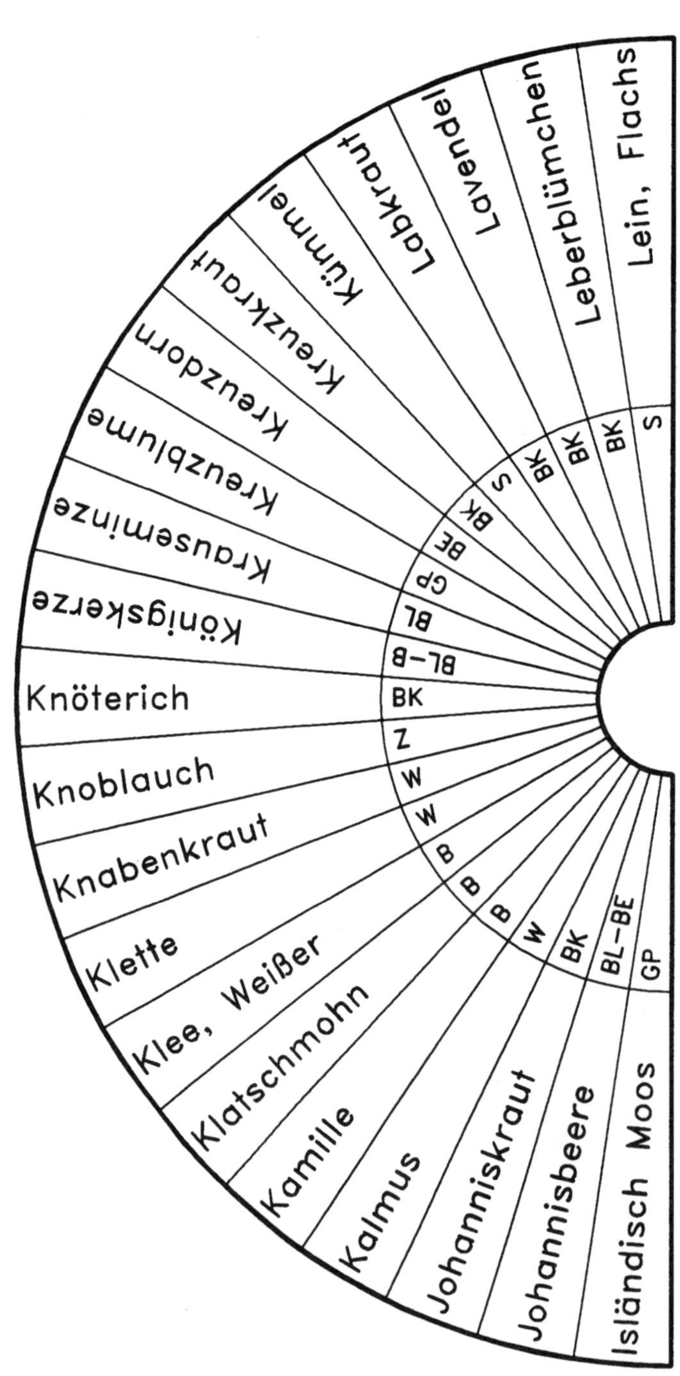

Heilpflanzen – Tafel 6

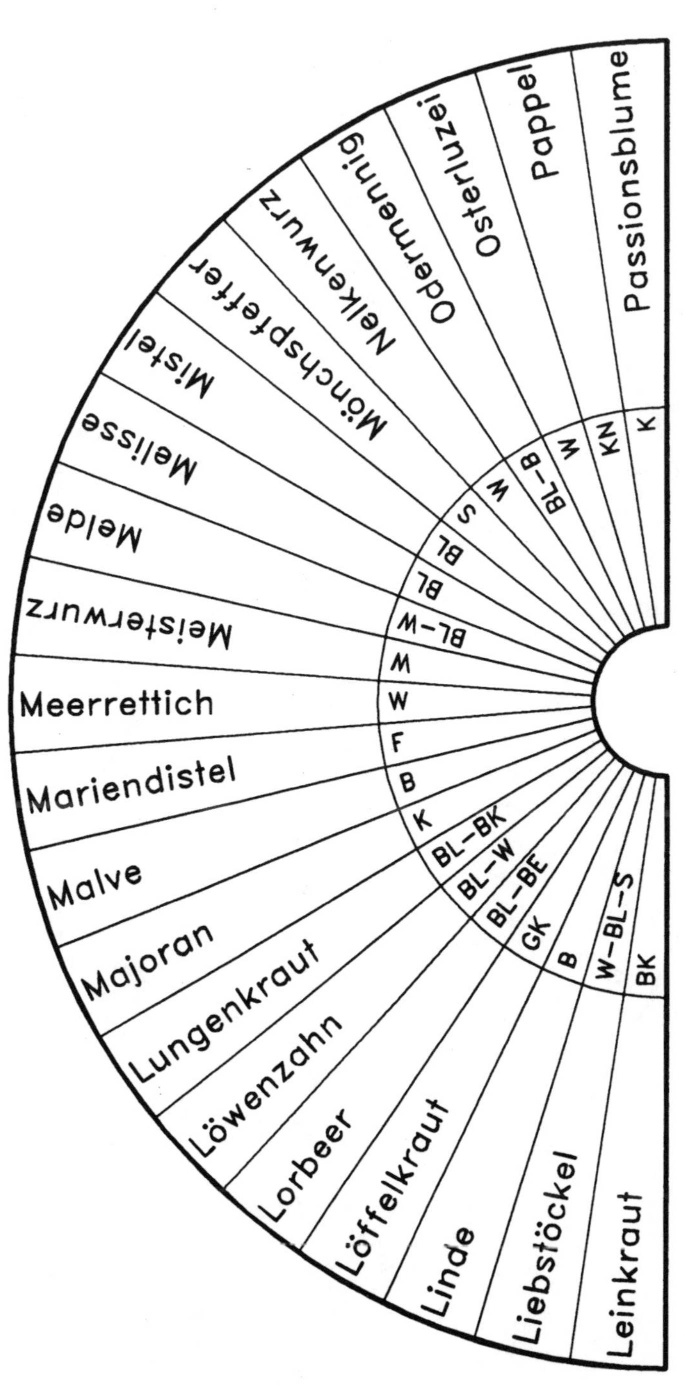

Heilpflanzen – Tafel 7

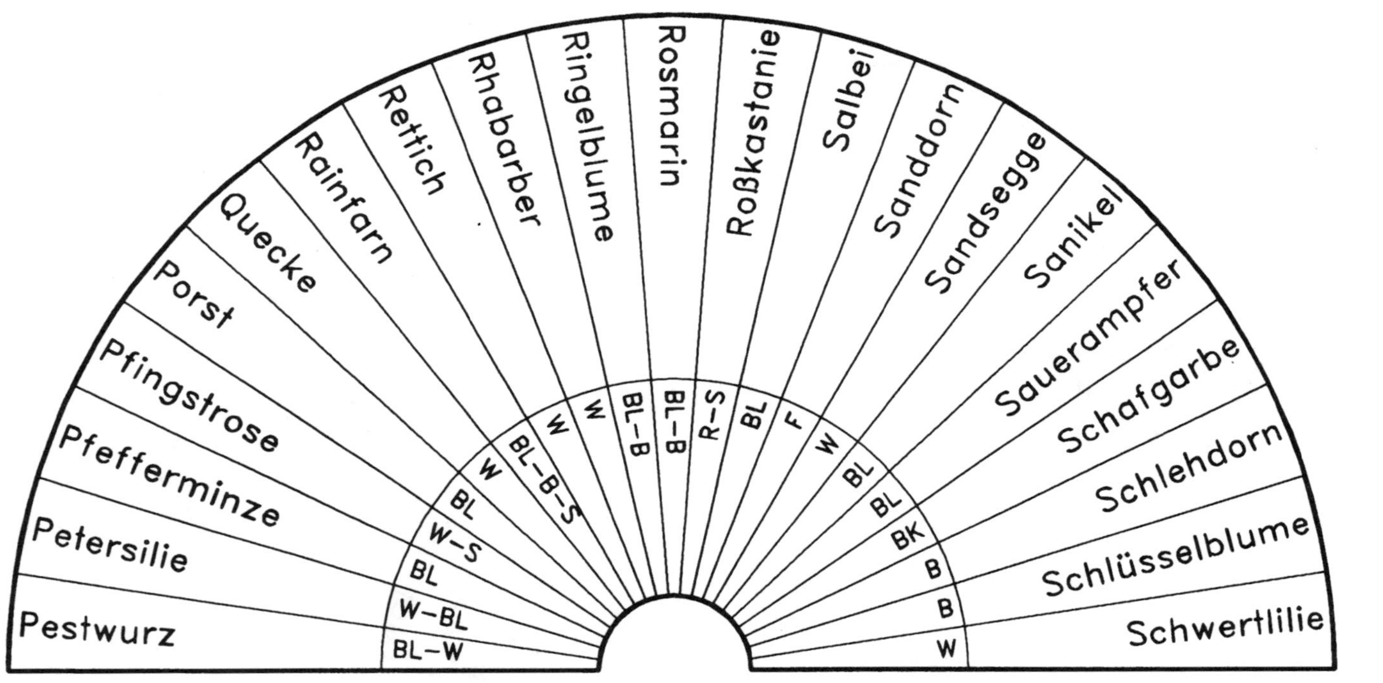

Heilpflanzen – Tafel 8

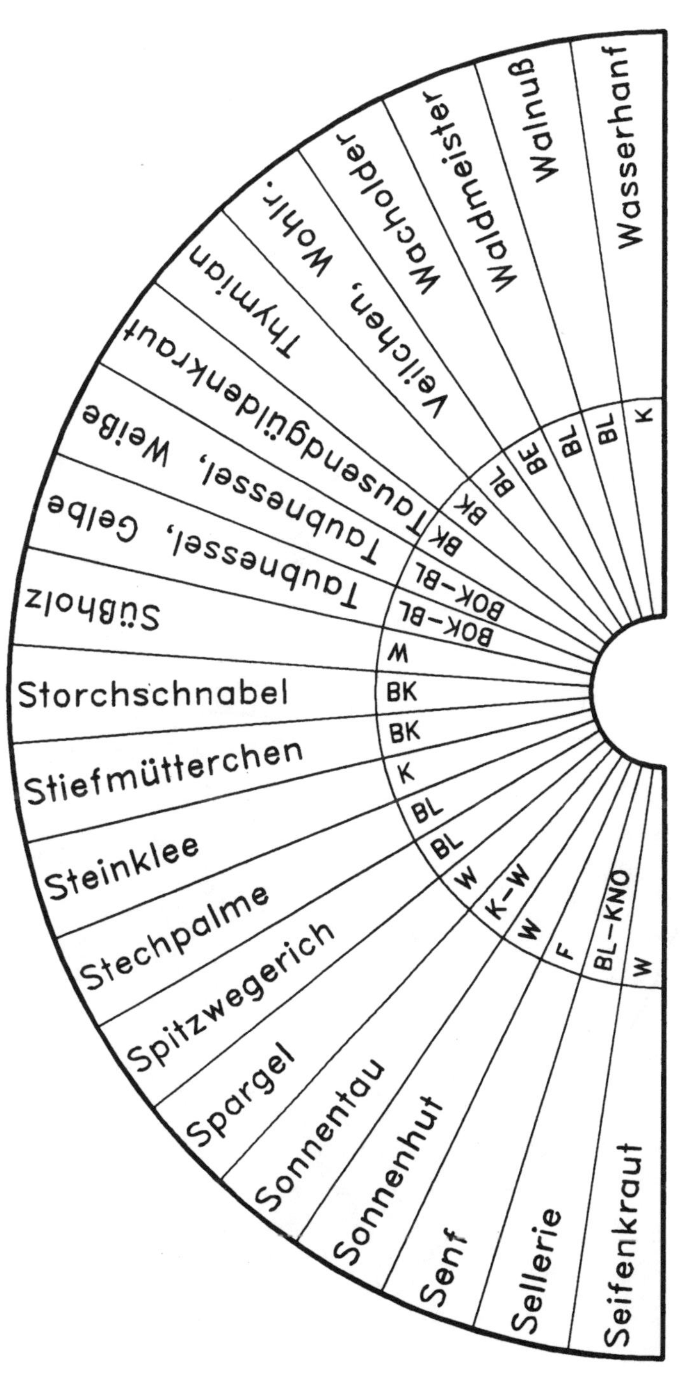

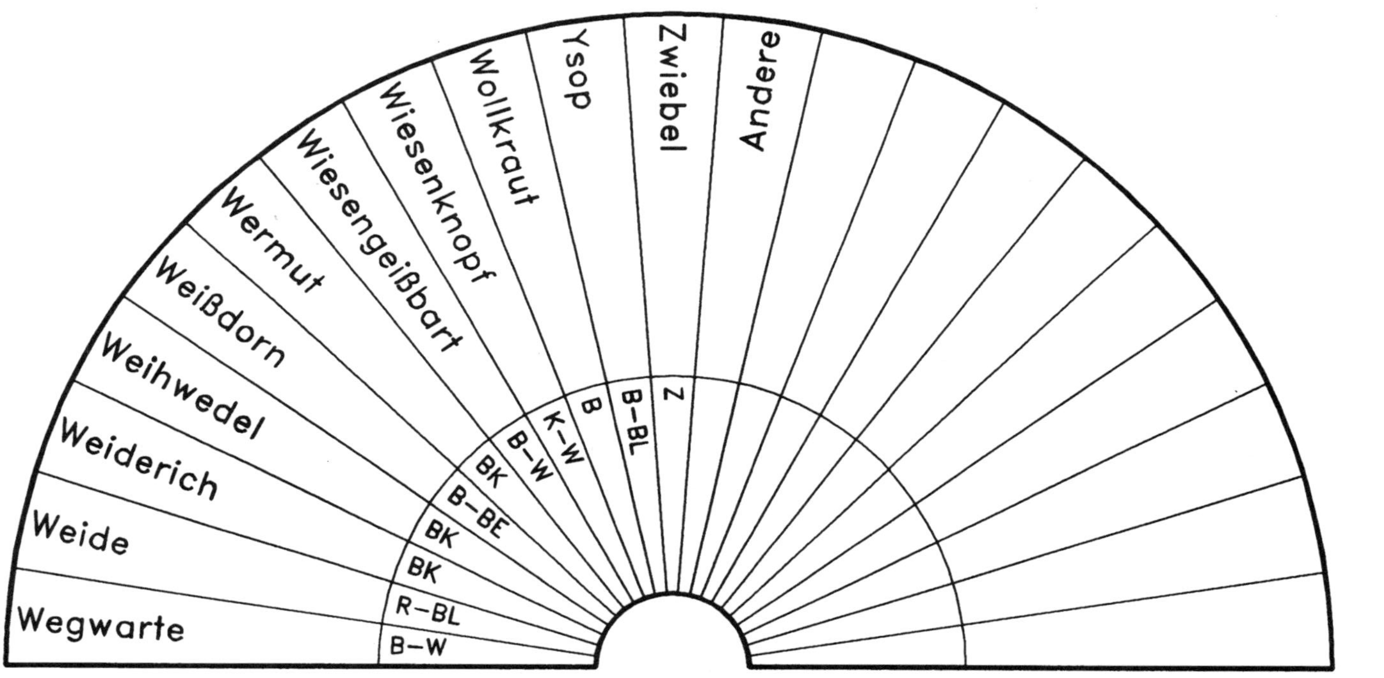

Andere
Zwiebel
Ysop
Wollkraut
Wiesenknopf
Wiesengeißbart
Wermut
Weißdorn
Weihwedel
Weiderich
Weide
Wegwarte
Z
B–BL
B
K–W
B–W
BK
B–BE
BK
BK
R–BL
B–W

Heilpflanzen – Zubereitung und Legende

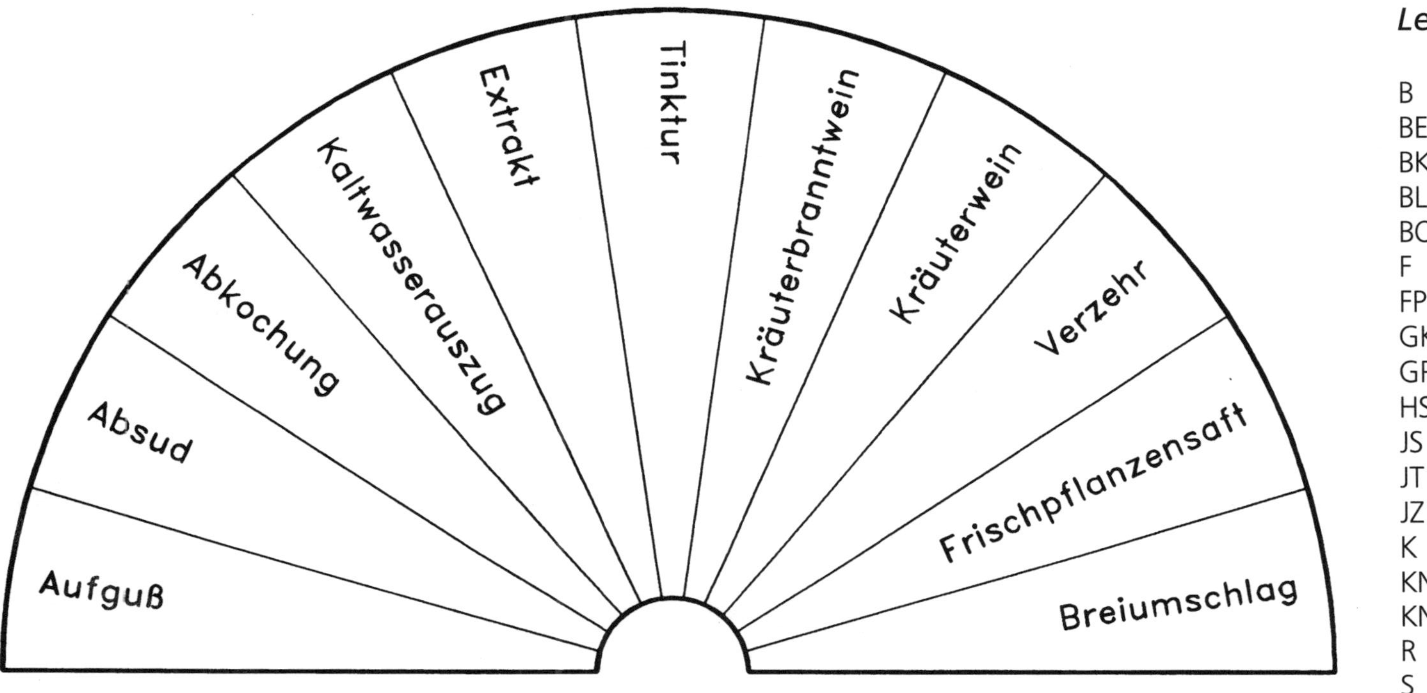

Legende

B	Blüten
BE	Beeren
BK	Blühendes Kraut
BL	Blätter
BOK	Blüten ohne Kelch
F	Frucht
FP	Frischpflanze
GK	Ganzes Kraut
GP	Ganze Pflanze
HS	Hülsen / Schalen
JS	Junge Sprossen
JT	Junge Triebe
JZ	Junge Zweige
K	Kraut
KN	Knospen
KNO	Knollen
R	Rinde
S	Samen
W	Wurzel
WR	Wurzelrinde
Z	Zwiebel

Hinweise zur Zubereitung finden
Sie auf der nächsten Seite.

Heilpflanzen – Hinweise zur Zubereitung

Aufguß: Übergießen Sie einen Teelöffel voll Kräuter mit einer Tasse kochendem Wasser und lassen Sie diese 5 bis 10 Minuten lang zugedeckt ziehen. Abseihen und warm oder kalt trinken.

Absud: Man nimmt 1 Eßlöffel voll Kräuter und setzt diese in ¼ bis ½ Liter Wasser kalt an, kocht auf, läßt 1 bis 2 Minuten lang kochen und anschließend noch 5 bis 10 Minuten zugedeckt ziehen. Dann abseihen und warm oder auch kalt trinken.

Abkochung: Die zerkleinerten Pflanzenteile werden in kaltem Wasser angesetzt (1 Teelöffel pro Tasse) und aufgekocht. Dann 15 bis 30 Minuten kochen und 5 Minuten ziehen lassen. Diese Methode wird üblicherweise bei Wurzeln verwendet.

Kaltwasserauszug: Man setzt ca. 1 Eßlöffel voll Pflanzenteile in 1 Tasse kaltem Wasser ein paar Stunden oder über Nacht an, seiht ab und trinkt den Tee kalt oder leicht erwärmt.

Extrakt: Extrakte sind kalte oder warme Auszüge, die nach dem Klären und Seihen eingedickt werden. Die Herstellung sollte besser dem Fachmann überlassen werden. Sie bekommen Extrakte in der Apotheke zu kaufen.

Tinktur: Tinkturen sind Auszüge von Heilpflanzen mit Weingeist oder bestimmten Weinsorten, die auf spezielle Art hergestellt werden. Sie enthalten beinahe alle löslichen Substanzen der Pflanze. Tinkturen erhalten Sie ebenfalls in der Apotheke.

Kräuterbranntwein: Man setzt 100 Gramm Kräuter mit 1 Liter 54prozentigen Branntwein an, läßt das Ganze 14 Tage bei Zimmertemperatur verschlossen ziehen und seiht dann ab. Davon nimmt man 3- bis 5mal täglich 10 bis 15 Tropfen.

Kräuterwein: Auf 100 Gramm Kräuter gießt man 1 Liter Weißwein, läßt dies einige Tage ziehen und seiht dann ab.

Verzehr: Essen Sie die entsprechenden Pflanzenteile frisch – z. B. als Salat. Bei manchen Pflanzen ist hier Vorsicht geboten – schlagen Sie daher sicherheitshalber in entsprechender Fachliteratur nach, ob Rohgenuß sinnvoll ist.

Frischpflanzensaft: Den Saft gewinnt man durch Auspressen der frischen Pflanze. Dies ist nicht bei allen Heilpflanzen möglich und sinnvoll – ziehen Sie daher eventuell auch in diesem Fall Fachliteratur zu Rate.

Breiumschlag: Die stark zerkleinerten oder gemahlenen Pflanzen werden mit kochendem Wasser zu einem Brei verrührt und warm oder kalt auf die betreffende Stelle aufgelegt.

Homöopathie

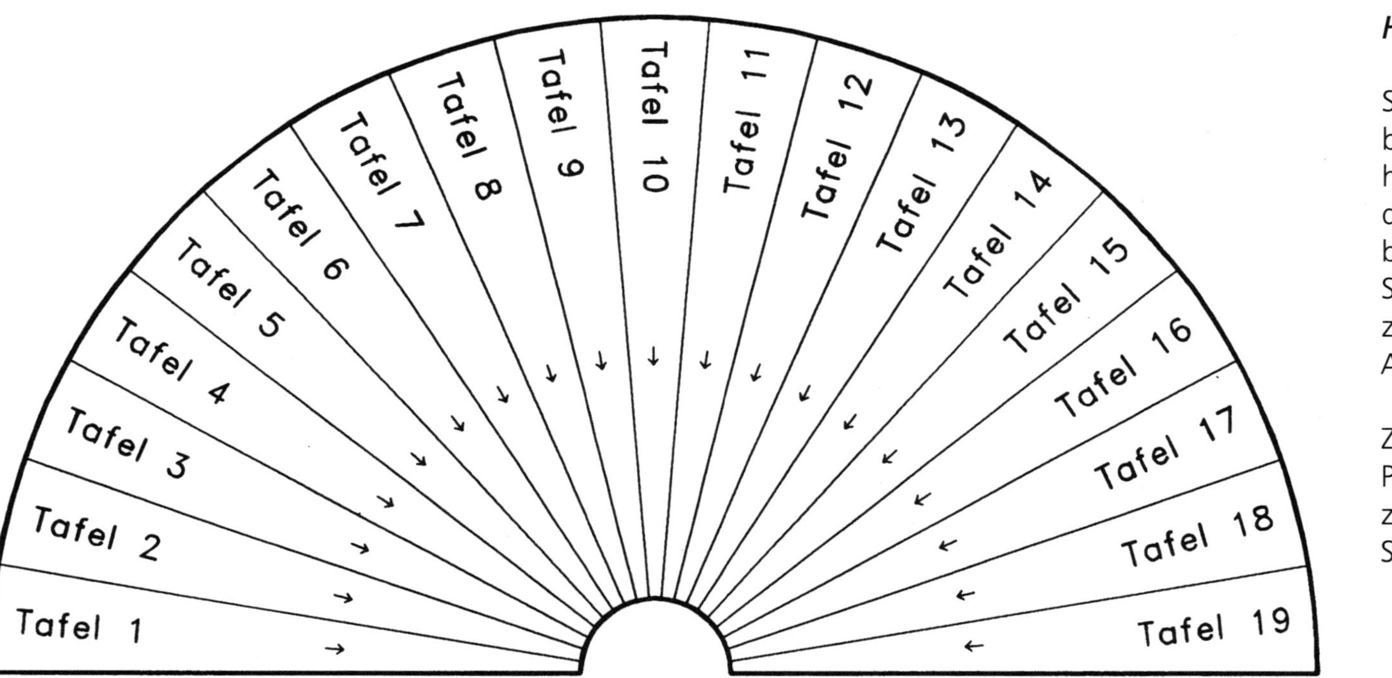

Hinweise

Sie finden hier eine alphabetische Liste von ca. 300 homöopathischen Mitteln, aus der Sie das geeignete Mittel bestimmen können. Verzweigen Sie anhand dieser Pendeltafel zur Tafel mit der passenden Arznei.

Zur Ermittlung der richtigen Potenz und Dosis finden Sie zwei weitere Tafeln auf den Seiten 74 und 75.

Homöopathie – Tafel 1

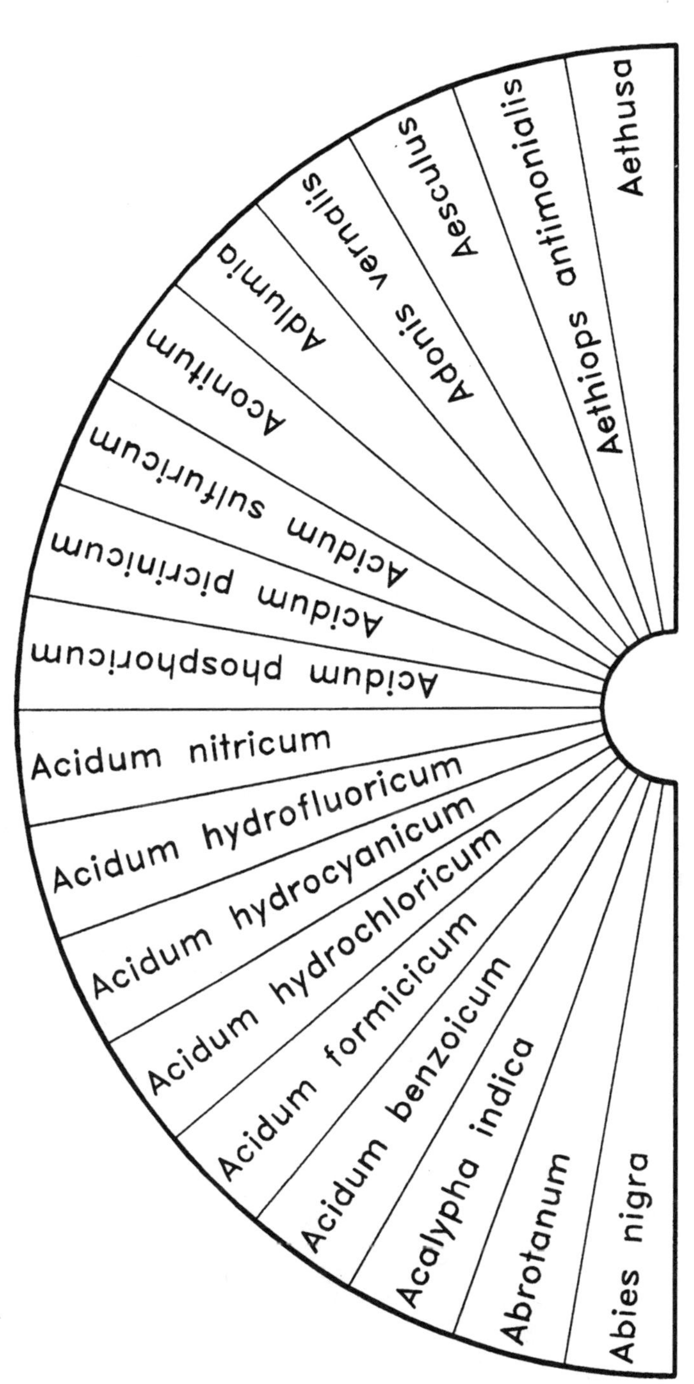

Homöopathie – Tafel 2

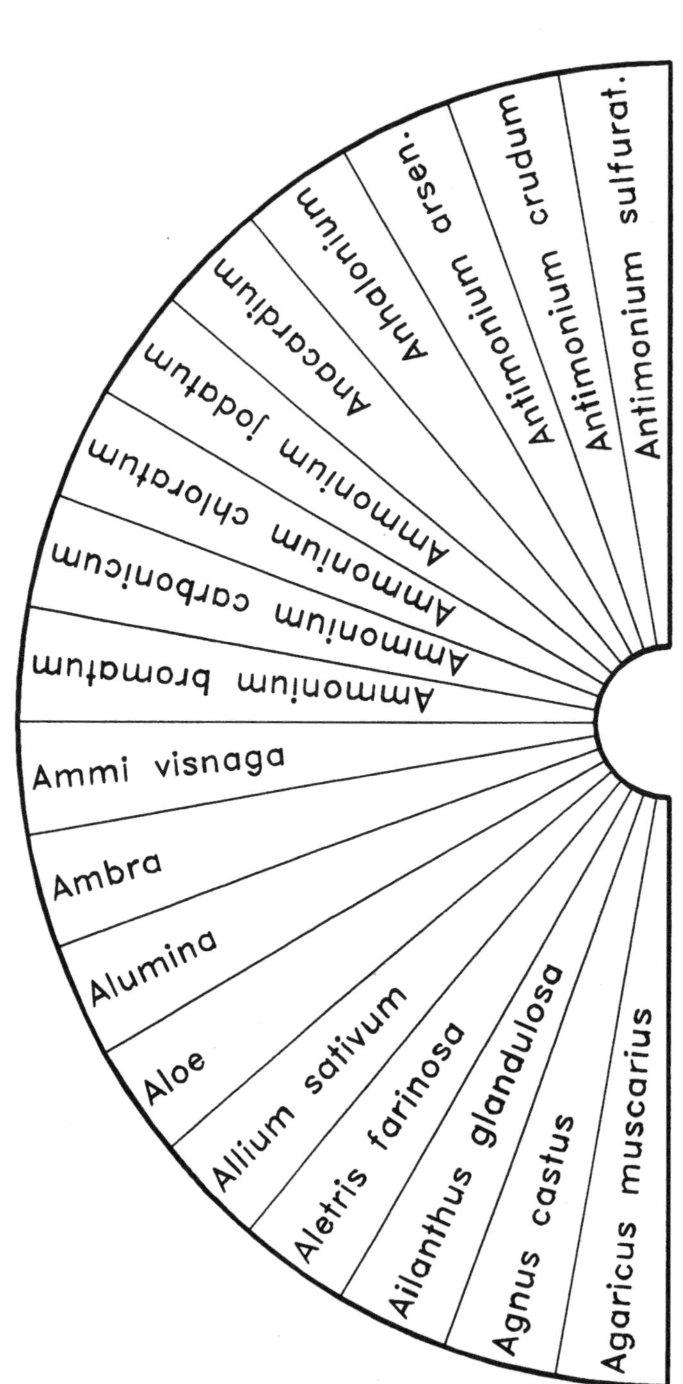

Homöopathie – Tafel 3

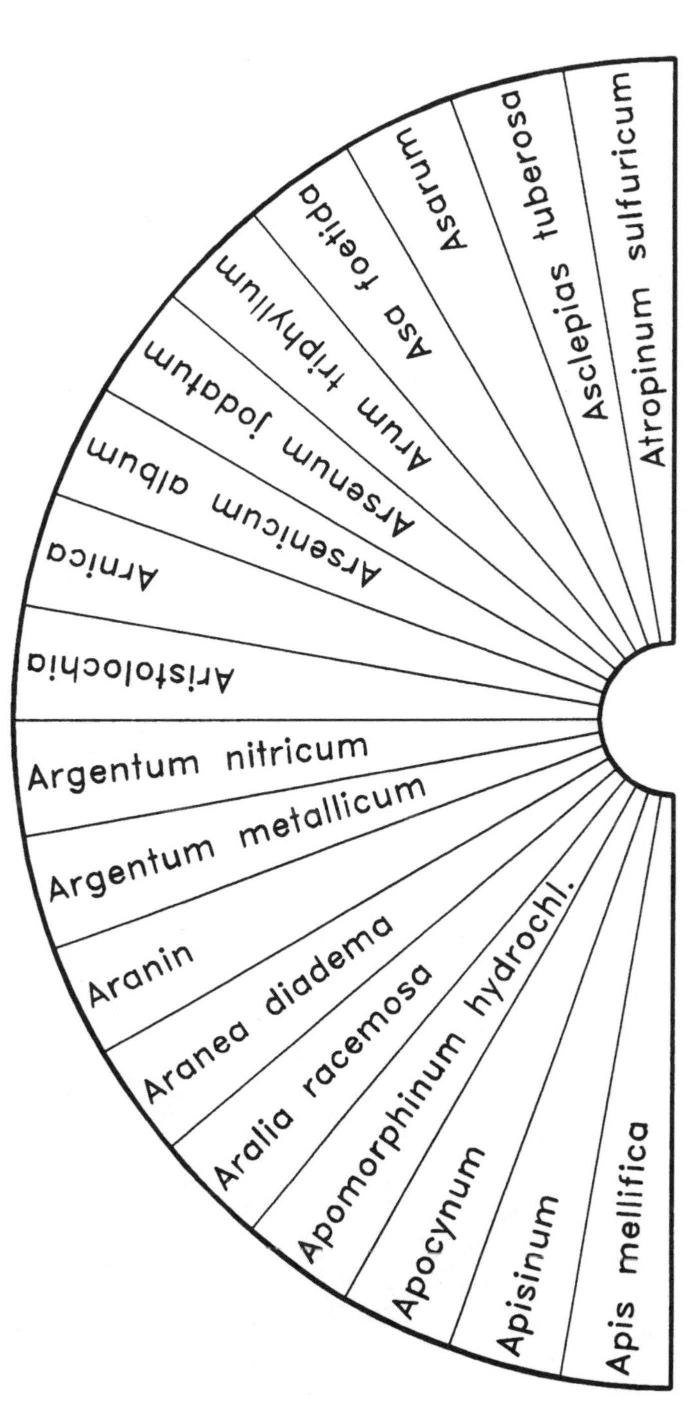

Homöopathie – Tafel 4

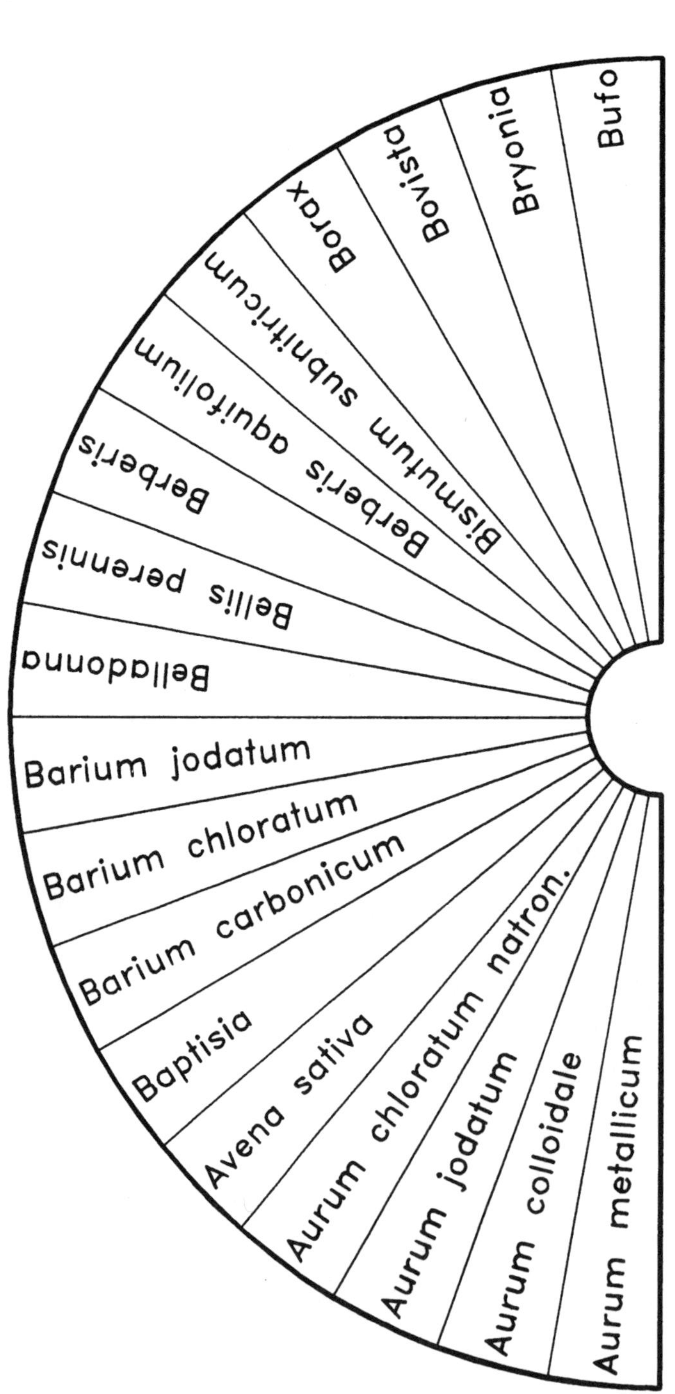

Homöopathie – Tafel 5

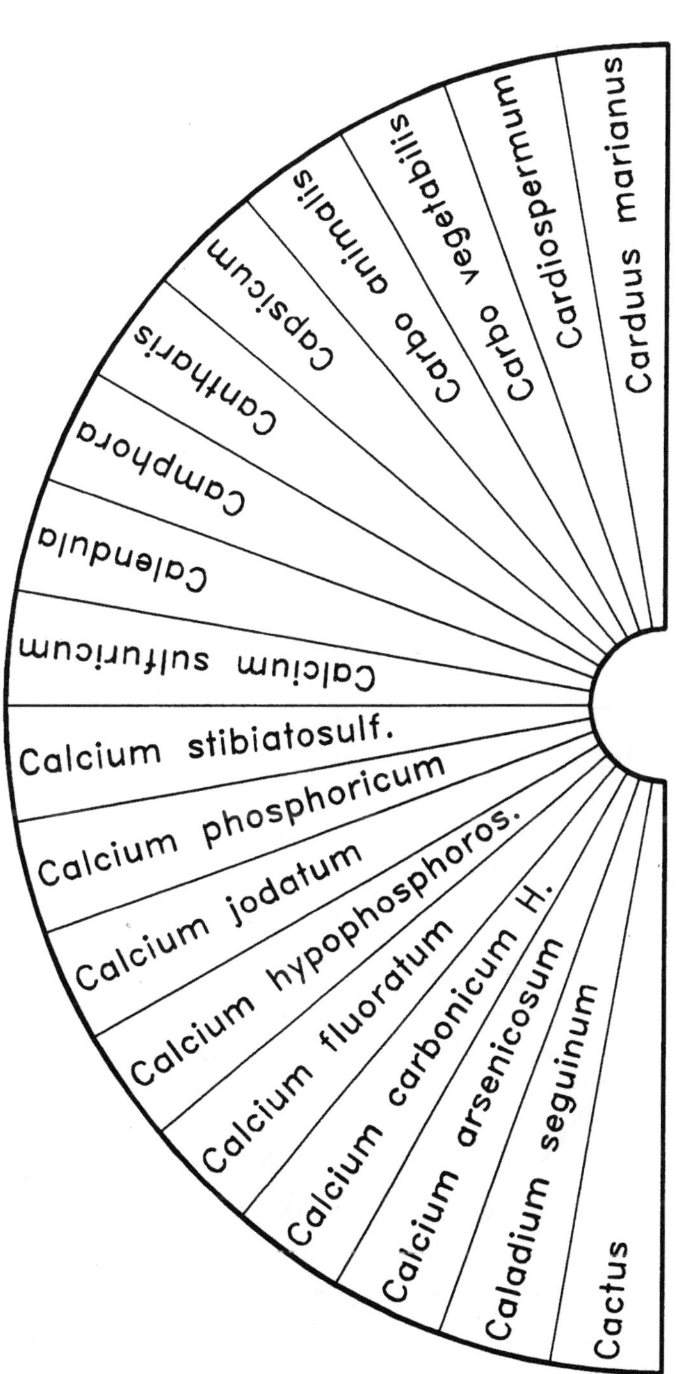

Homöopathie – Tafel 6

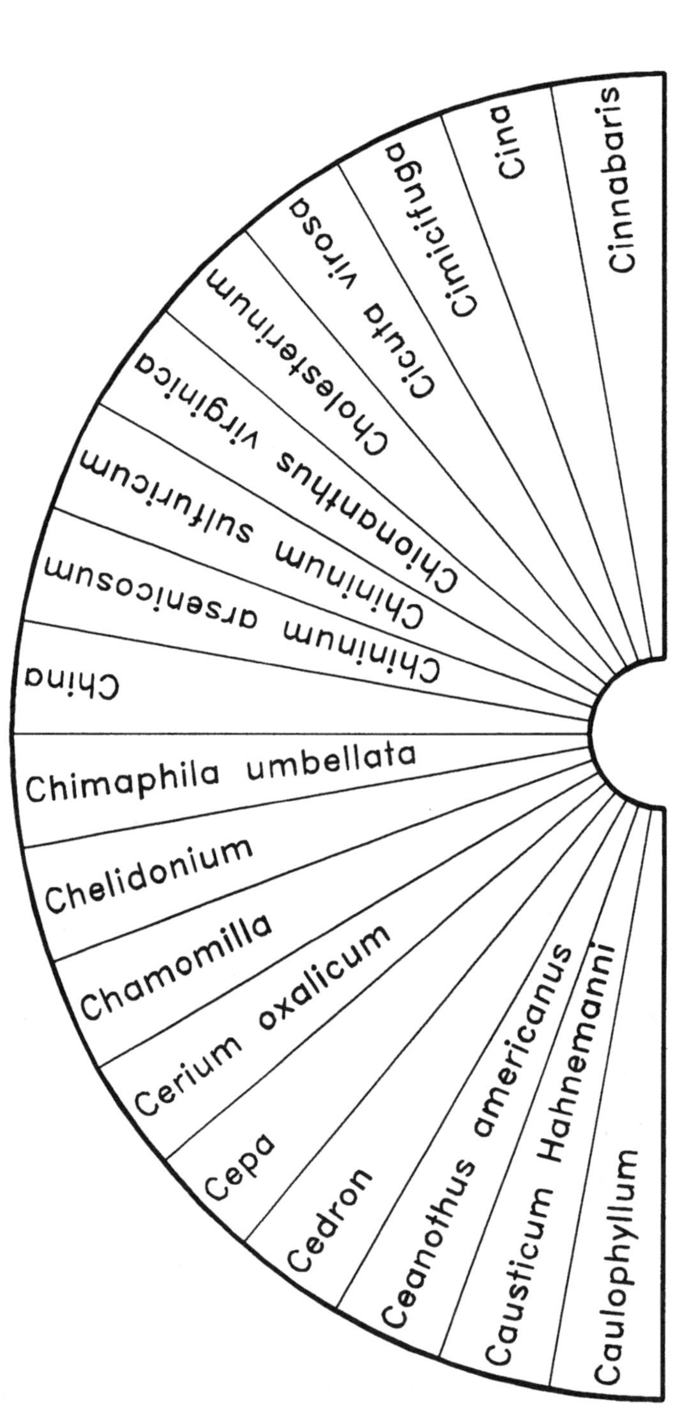

Homöopathie – Tafel 7

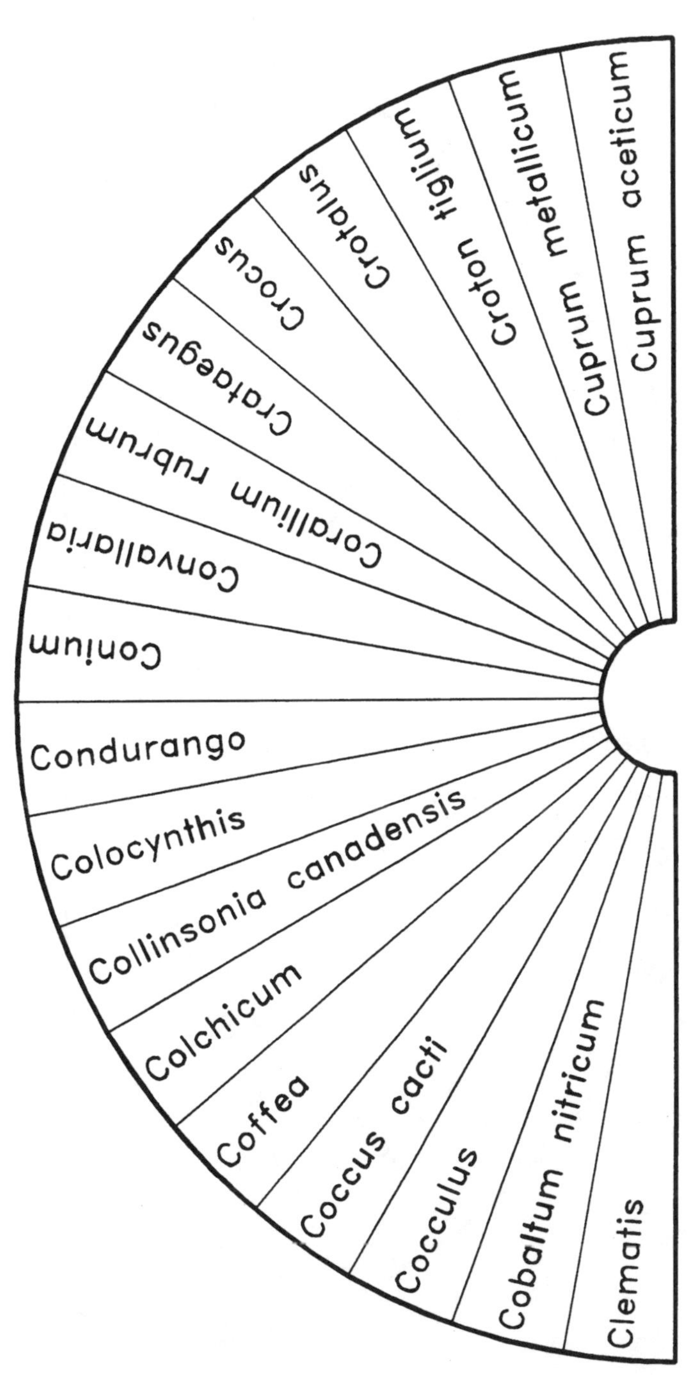

Homöopathie – Tafel 8

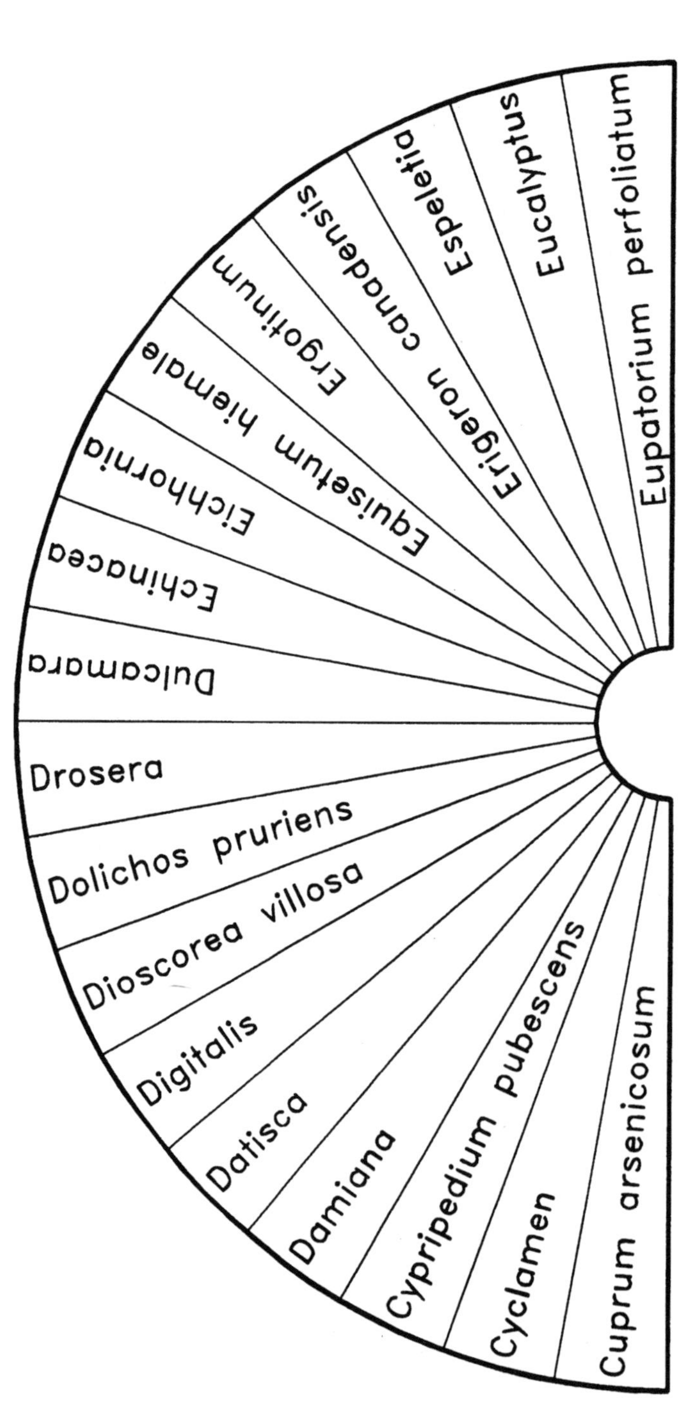

Homöopathie – Tafel 9

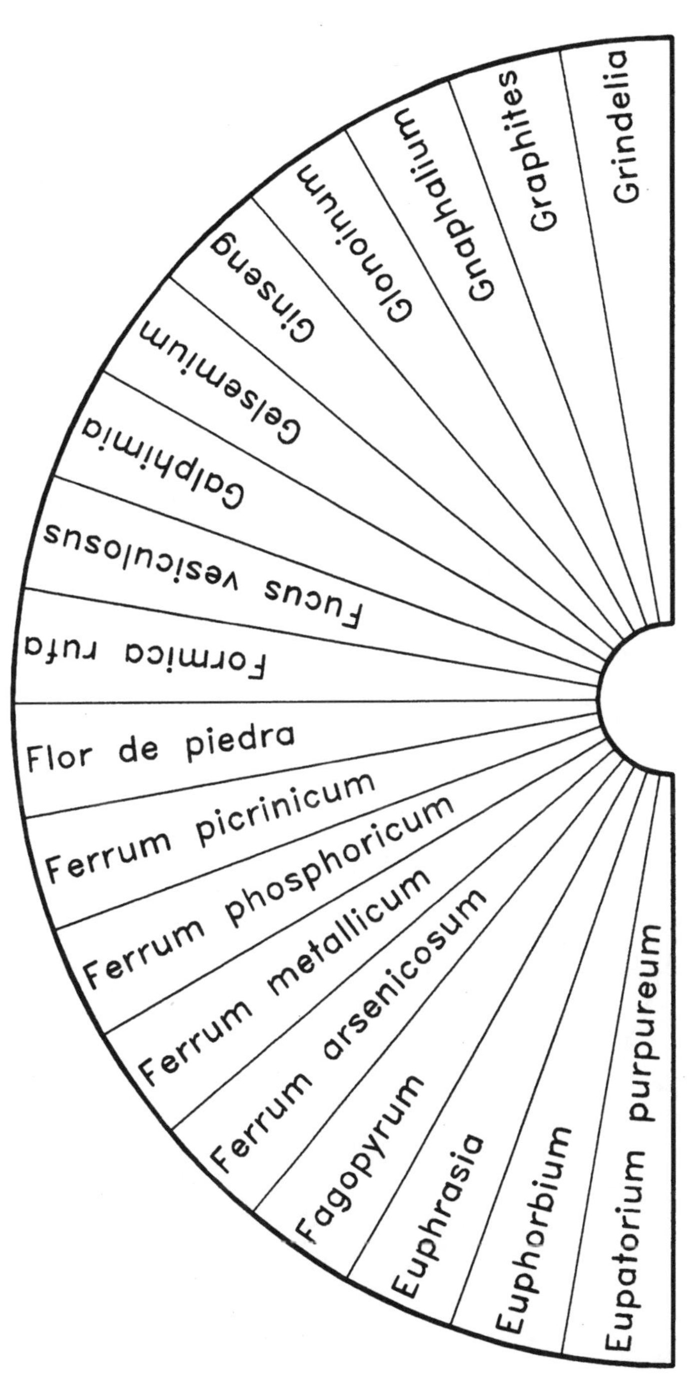

Homöopathie – Tafel 10

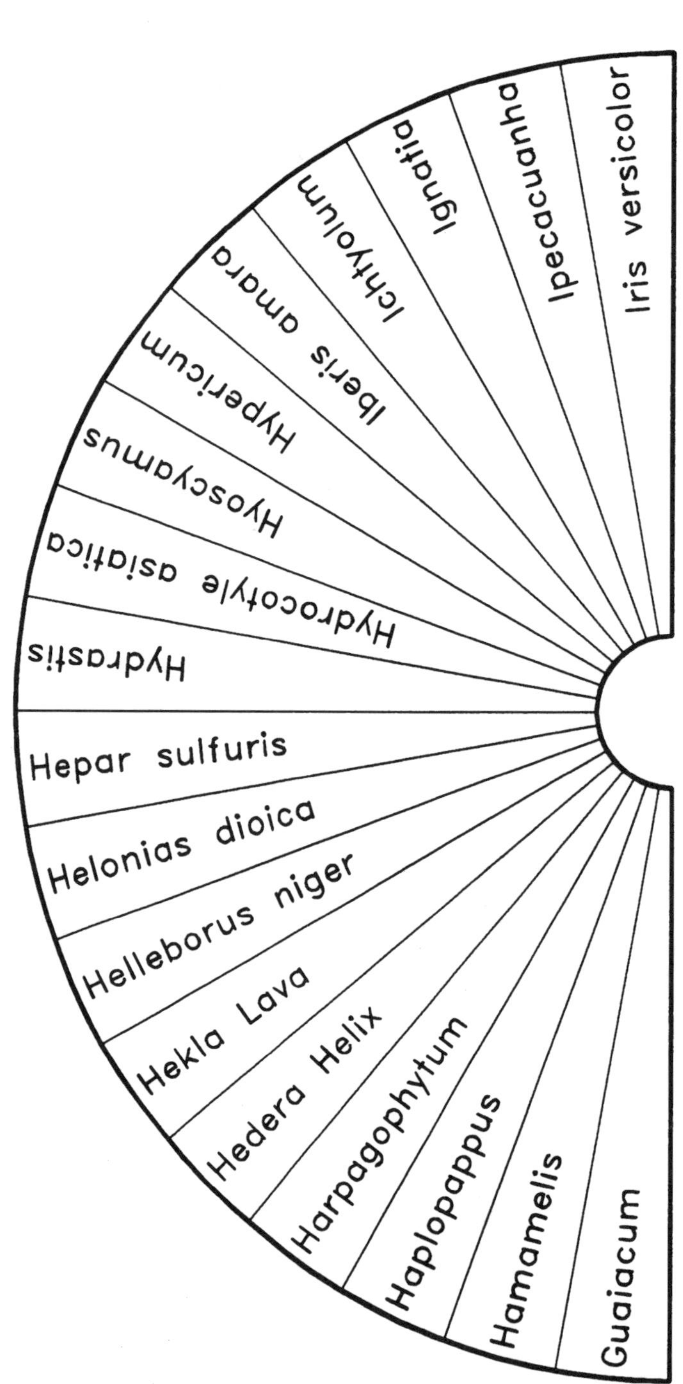

Homöopathie – Tafel 11

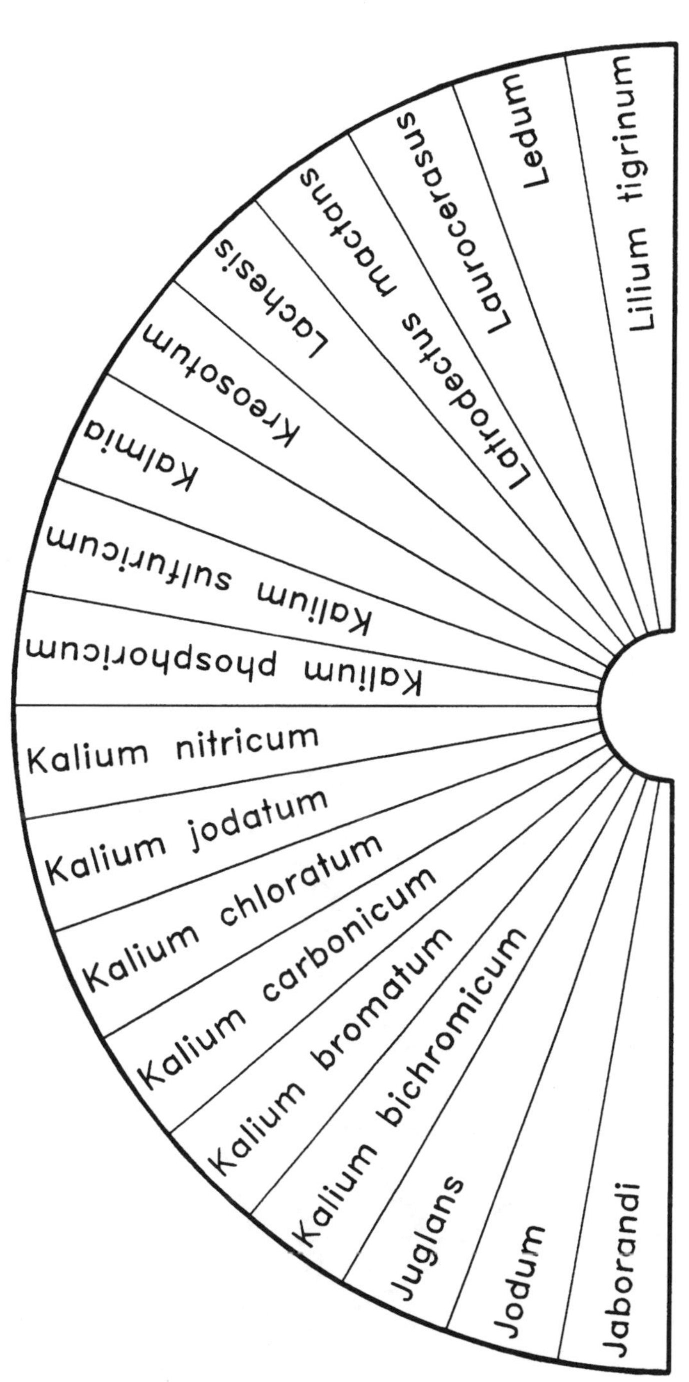

Homöopathie – Tafel 12

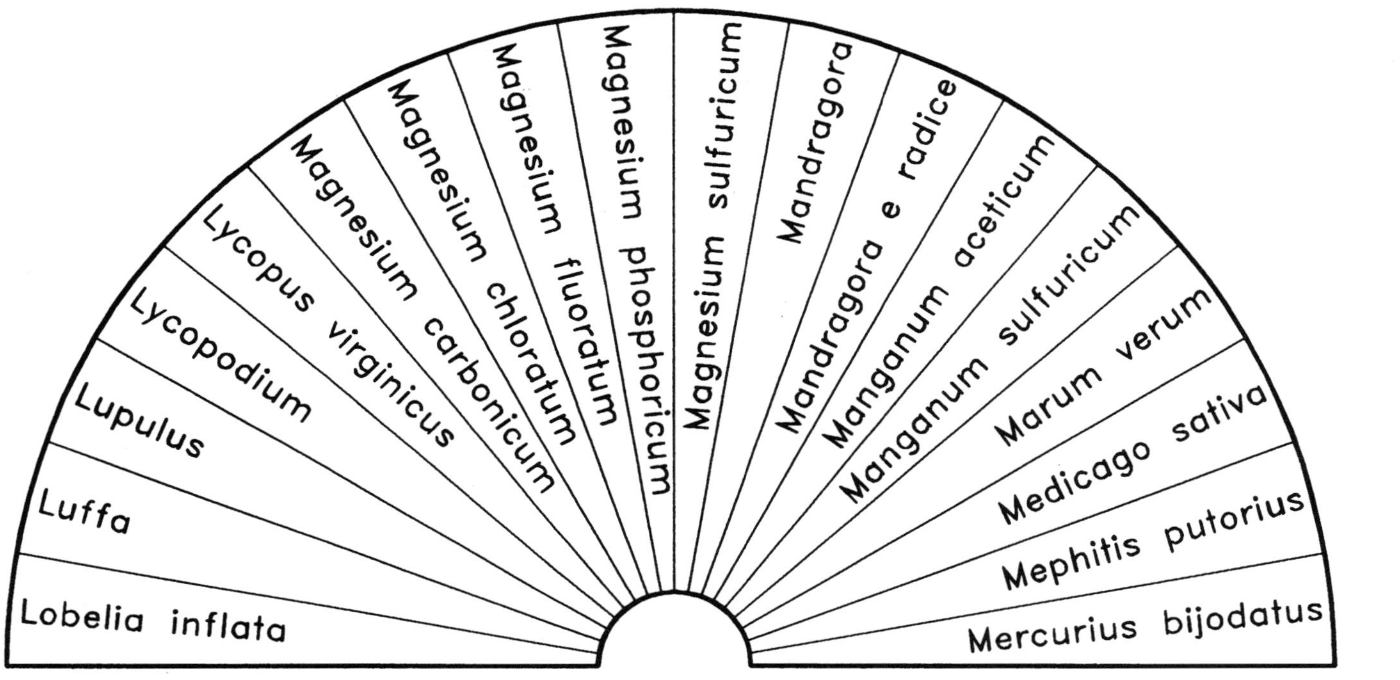

Homöopathie – Tafel 13

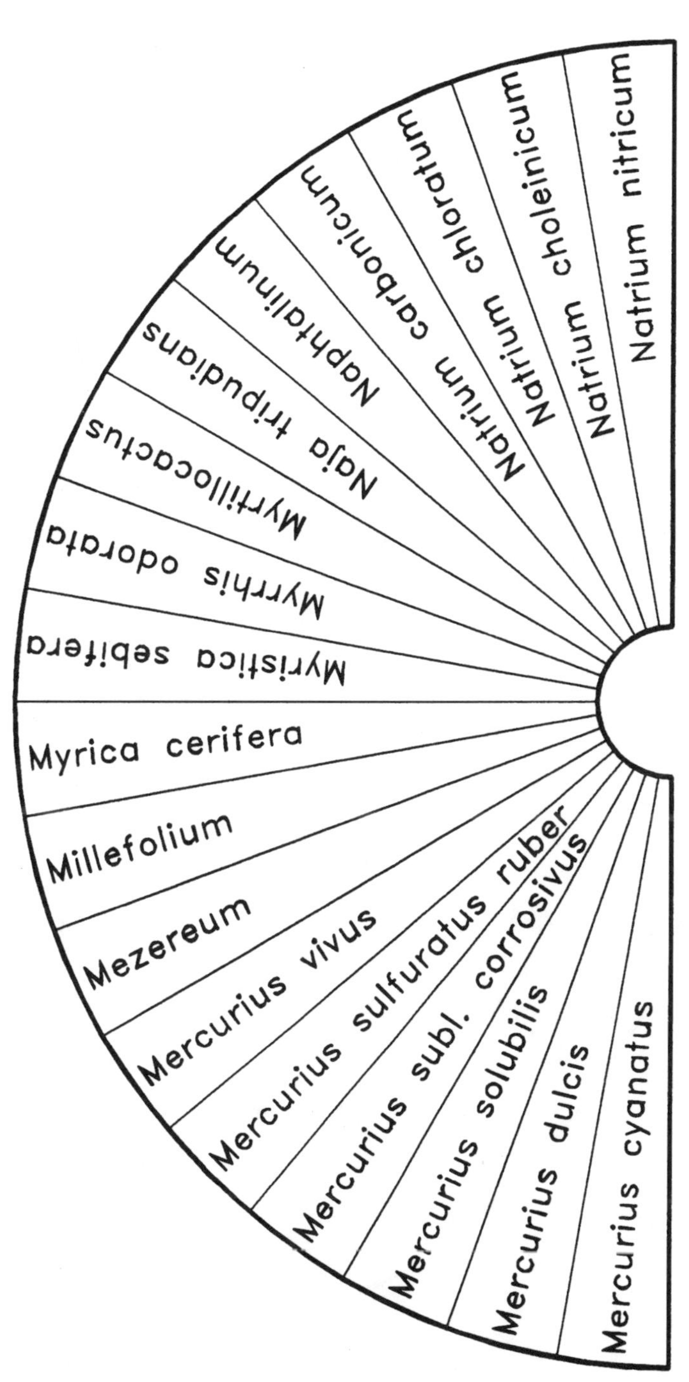

Homöopathie – Tafel 14

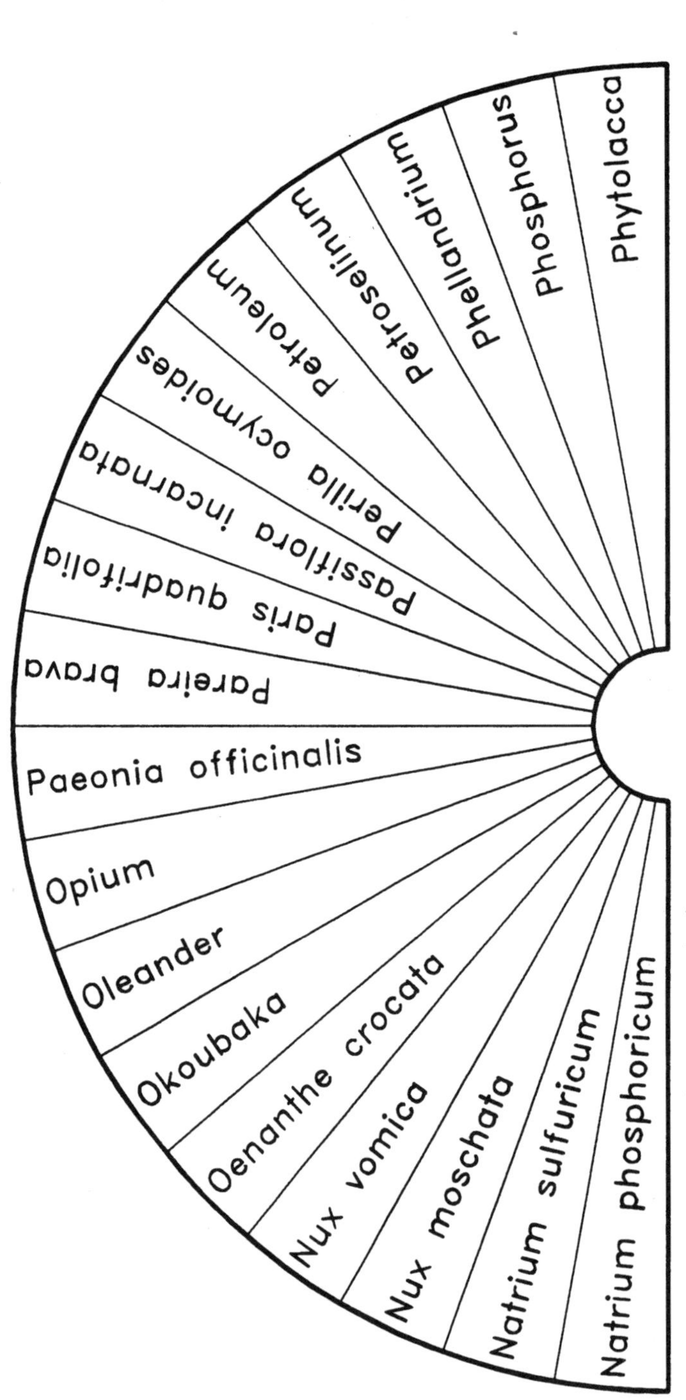

Homöopathie – Tafel 15

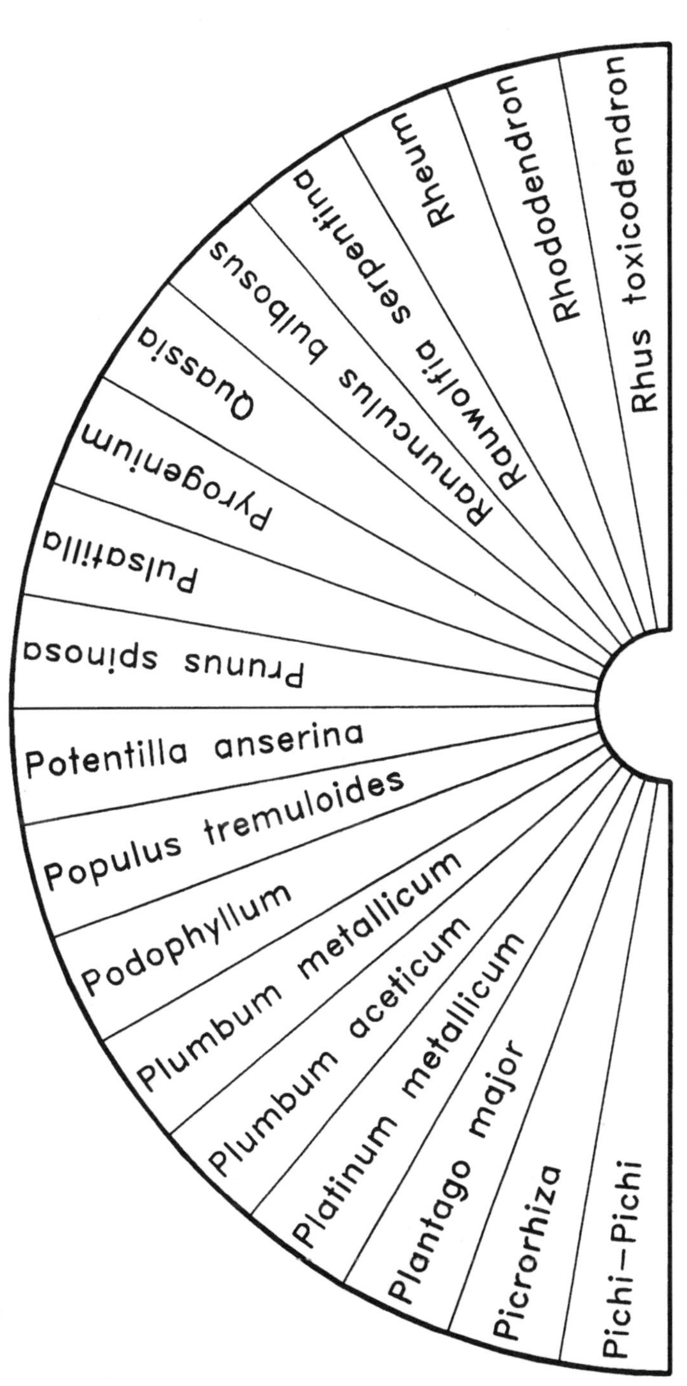

Homöopathie – Tafel 16

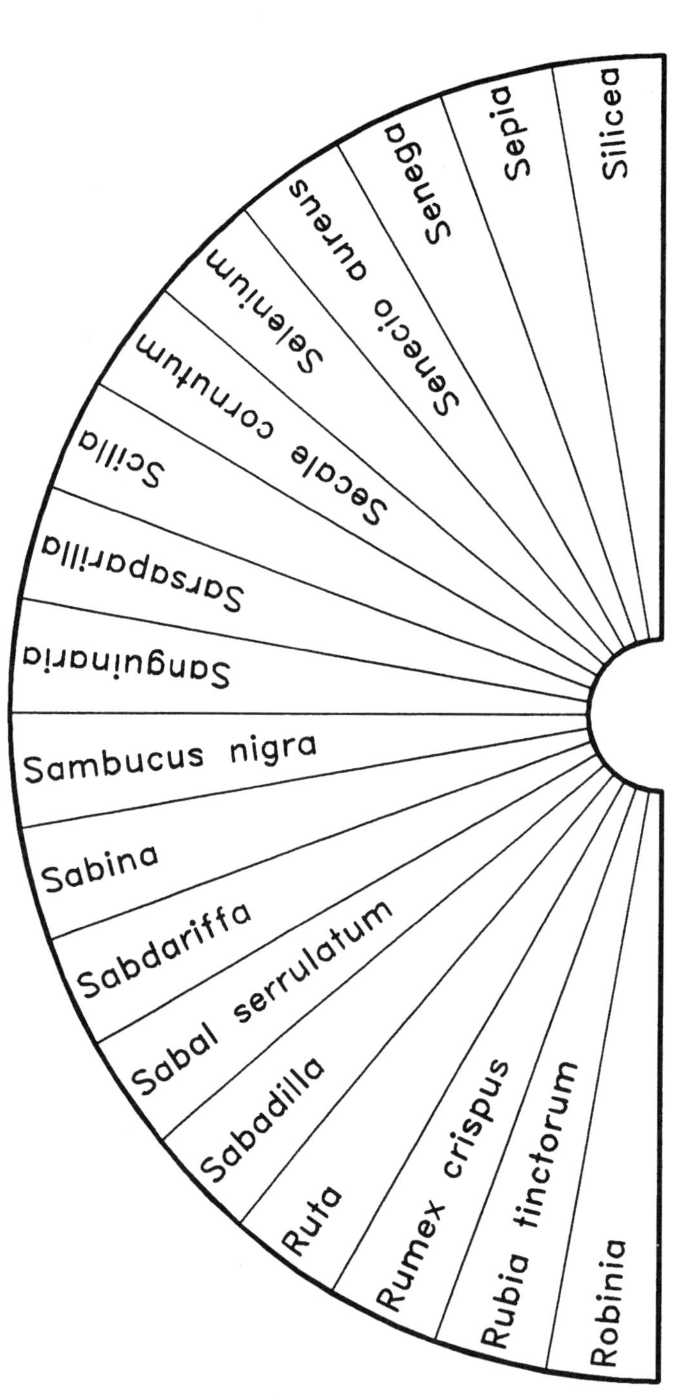

Homöopathie – Tafel 17

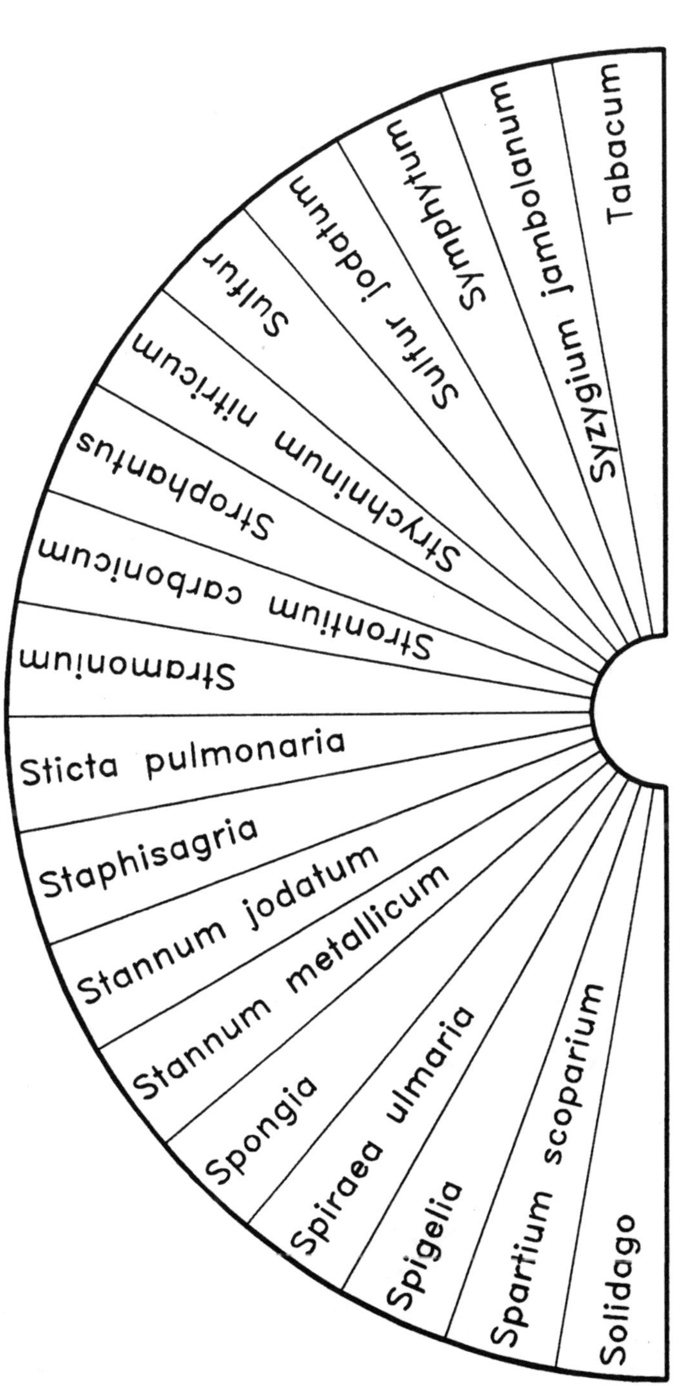

Homöopathie – Tafel 18

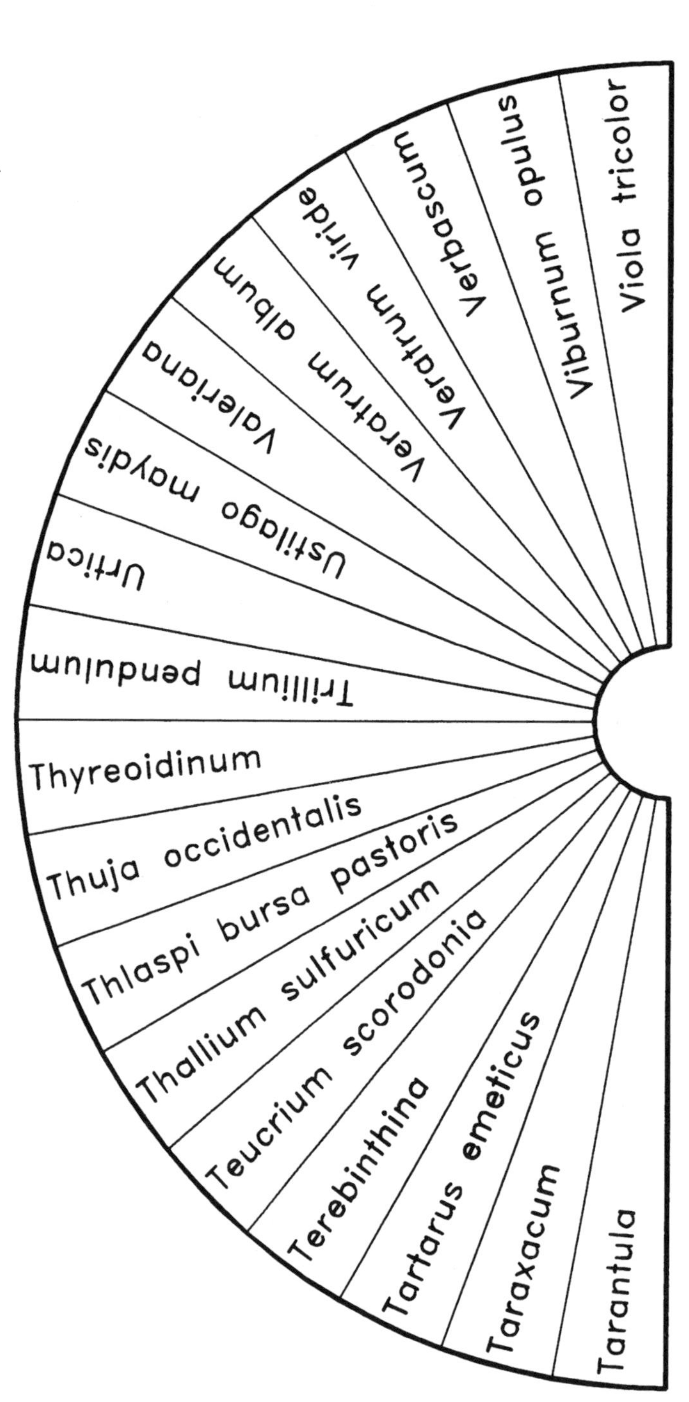

Homöopathie – Tafel 19

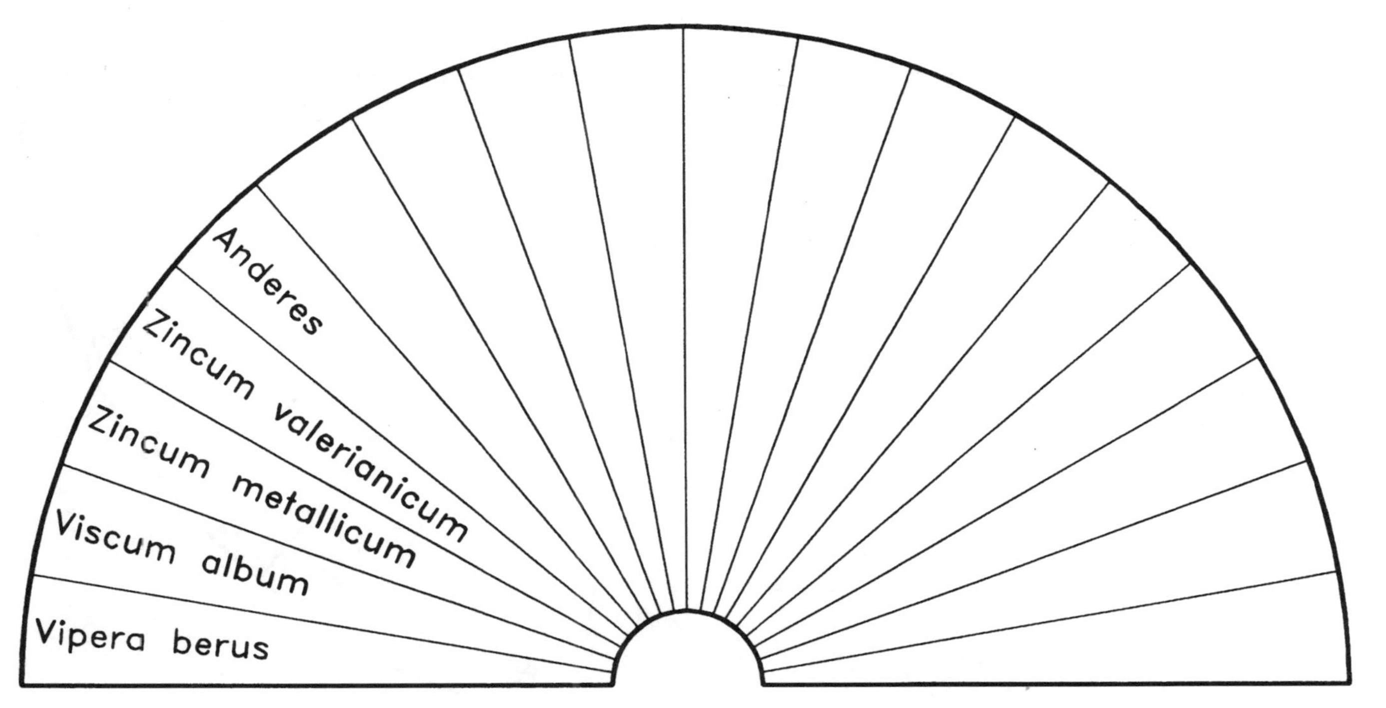

Homöopathie – Potenzierung

74

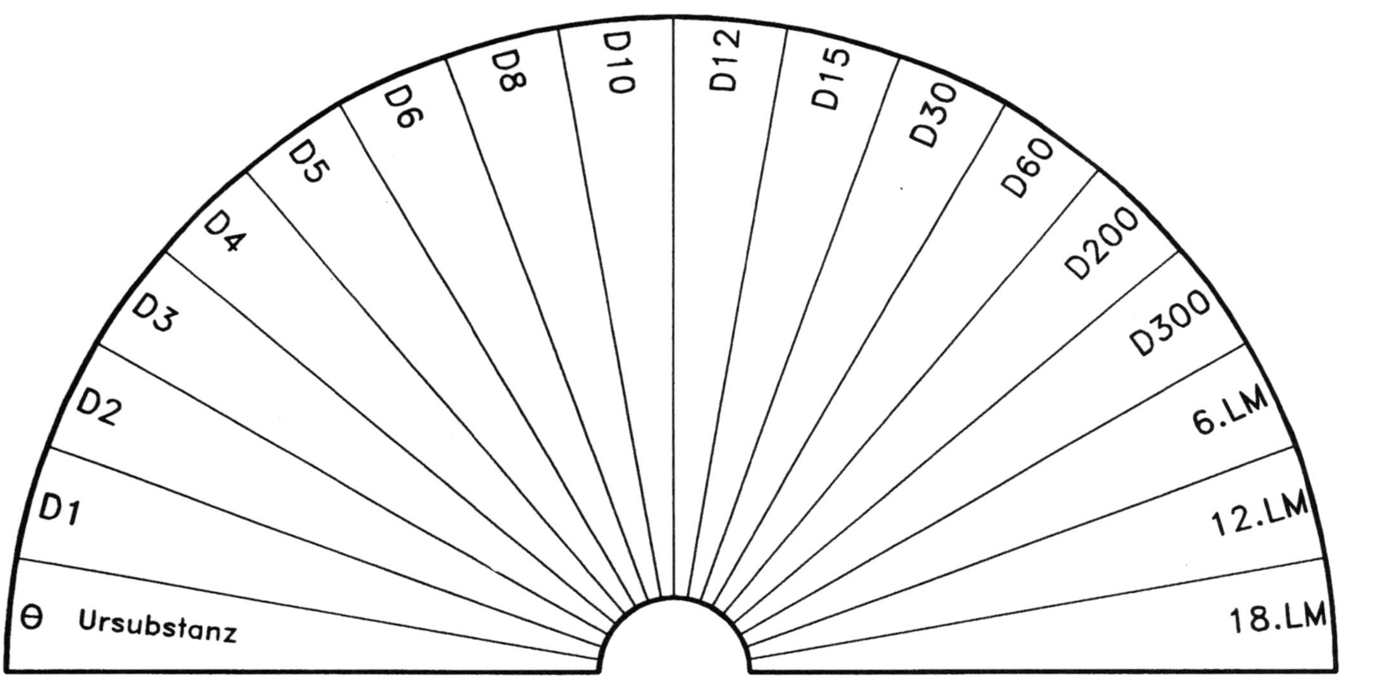

Dosierung

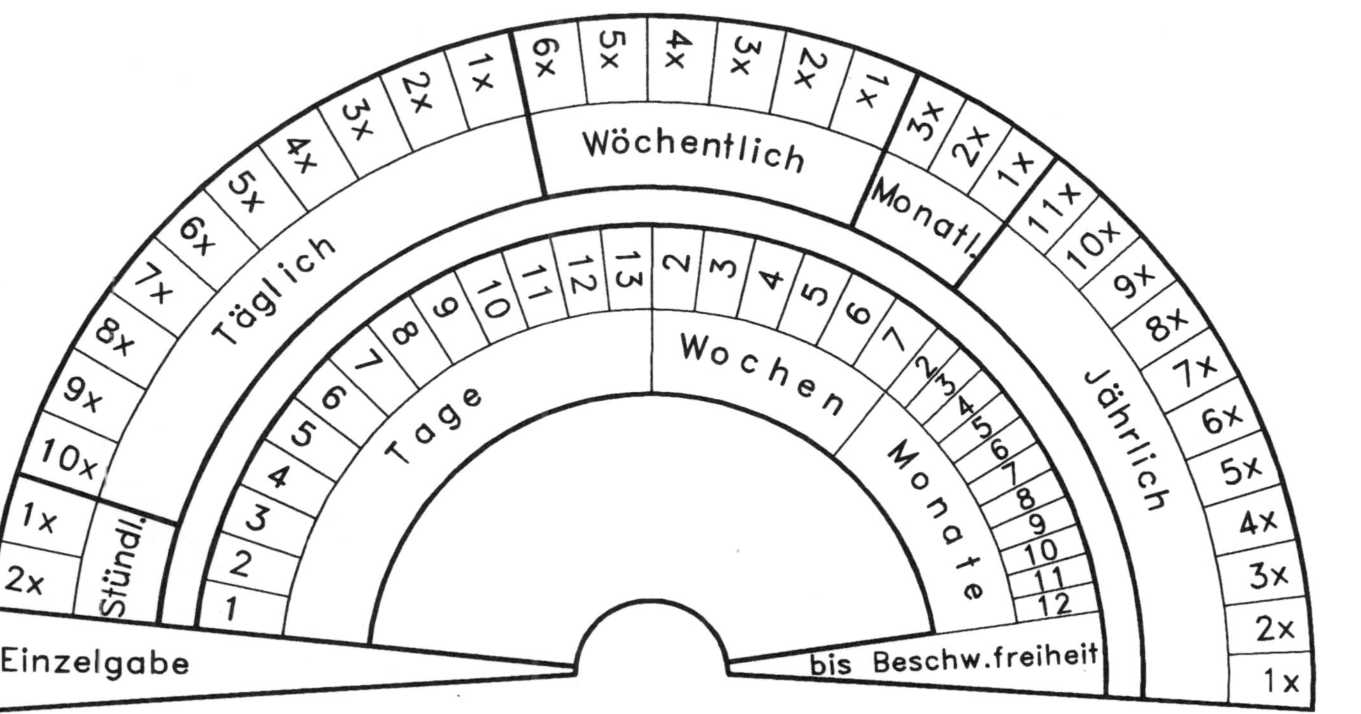

Hinweise

Anhand dieser Tafel können Sie die richtige Dosierung (äußerer Kreis) und Gabedauer (innerer Kreis) bestimmen. Der Dosierungsbereich reicht von 1mal stündlich bis 1mal jährlich, der Bereich für die Gabedauer von 1 Tag bis zu 1 Jahr.

Für Homöopathika, Schüßler- und Ergänzungssalze gilt:
1 Gabe = 1 Tablette =
5 Globuli =
5 Tropfen
Für Bach-Blüten gilt:
1 Gabe = 5 Tropfen

Fragestellung:
1. Wie oft soll die Arznei eingenommen werden? (Außen).
2. Wie lange soll die Arznei eingenommen werden? (Innen).

Homöopathische Komplexmittel – Apozema

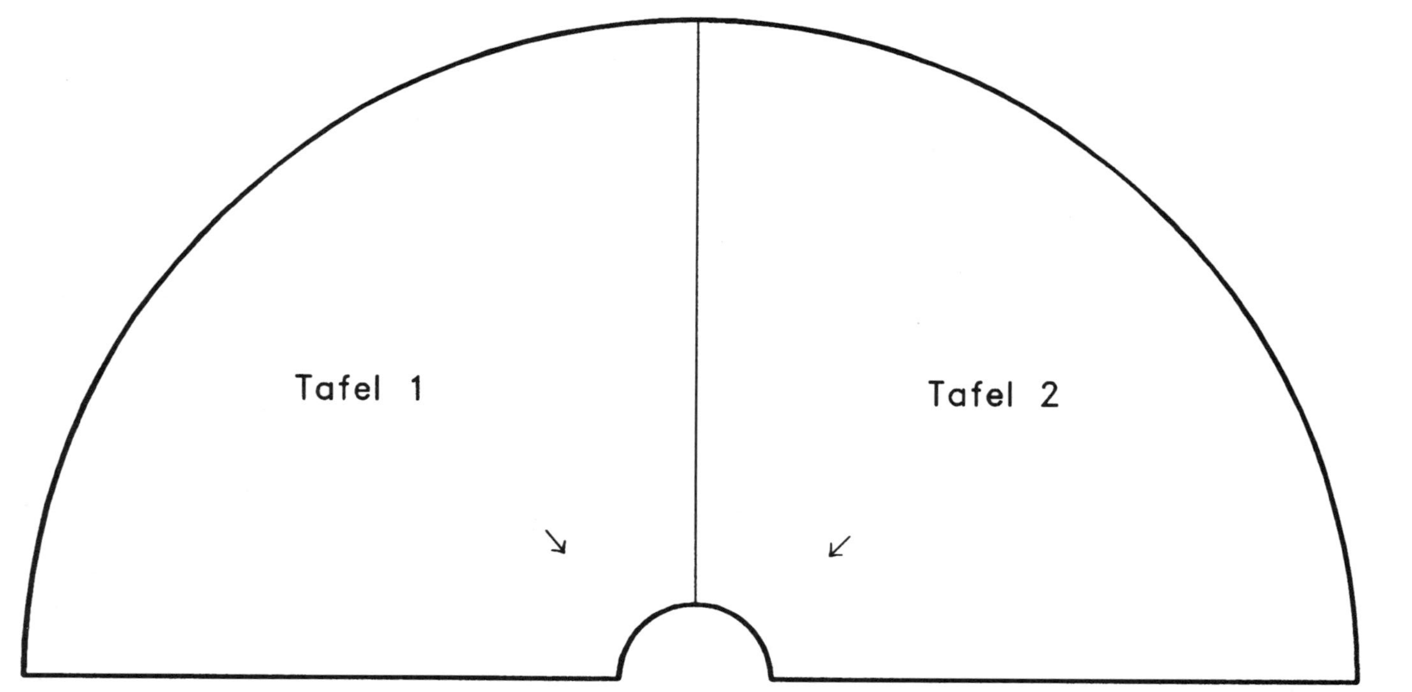

Hinweise

Apozema-Heilpräparate sind homöopathische Komplexmittel. In Komplexmitteln sind verschiedene homöopathische Einzelmittel zu einem Präparat vermischt, wodurch die Wirkung breiter gestreut wird.

Verzweigen Sie anhand der nebenstehenden Tafel zum Pendeldiagramm mit dem gesuchten Mittel.

Homöopathische Komplexmittel – Apozema – Tafel 1

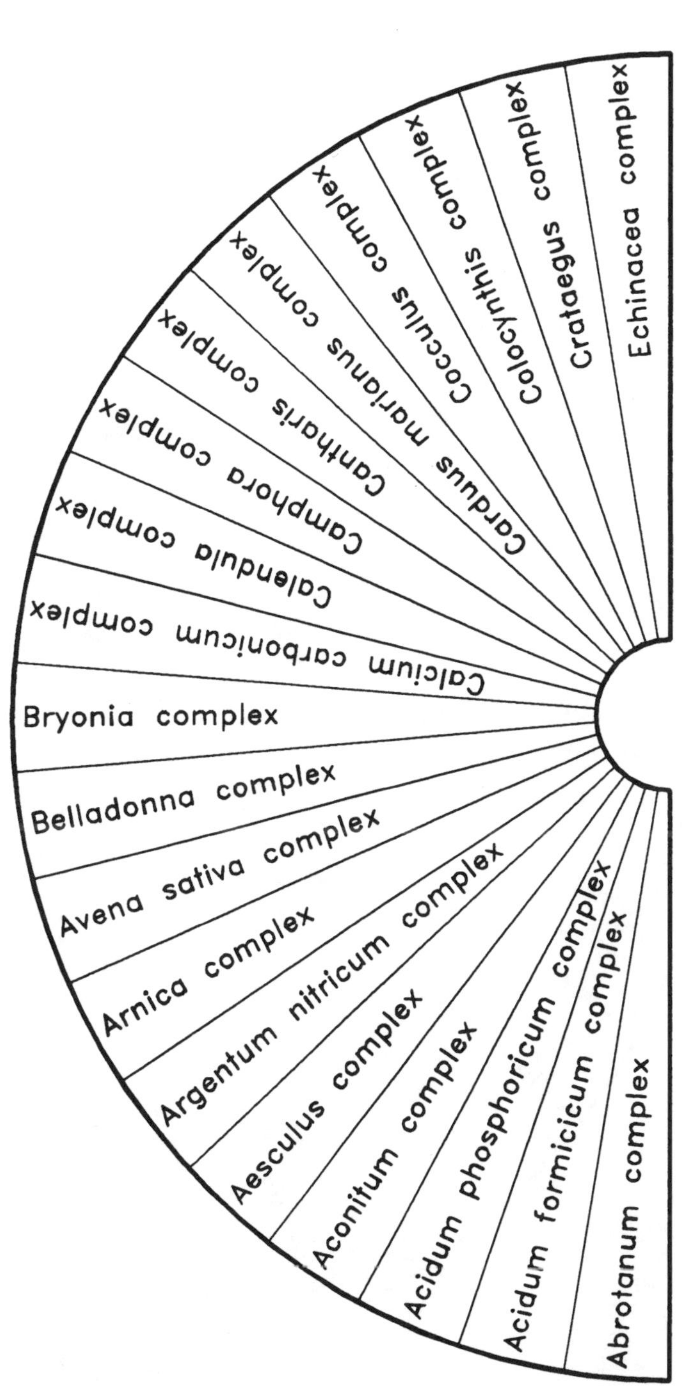

Homöopathische Komplexmittel – Apozema – Tafel 2

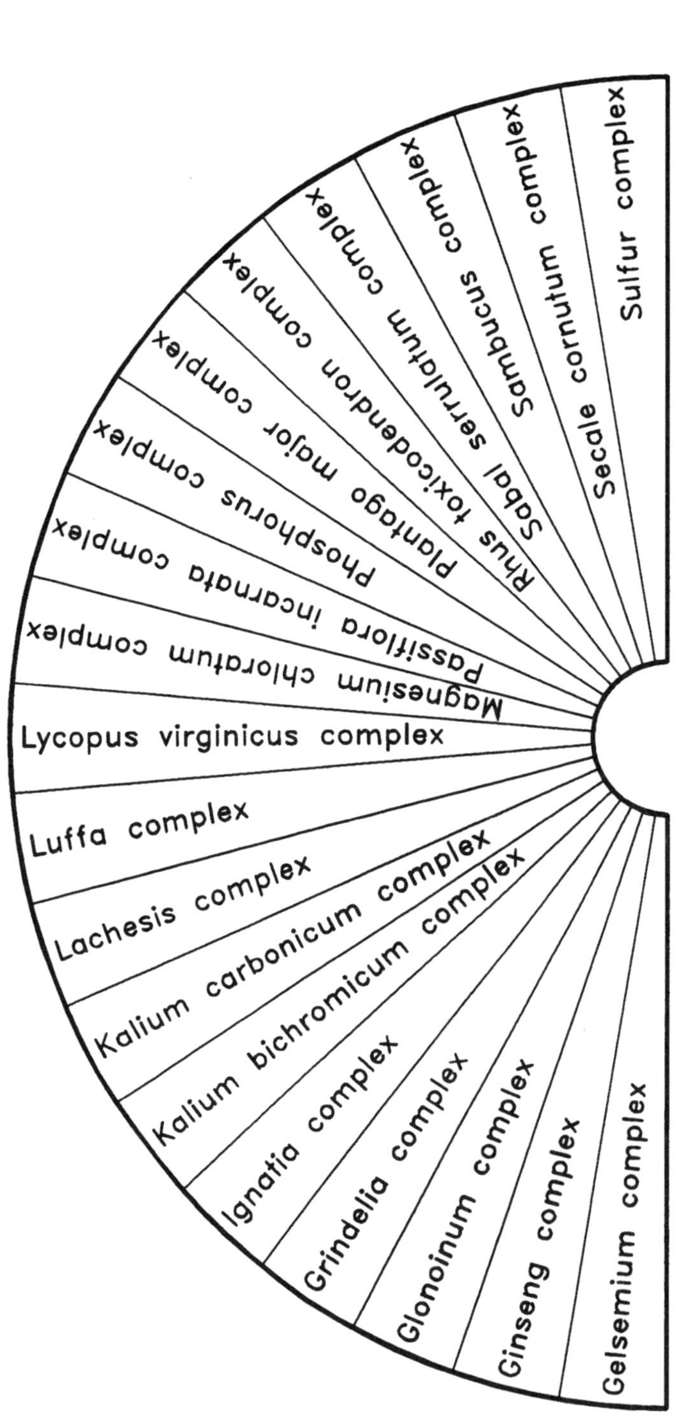

Homöopathische Komplexmittel – Heel-Antihomotoxika

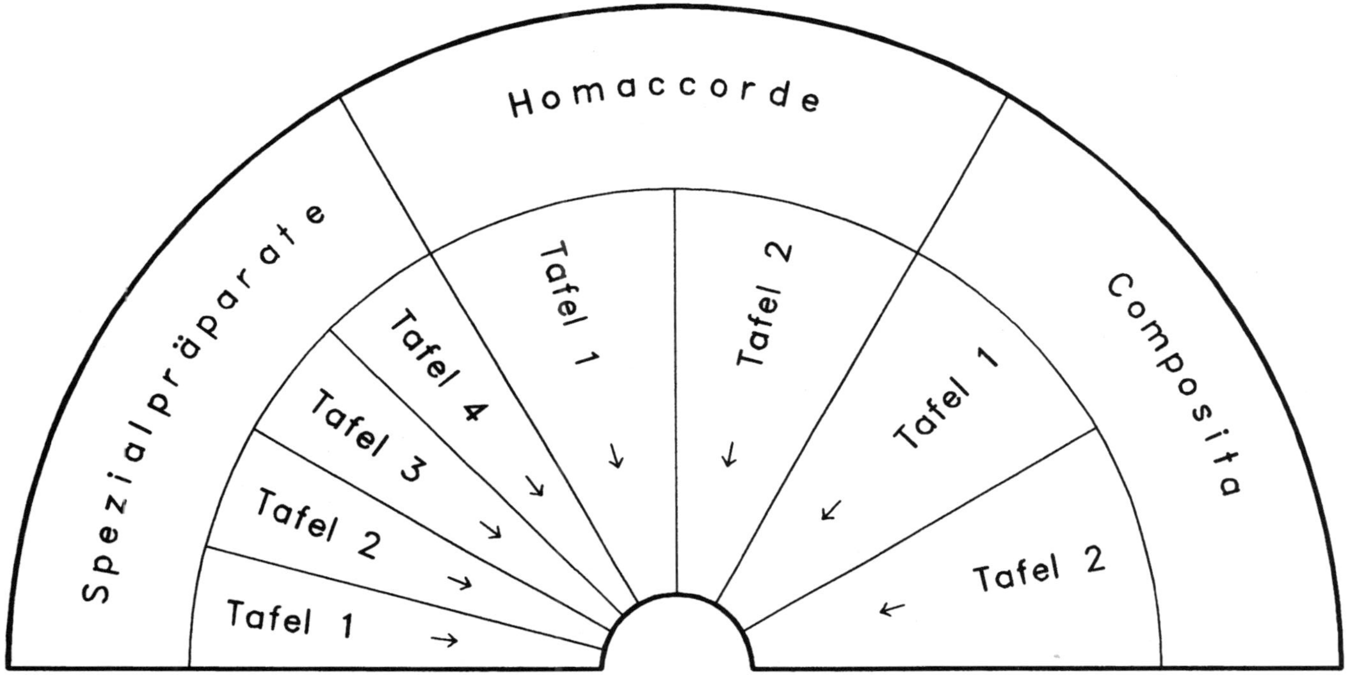

Hinweise

Die Therapeutika von Heel sind homöopathisch-biologische Heilmittel, die sich auf die antihomotoxische Therapie nach Dr. H.-H. Reckeweg begründen. Diese Therapieform ist eine Erweiterung der Homöopathie und wirkt wie diese nach dem »Anstoß-Prinzip«. Hier angeführt finden Sie alle Kombinationsmittel, eingeteilt nach Spezialpräparaten, Homaccorden und Composita.

Verzweigen Sie anhand dieser Tafel zur Tafel mit dem gesuchten Heilmittel.

Heel-Antihomotoxika – Spezialpräparate – Tafel 1

Hinweise

Heel-Spezialpräparate bestehen hauptsächlich aus mehreren homöopathischen Einzelmitteln.

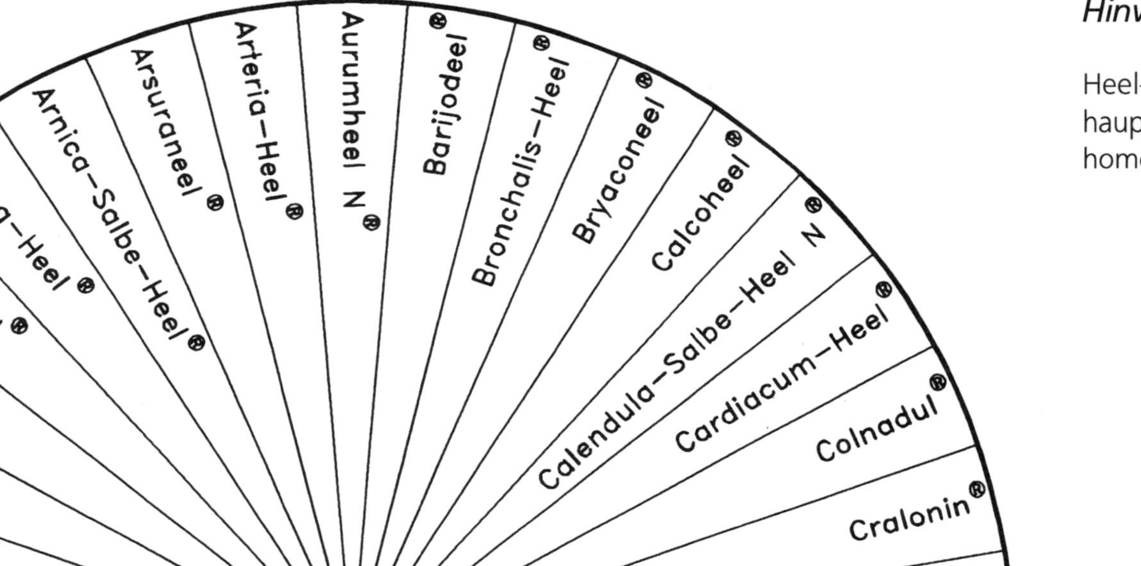

Heel-Antihomotoxika – Spezialpräparate – Tafel 2

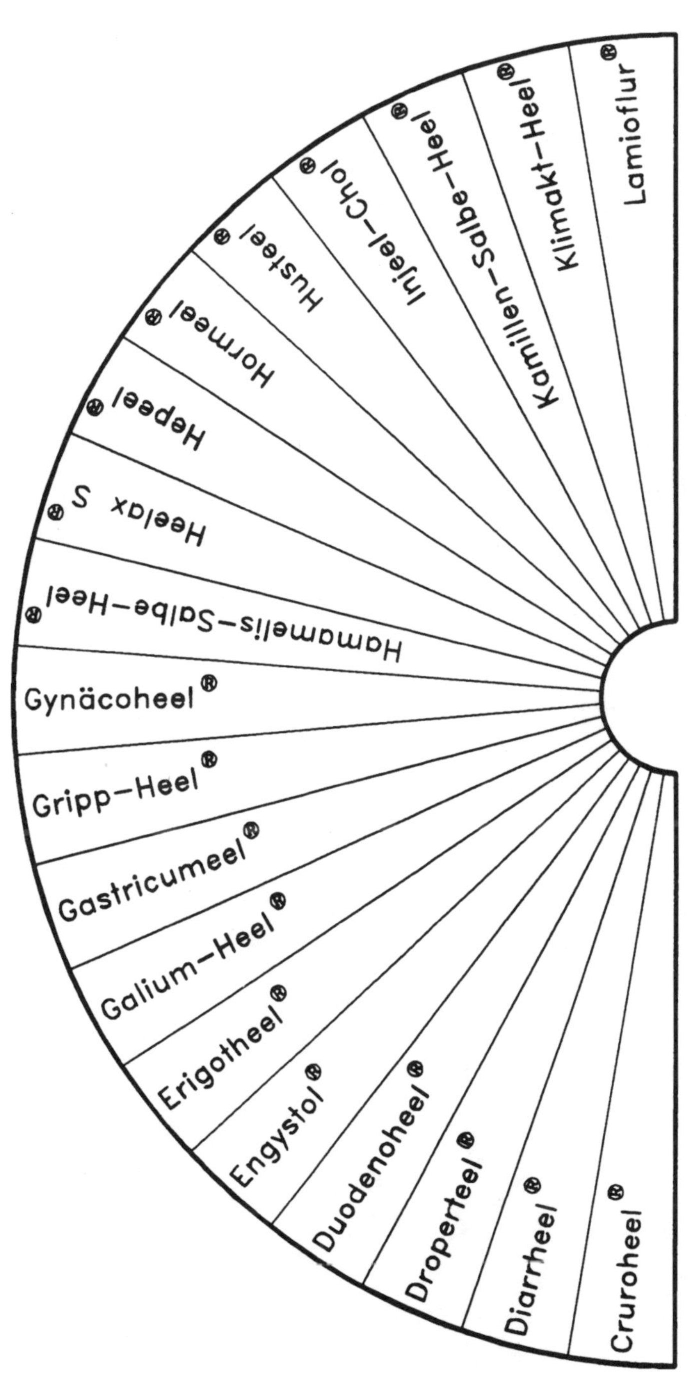

Heel-Antihomotoxika – Spezialpräparate – Tafel 3

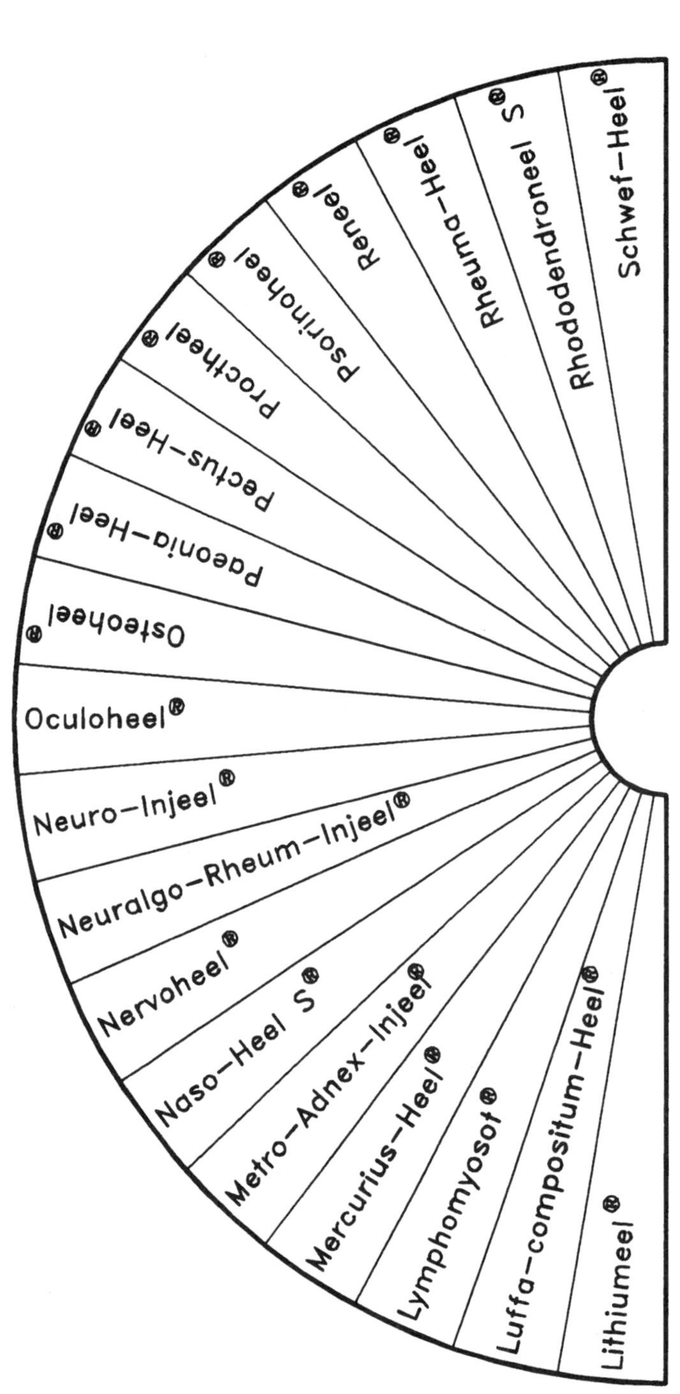

Heel-Antihomotoxika – Spezialpräparate – Tafel 4

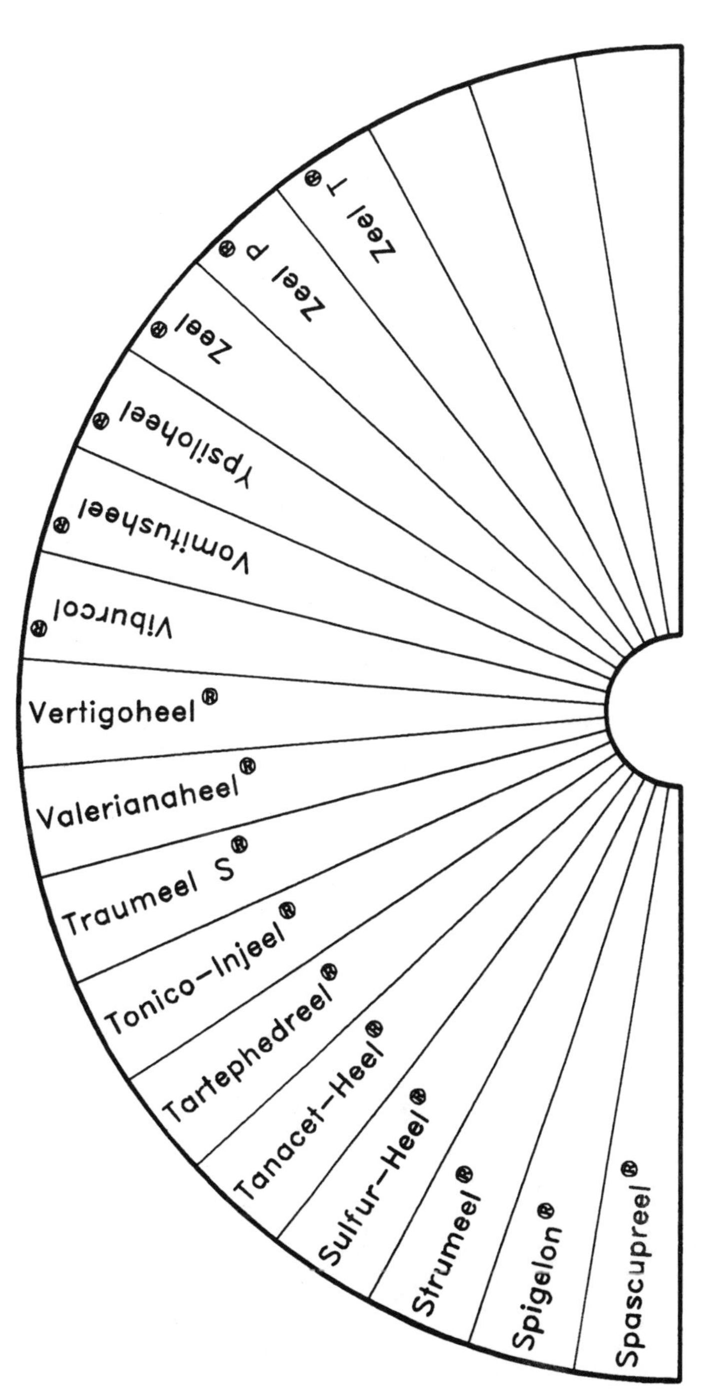

Heel-Antihomotoxika – Homaccorde – Tafel 1

Hinweise

Heel Homaccord-Präparate
enthalten homöopathische
Heilmittel in mehreren Potenzen
als Potenzenakkord.

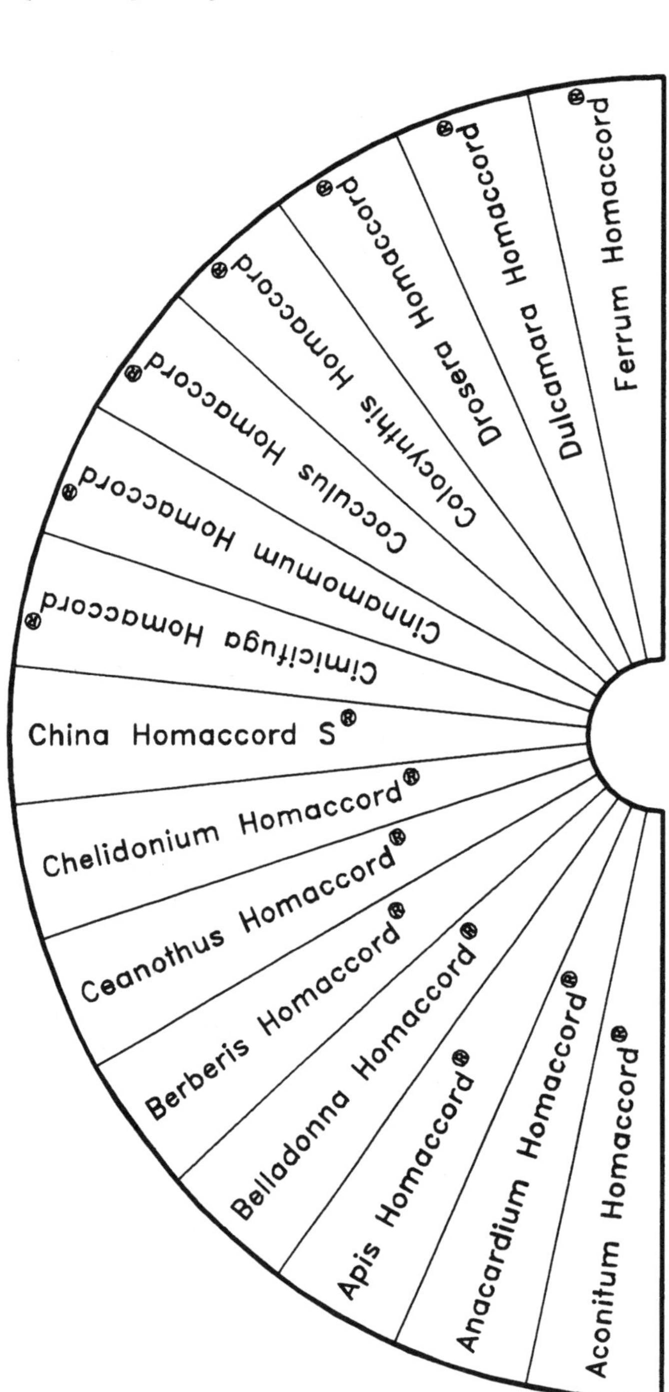

Heel-Antihomotoxika – Homaccorde – Tafel 2

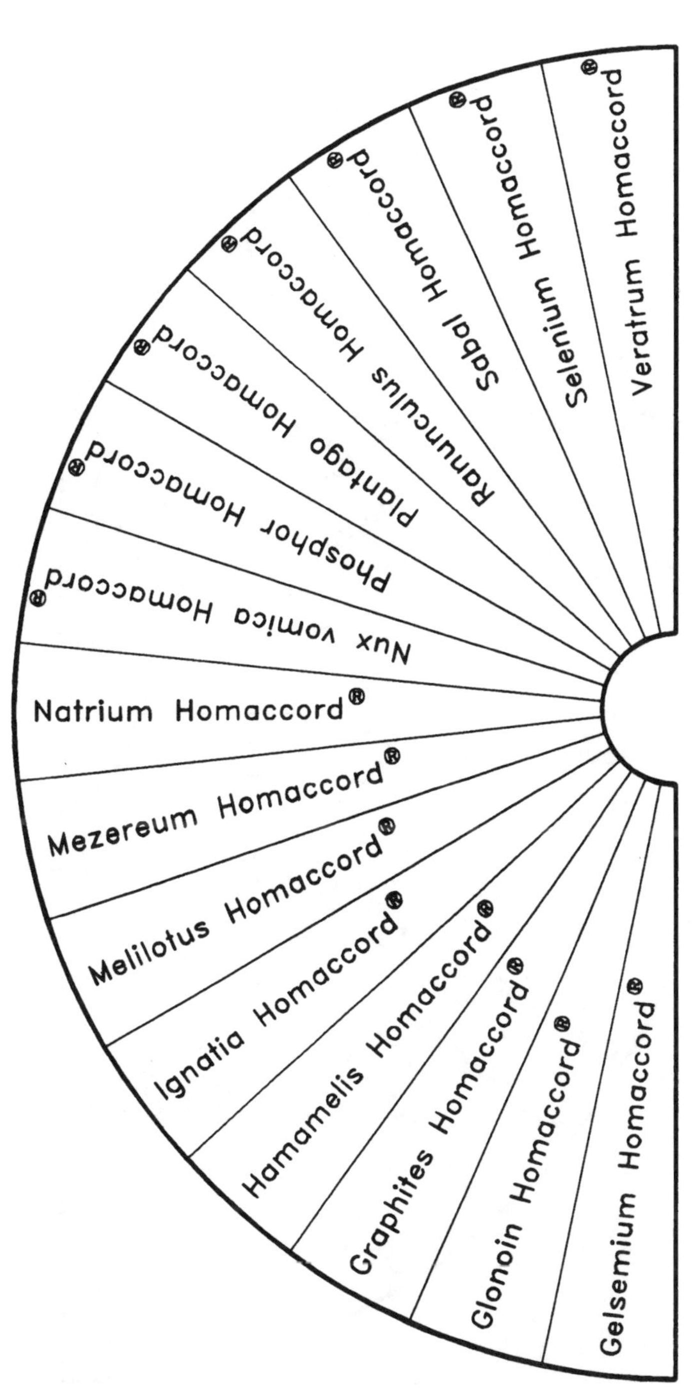

Heel-Antihomotoxika – Composita – Tafel 1

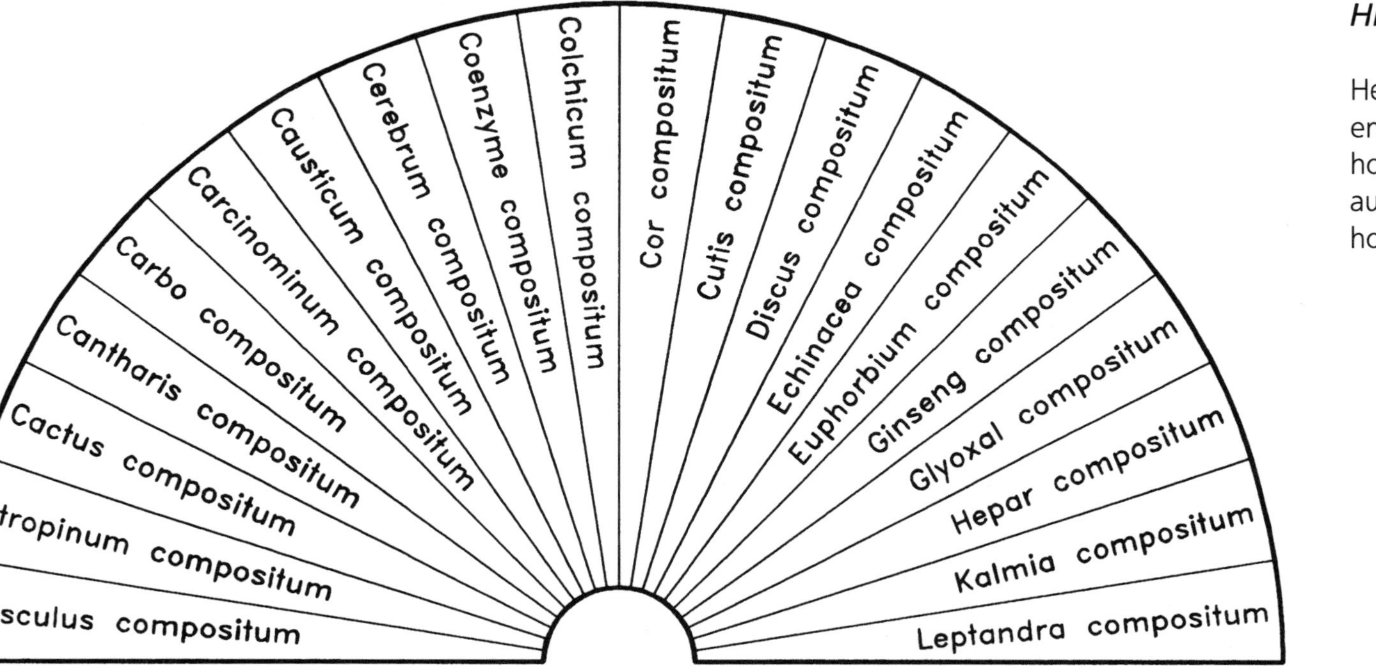

Hinweise

Heel Compositum-Präparate enthalten neben mehreren homöopathischen Enzelmitteln auch andere Wirkstoffe, wie z. B. homöopathisierte Allopathika.

Heel-Antihomotoxika – Composita – Tafel 2

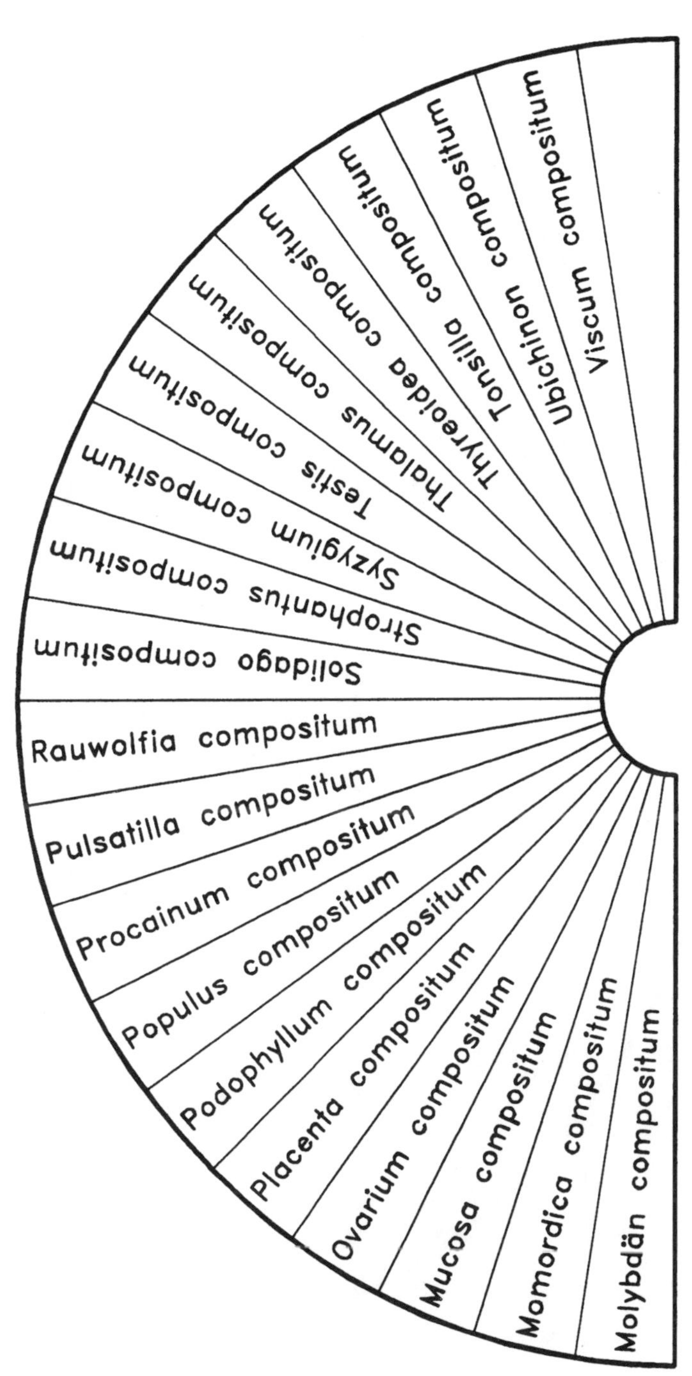

Homöopathische Komplexmittel – Pascoe Similiaplexe®

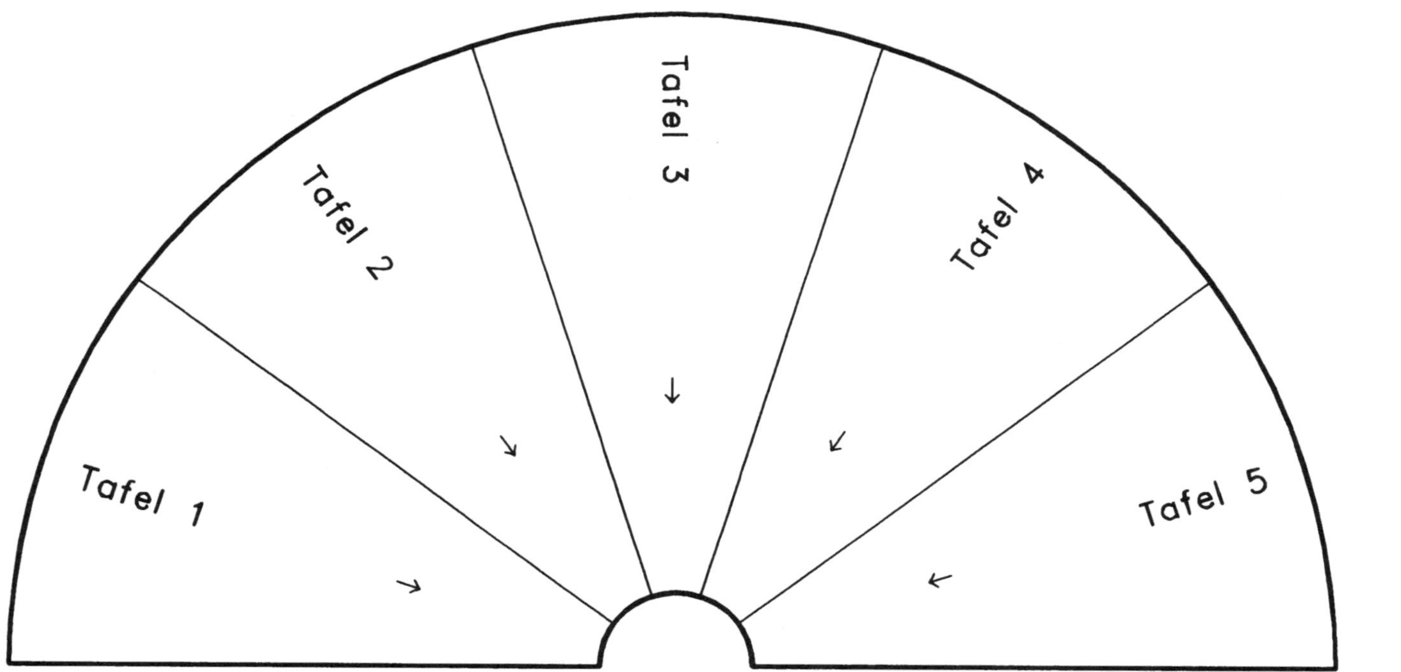

Hinweise

Die Similiaplexe® von Pascoe sind homöopathische Komplexmittel. In Komplexmitteln sind verschiedene homöopathische Einzelmittel zu einem Präparat vermischt, wodurch die Wirkung breiter gestreut wird.

Verzweigen Sie anhand der nebenstehenden Tafel zum Pendeldiagramm mit dem gesuchten Mittel.

Pascoe Similiaplexe® – Tafel 1

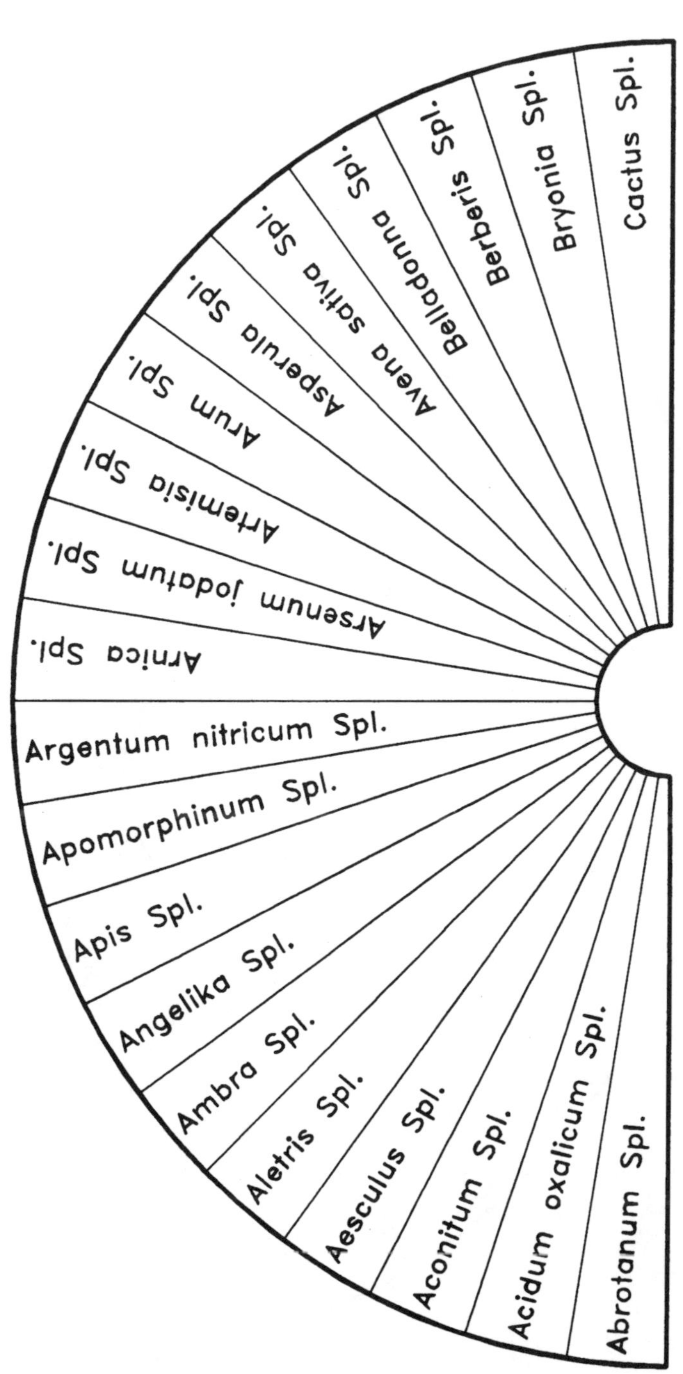

Pascoe Similiaplexe® – Tafel 2

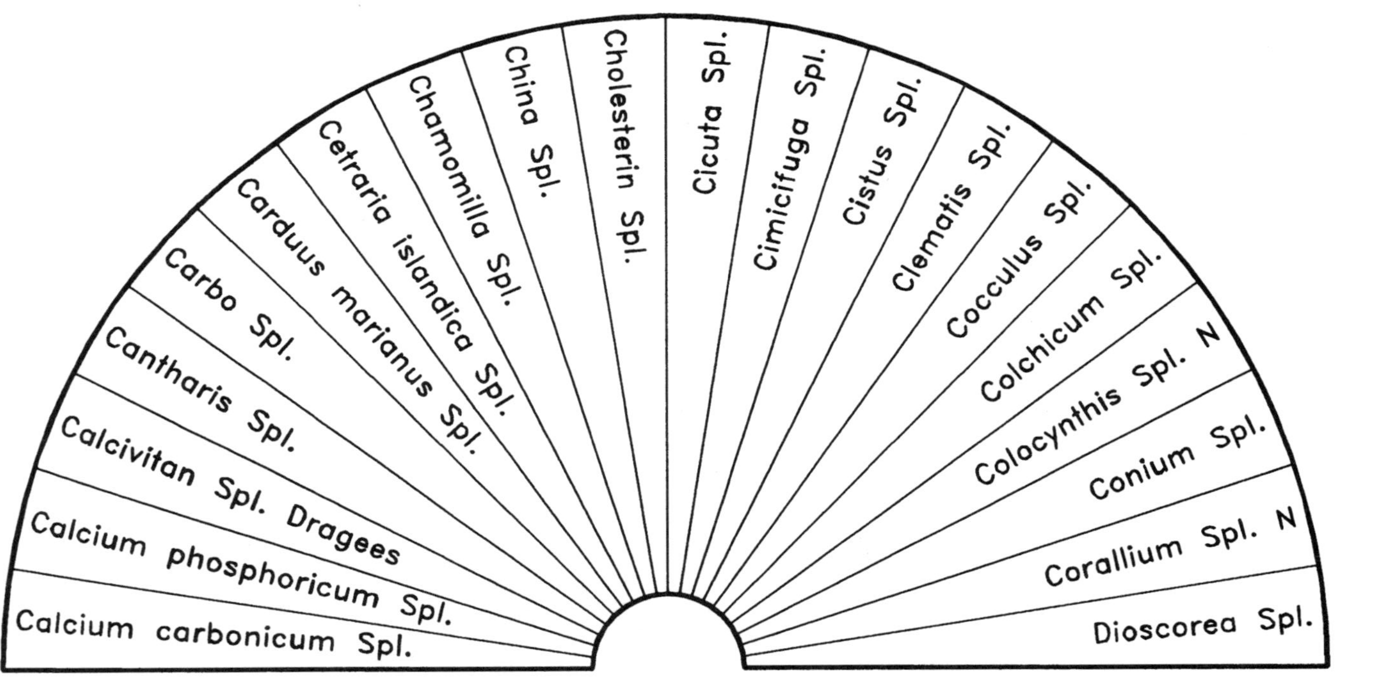

Pascoe Similiaplexe® – Tafel 3

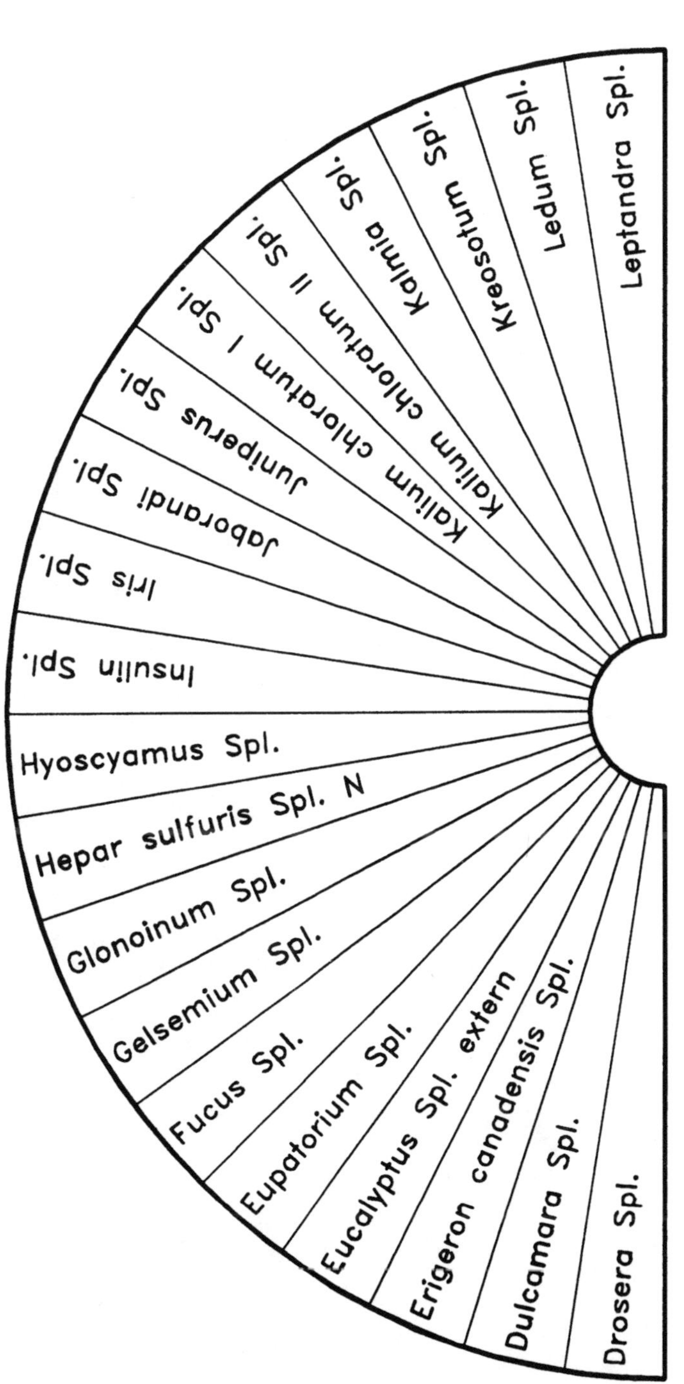

Pascoe Similiaplexe® – Tafel 4

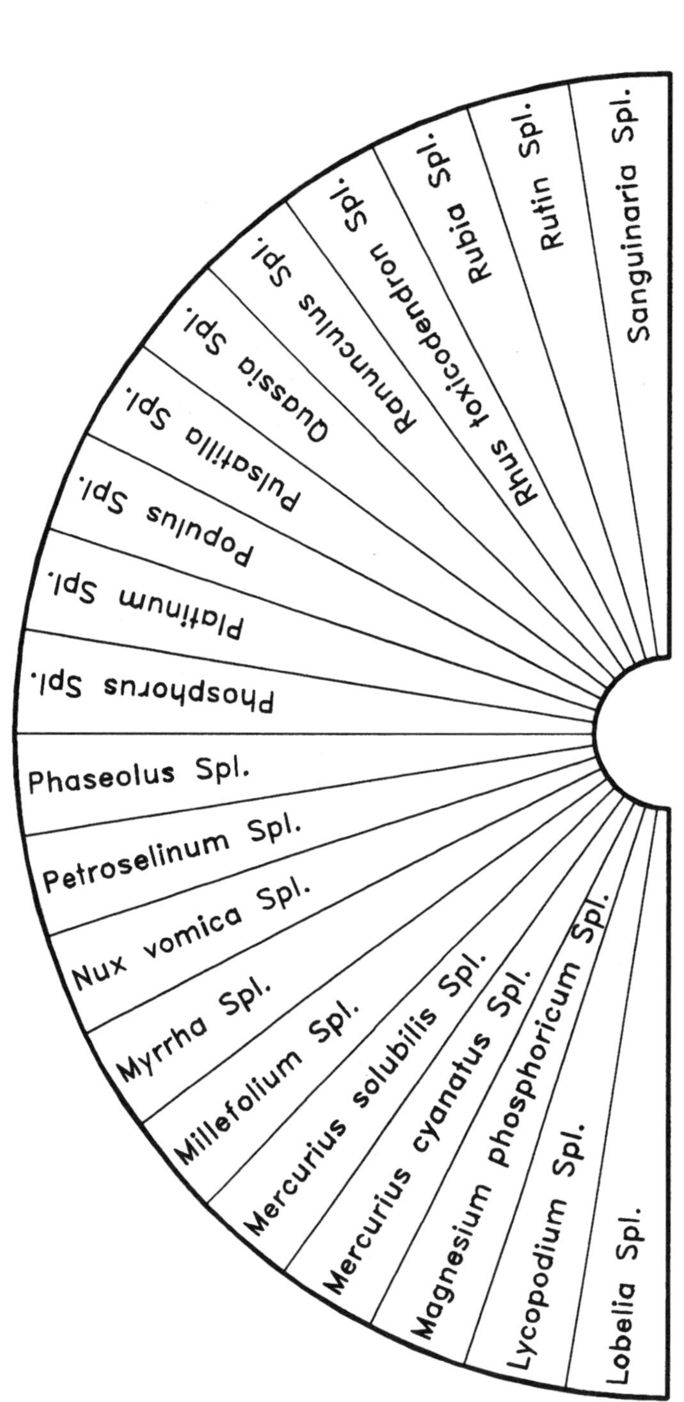

Pascoe Similiaplexe® – Tafel 5

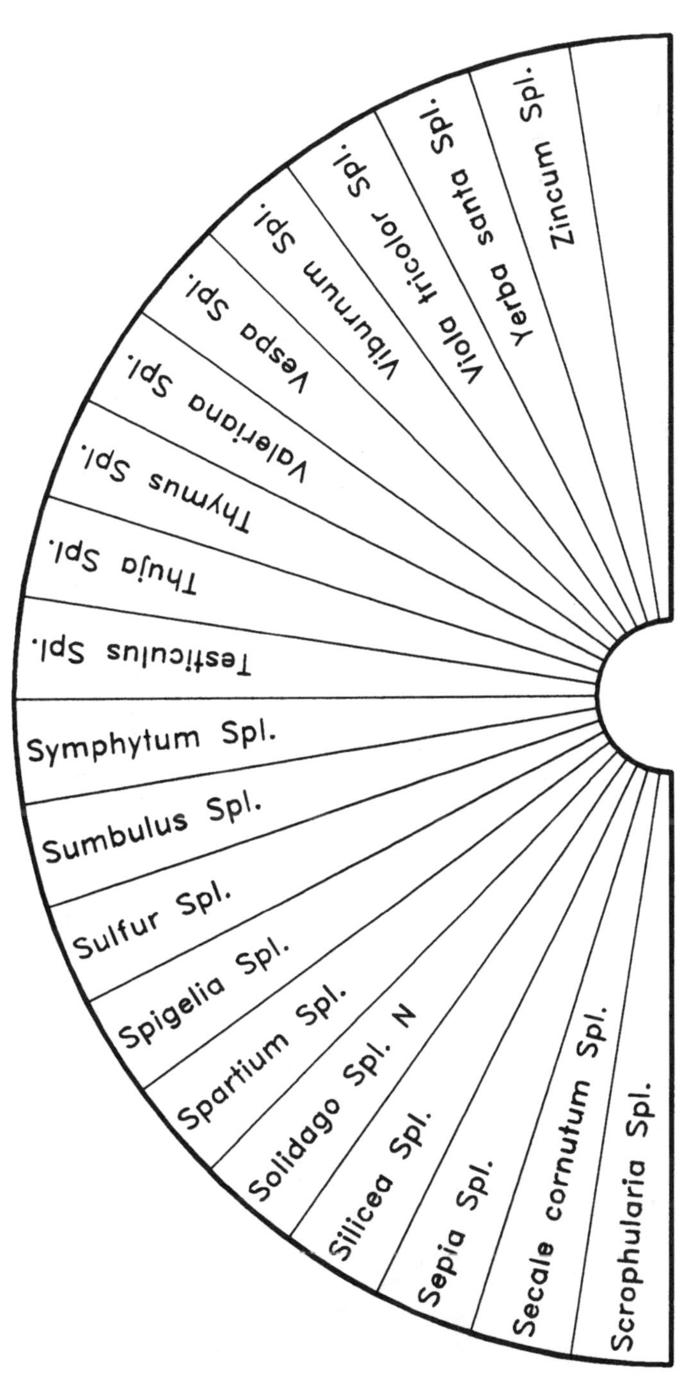

Homöopathische Komplexmittel – Similasan

Tafel 2

Tafel 1

Tafel 3

Hinweise

Similasan-Heilpräparate sind homöopathische Komplexmittel. In Komplexmitteln sind verschiedene homöopathische Einzelmittel zu einem Präparat vermischt, wodurch die Wirkung breiter gestreut wird.

Verzweigen Sie anhand der nebenstehenden Tafel zum Pendeldiagramm mit dem gesuchten Mittel.

Homöopathische Komplexmittel – Similasan – Tafel 1

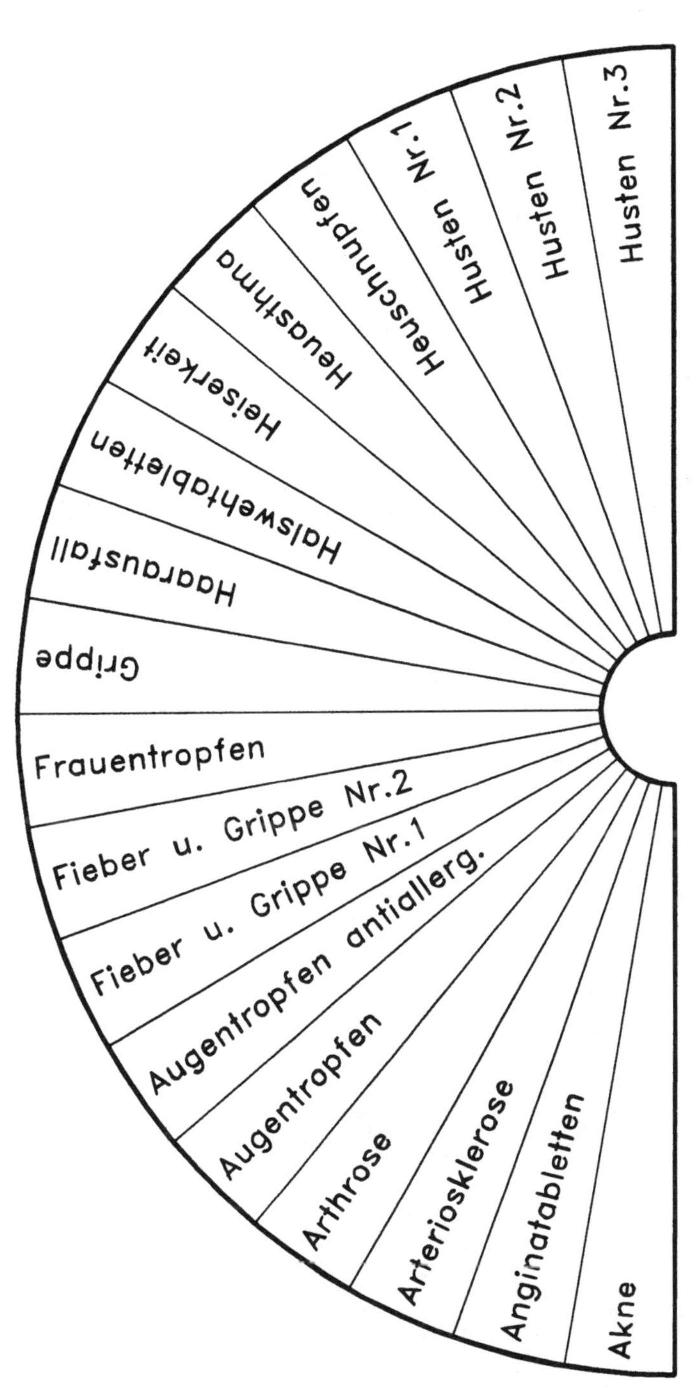

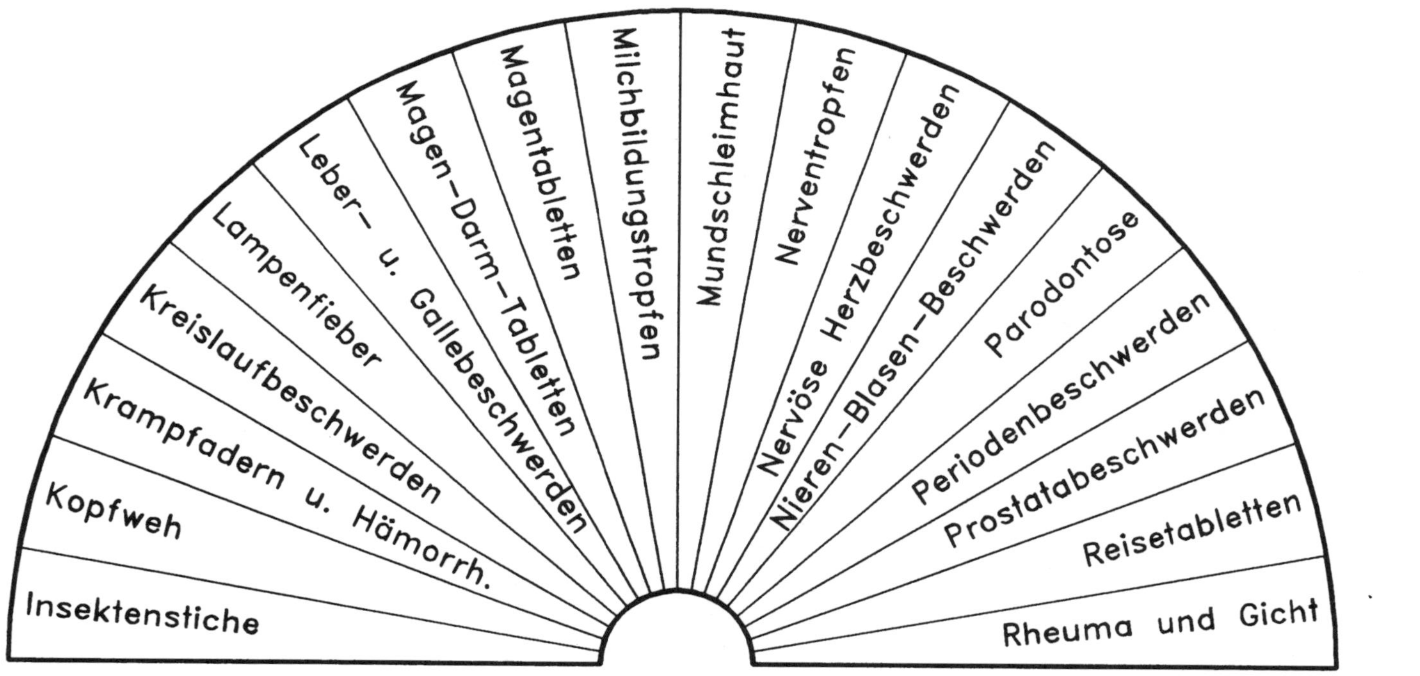
Insektenstiche
Kopfweh
Krampfadern u. Hämorrh.
Kreislaufbeschwerden
Lampenfieber
Leber- u. Gallebeschwerden
Magen-Darm-Tabletten
Magentabletten
Milchbildungstropfen
Mundschleimhaut
Nerventropfen
Nervöse Herzbeschwerden
Nieren-Blasen-Beschwerden
Parodontose
Periodenbeschwerden
Prostatabeschwerden
Reisetabletten
Rheuma und Gicht

Homöopathische Komplexmittel – Similasan – Tafel 3

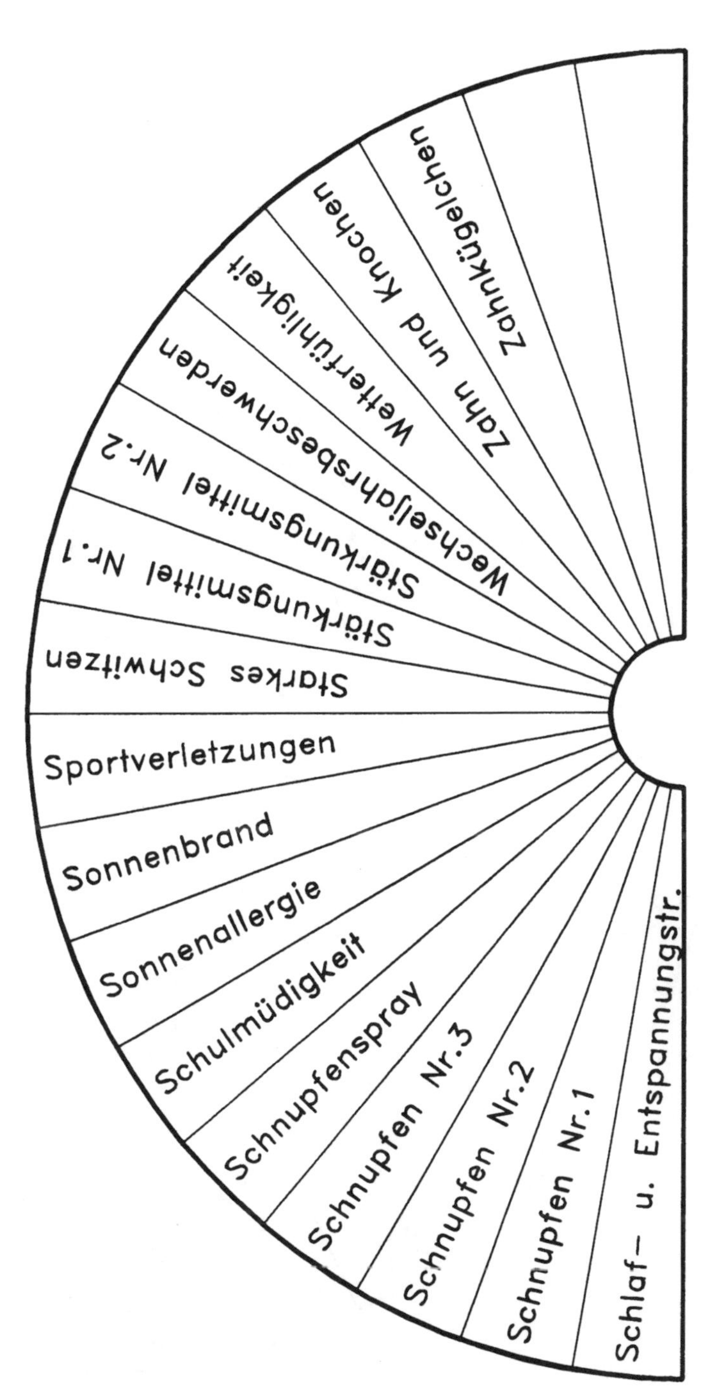

ISO-Komplex-Heilmittel

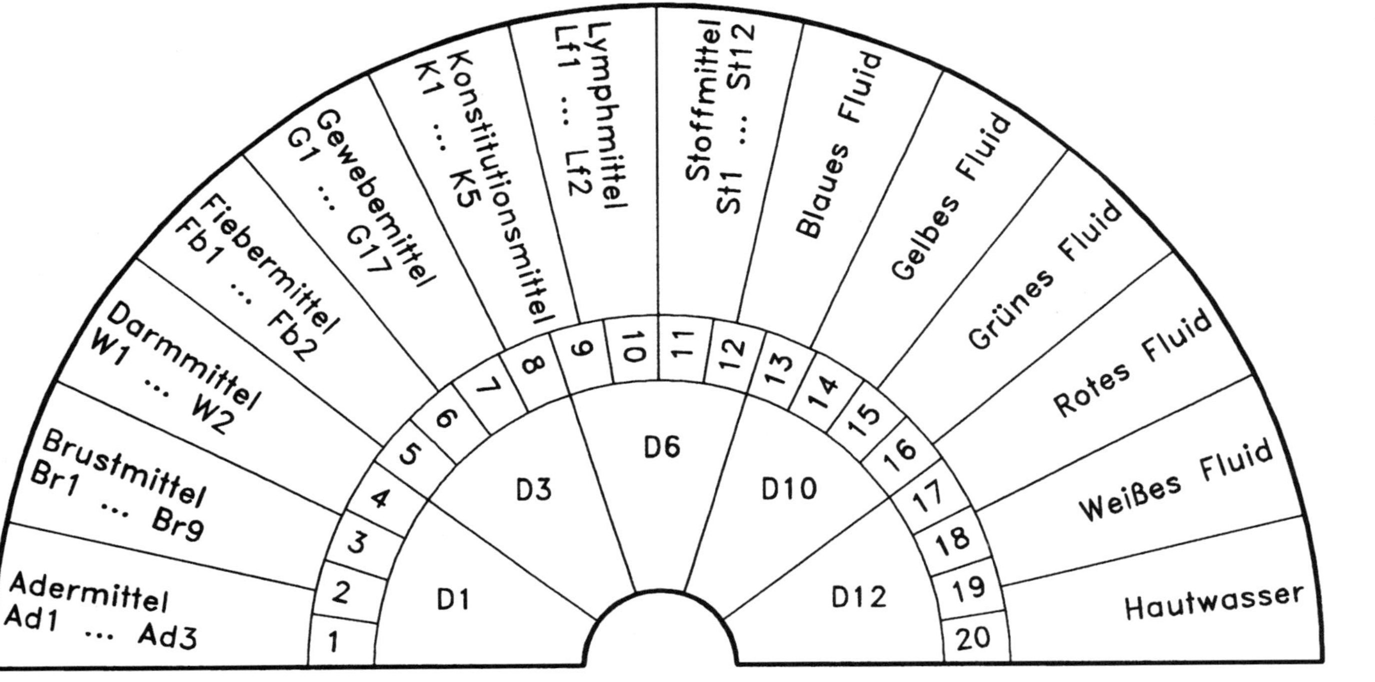

Hinweise

Die ISO-Komplex-Heilweise wurde aus der Homöopathie heraus entwickelt. Hier werden Pflanzenmischungen auf besondere Art und Weise aufbereitet und potenziert. Die so hergestellten Mittel wirken jeweils auf bestimmte Organgruppen.

Fragestellung

1. Welches ISO-Mittel soll verwendet werden? (Außen).
2. Welche Potenz dieses Mittels? (Innen).
3. Wie viele Tropfen / Globuli pro Gabe? (Mitte).
4. Wie oft täglich?
Alternativ zu 4. können Sie auch die Dosierungstafel auf Seite 75 verwenden.

Lithotherapie

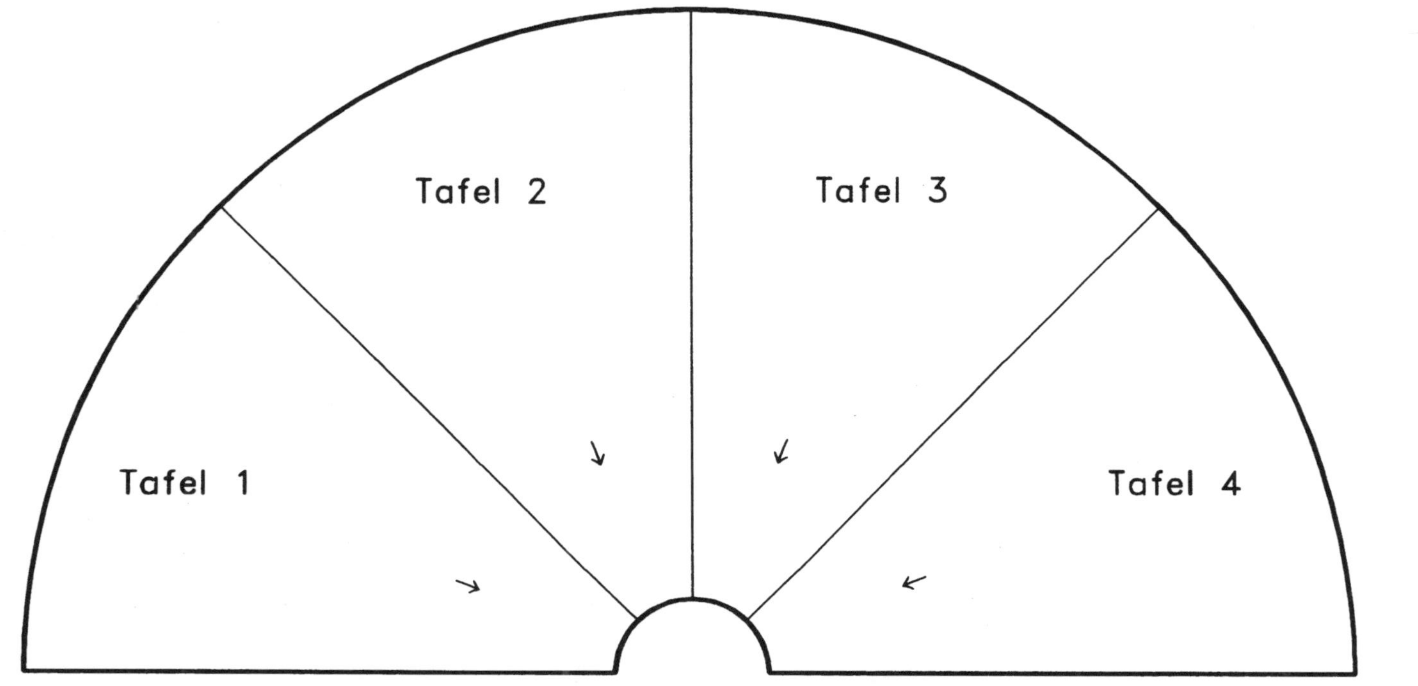

Hinweise

Edel- und Halbedelsteine können zur Heilung von körperlichen und seelischen Problemen beitragen. Man trägt sie üblicherweise um den Hals oder legt die Steine auf bestimmte Chakras auf. Auch eine Verwendung als Meditationshilfe ist sinnvoll.

Auf den folgenden Tafeln können Sie aus ca. 70 Steinen den geeigneten ermitteln.

Verzweigen Sie anhand des nebenstehenden Diagramms zur Tafel mit dem gesuchten Edelstein.

Lithotherapie – Tafel 1

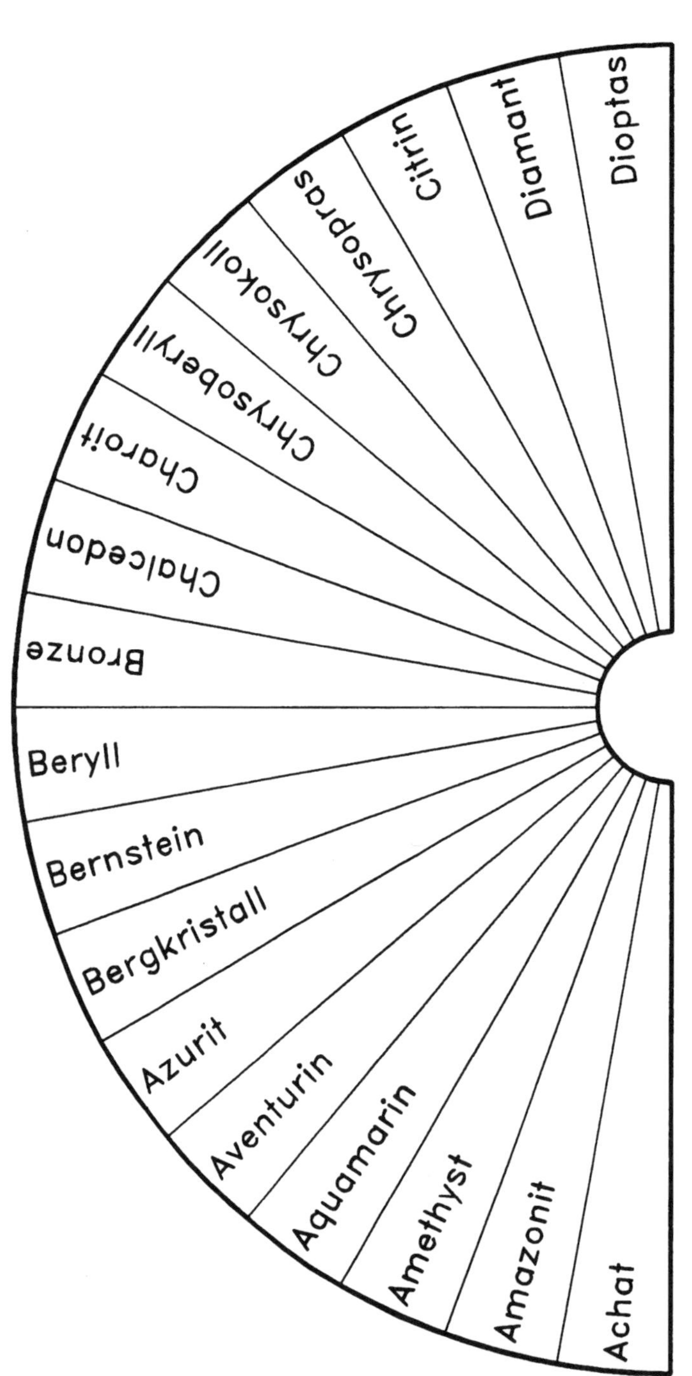

Lithotherapie – Tafel 2

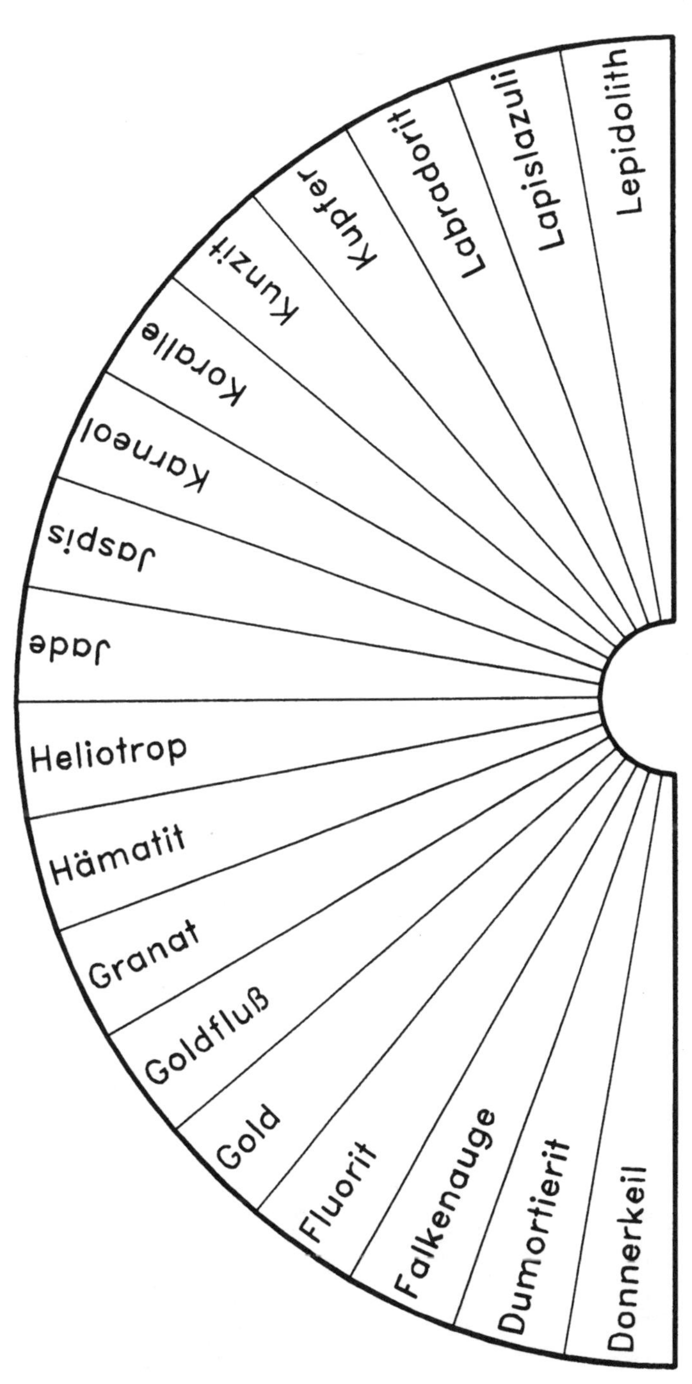

Lithotherapie – Tafel 3

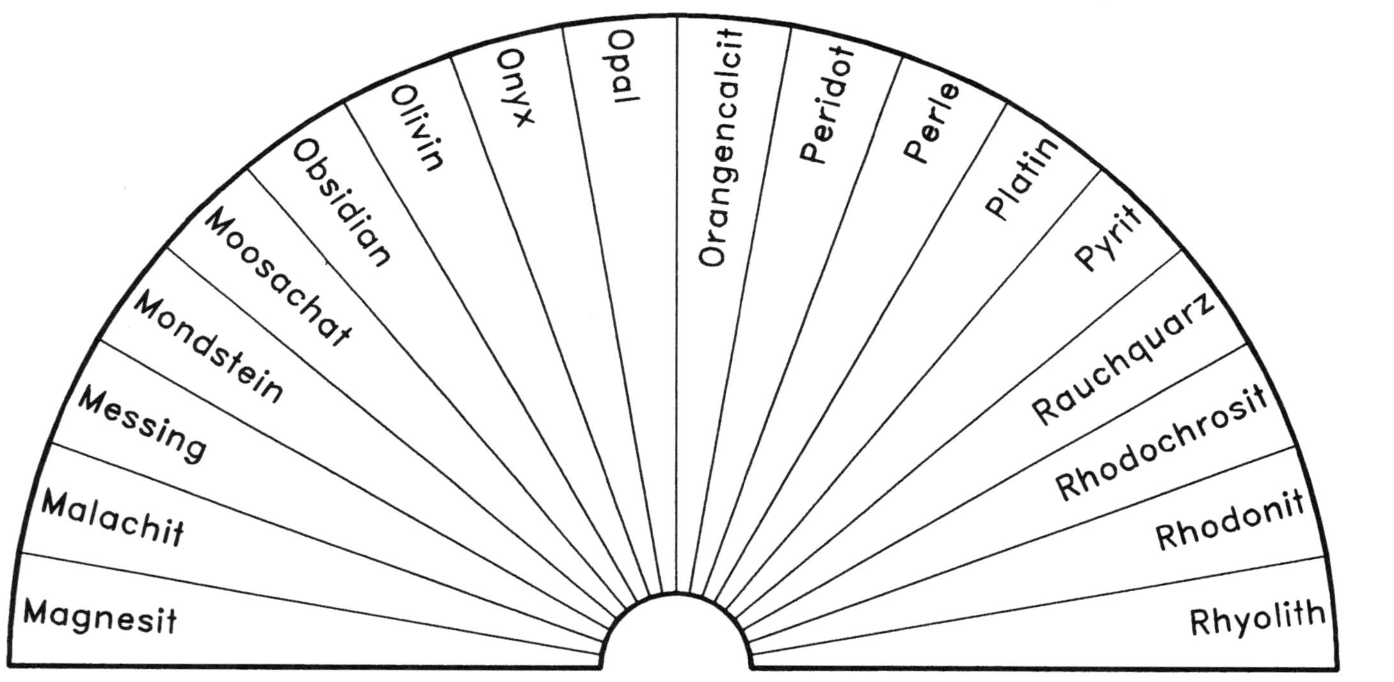

Lithotherapie – Tafel 4

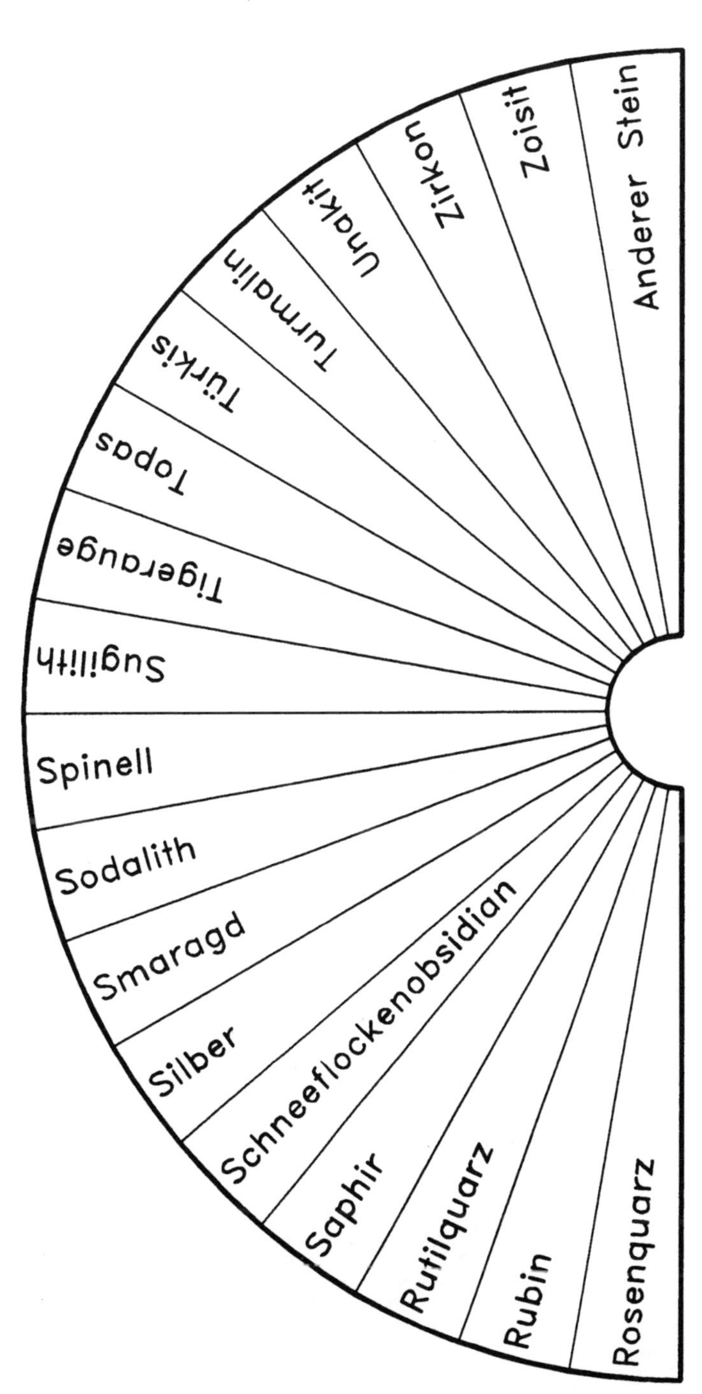

Pflanzenöle

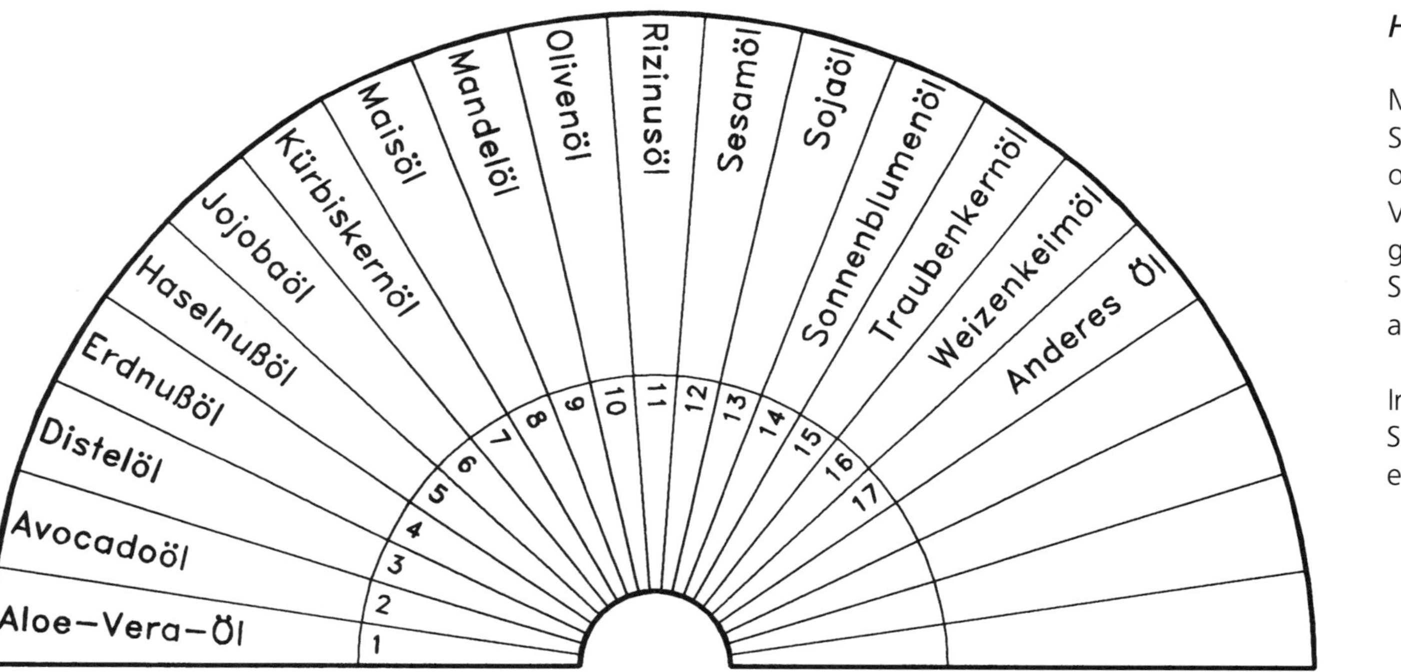

Hinweise

Mit Hilfe dieser Skala bestimmen Sie Pflanzenöle zur äußerlichen oder auch zur innerlichen Verwendung. Sollen mehrere Öle gemischt werden, so ermitteln Sie die erforderliche Anzahl anhand der inneren Skala.

In die freien Felder können Sie zusätzlich Öle Ihrer Wahl eintragen.

Schüßler-Salze

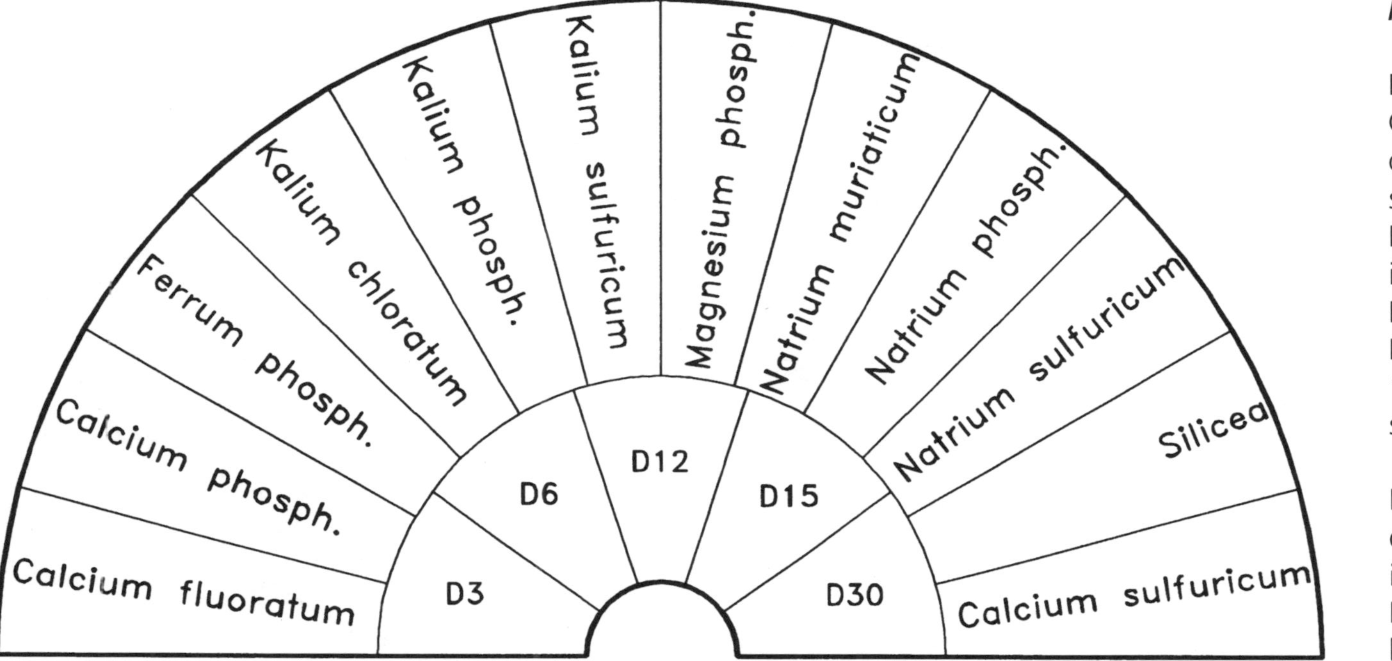

Hinweise

Dieses System fußt auf dem Grundsatz, daß alle Krankheiten durch einen Mangel an Mineralstoffen hervorgerufen werden. Durch Zuführung dieser Stoffe in potenzierter Form wird der Heilungsprozeß ermöglicht. Dr. Schüßler verwendete die 12 nebenstehenden Mineralstoffe.

Ermitteln Sie anhand dieser Tafel die passenden Schüßler-Salze in der richtigen Potenz. Die Dosierung bestimmen Sie am besten mit der Dosierungstafel auf Seite 75.

Ergänzungssalze

106

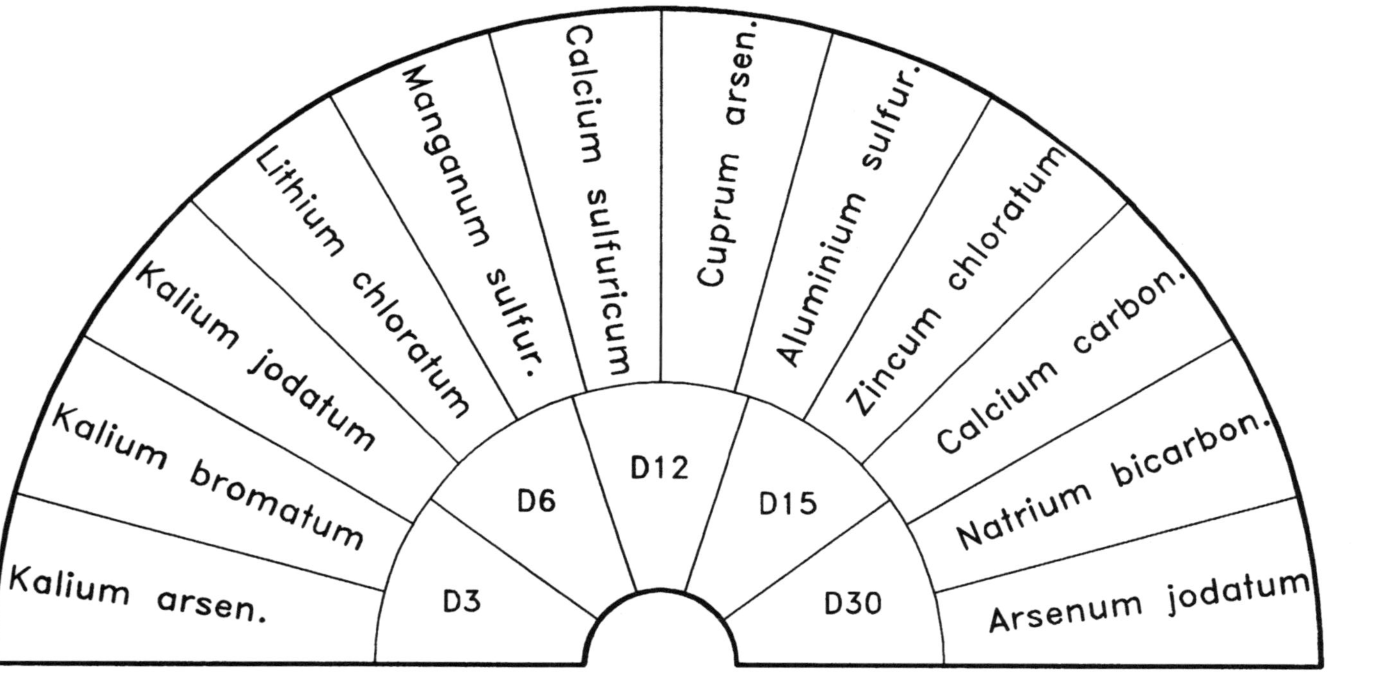

Hinweise

Diese Mineralstoffe stellen eine Ergänzung zu den Schüßler-Salzen dar. Zur Bestimmung gehen Sie bitte wie bei diesen vor.

Vitamine

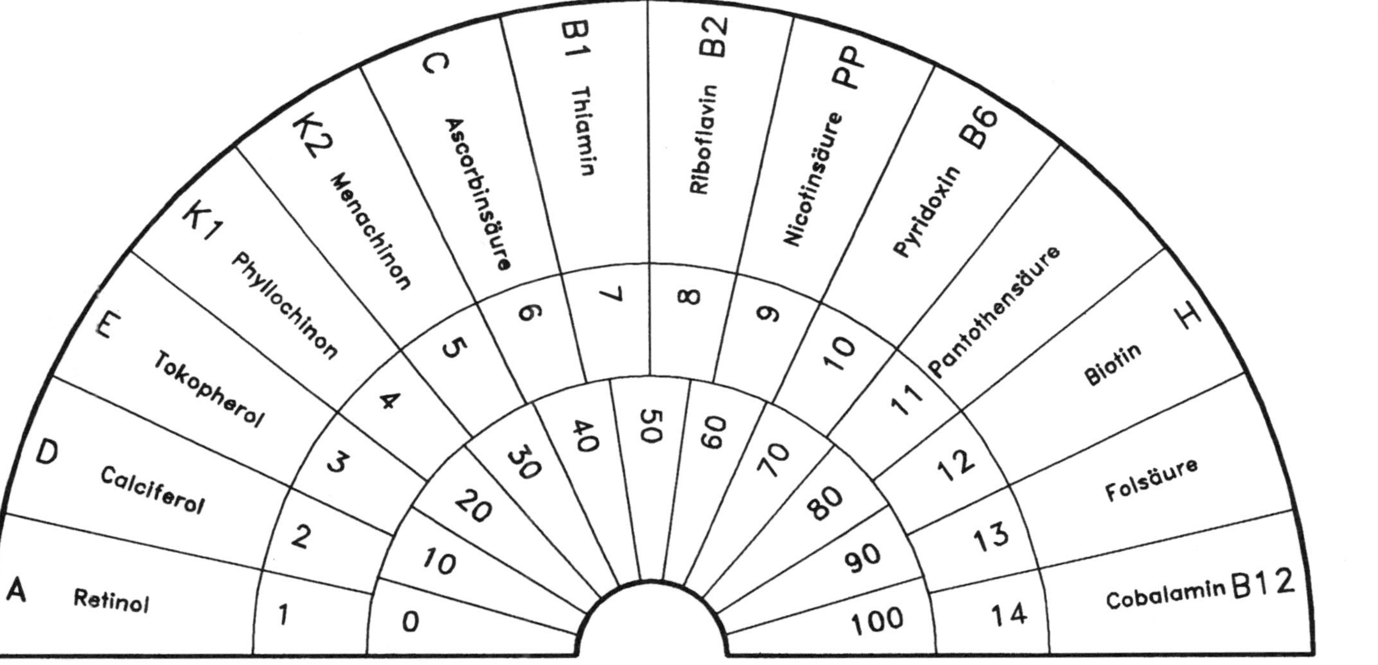

Hinweise

Mit Hilfe dieses Diagramms können Sie Vitaminmangel genau feststellen. Dazu ermitteln Sie zuerst die Anzahl der fehlenden Vitamine (mittlerer Kreis), dann die einzelnen Vitamine selbst (äußerer Kreis) und dazu den Mangel in Prozent (innerer Kreis).

Fragestellung

1. Besteht Vitaminmangel?
2. An wie vielen Vitaminen besteht Mangel? (Mitte).

Für jedes einzelne:
3. Welches Vitamin? (Außen).
4. Wie groß ist der Mangel an diesem Vitamin in Prozent? (Innen).

Mineralstoffe und Spurenelemente

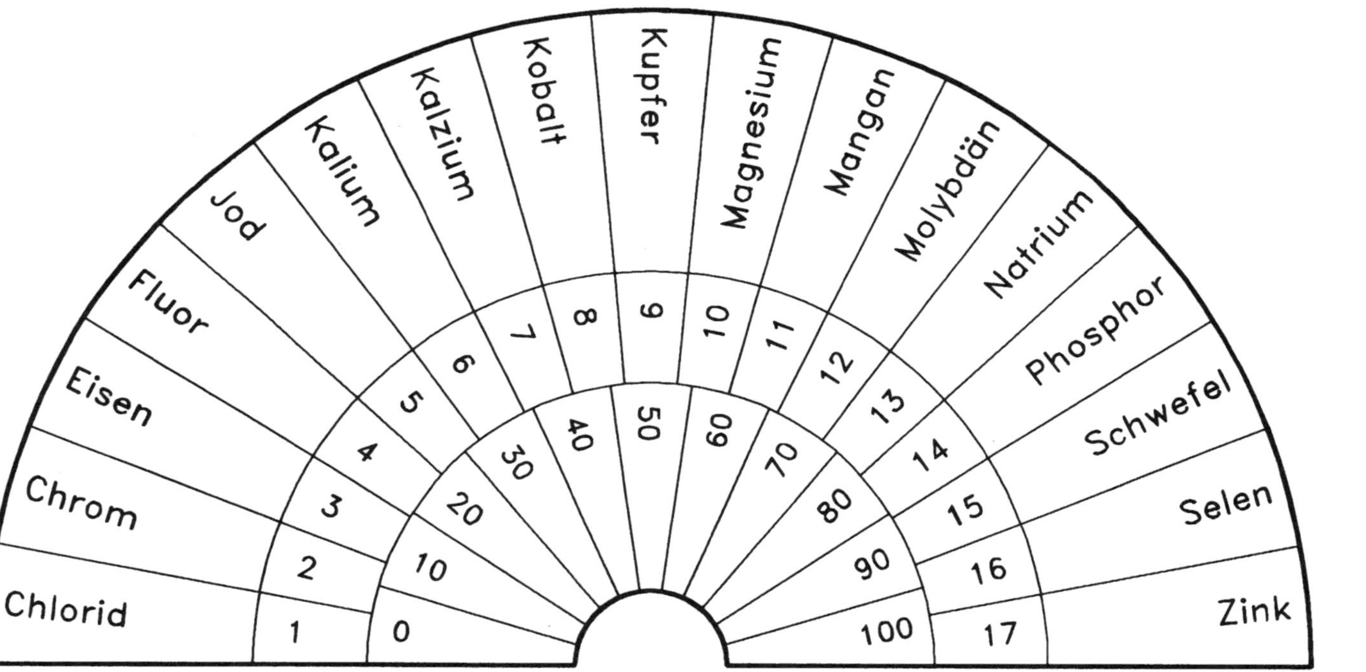

Hinweise

Mit Hilfe dieses Diagramms können Sie Mineralstoff- und Spurenelementemangel feststellen. Dazu ermitteln Sie zuerst die Anzahl der fehlenden Stoffe (mittlerer Kreis), dann die einzelnen Stoffe selbst (äußerer Kreis) und dazu den Mangel in Prozent (innerer Kreis).

Fragestellung

1. Besteht Mineralstoffmangel?
2. An wie vielen Mineralstoffen besteht Mangel? (Mitte).

Für jeden einzelnen Stoff:
3. Welcher Mineralstoff? (Außen).
4. Wie groß ist der Mangel an diesem Mineralstoff in Prozent? (Innen).

Weitere Heilmethoden

Naturheilverfahren

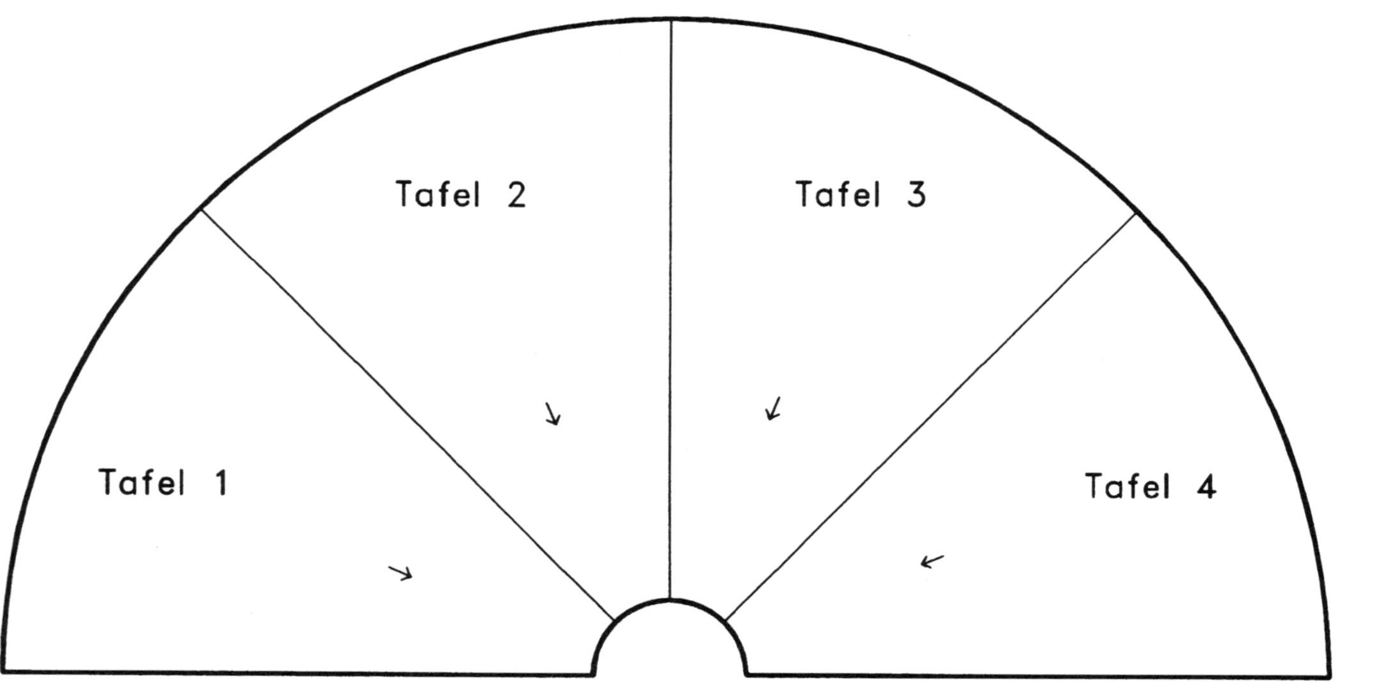

Hinweise

Diese Skala dient zur Bestimmung der geeignetsten naturheilkundlichen Behandlungsform. Die Durchführung der ermittelten Therapie sollte hier jedoch durch Fachkräfte, wie z. B. Heilpraktiker oder Ärzte, die in der jeweiligen Methode geschult sind, erfolgen.

Verzweigen Sie anhand dieses Diagramms zum Diagramm mit der gesuchten Therapieform.

Naturheilverfahren – Tafel 1

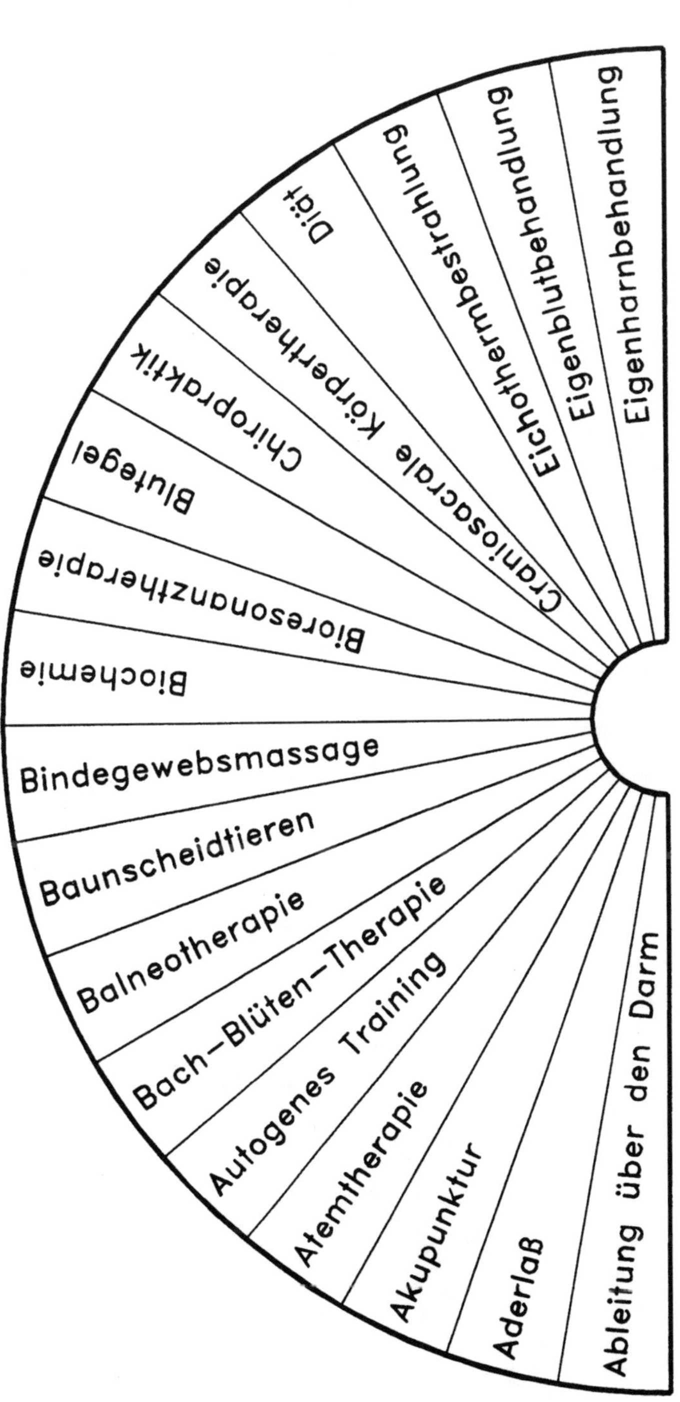

Naturheilverfahren – Tafel 2

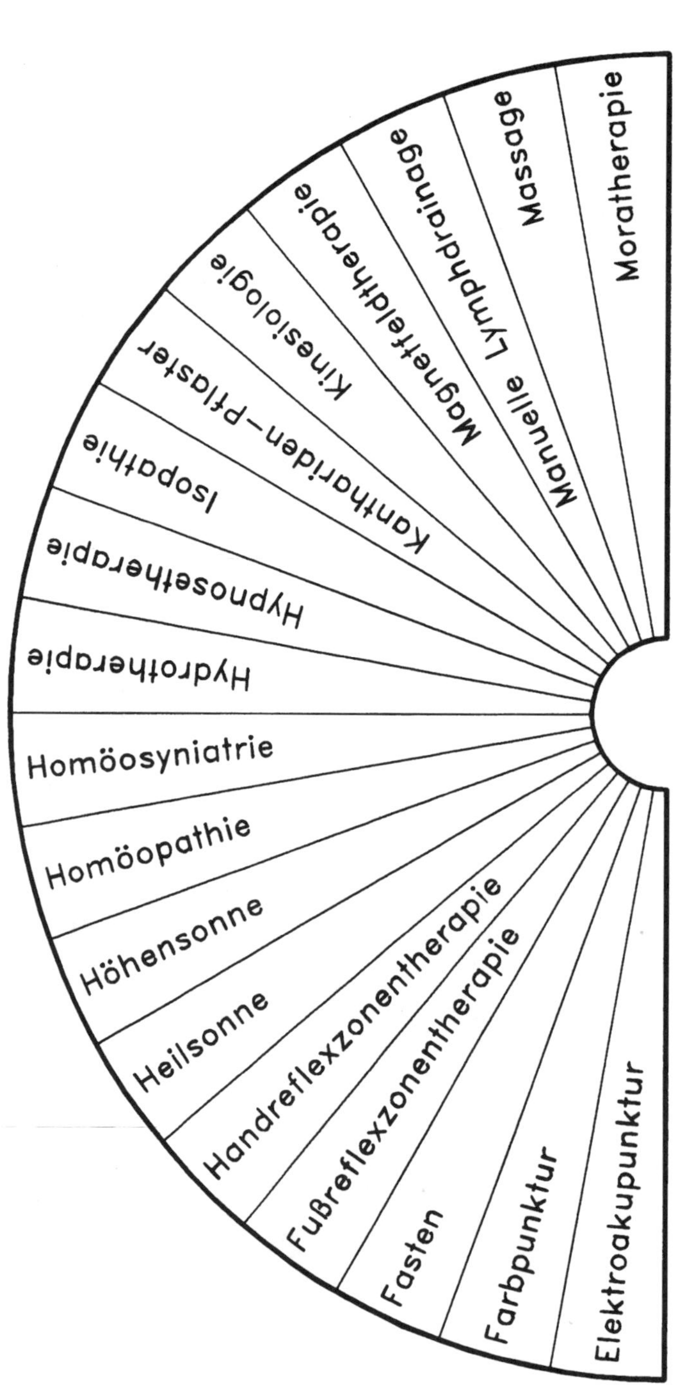

Naturheilverfahren – Tafel 3

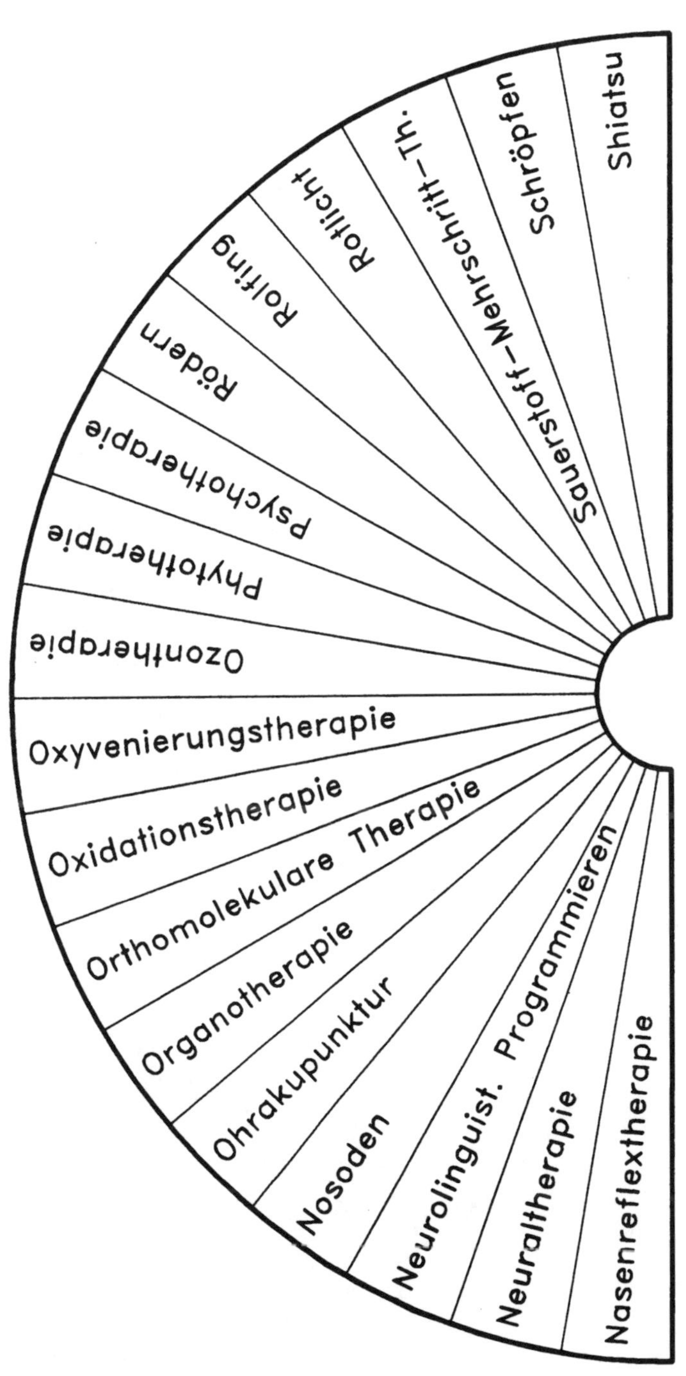

Naturheilverfahren – Tafel 4

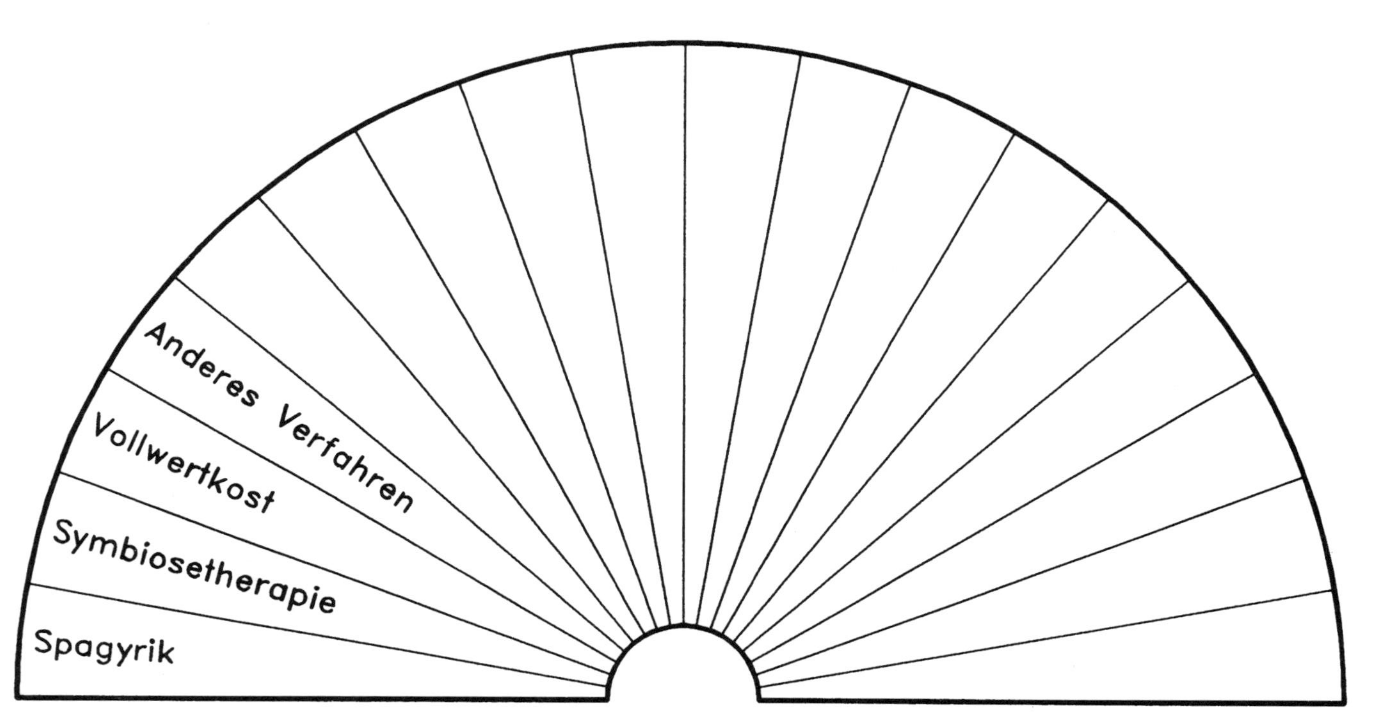

Akupunktur – Akupressur

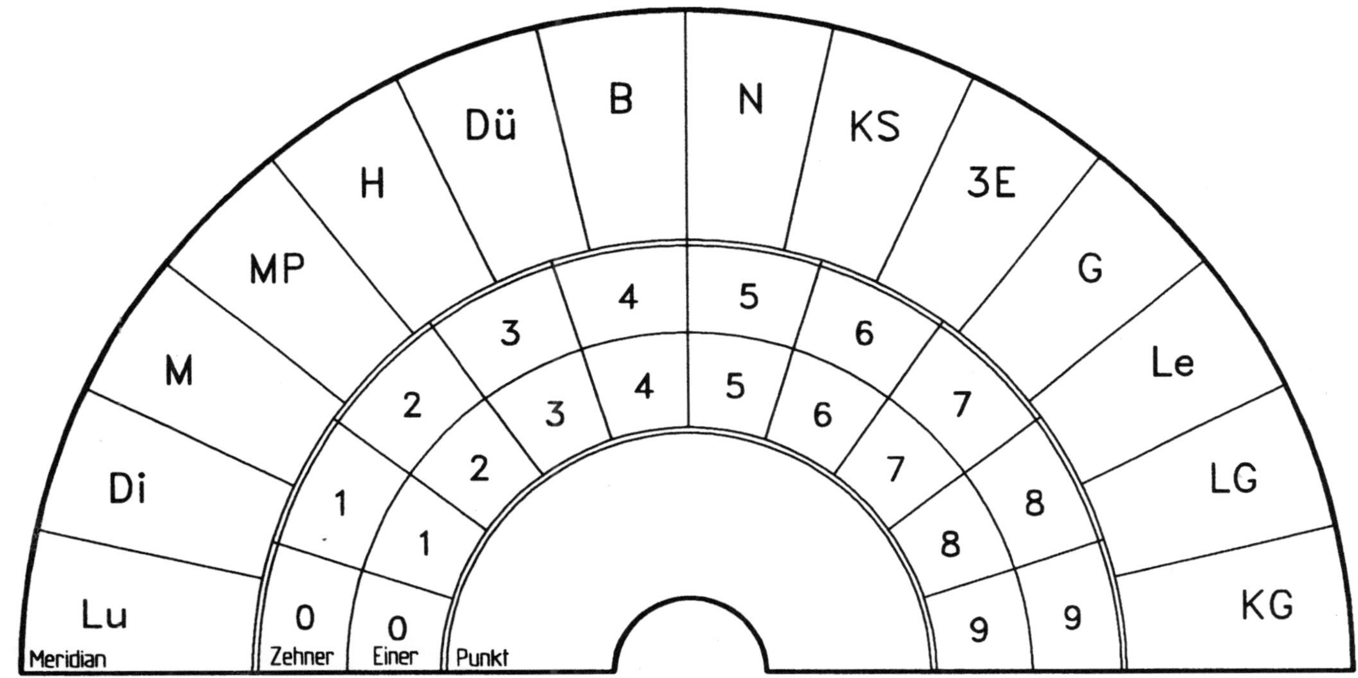

Hinweise

Dieses Diagramm dient zur Ermittlung von Akupunkturpunkten. Es enthält alle 12 Hauptmeridiane und die zwei eigenständigen Wundermeridiane.

Gehen Sie folgendermaßen vor: Bestimmen Sie zuerst den Meridian und anschließend den Punkt darauf, indem Sie erst die Zehner-, dann die Einerstelle abfragen.

Meridiane

		Punkte
Lu	Lungen	11
Di	Dickdarm	20
M	Magen	45
MP	Milz-Pankreas	21
H	Herz	9
Dü	Dünndarm	19
B	Blasen	67
N	Nieren	27
KS	Kreislauf – Sex	9
3E	Dreifacher Erwärmer	23
G	Gallenblasen	44
Le	Leber	14
LG	Lenkergefäß	28
KG	Konzeptionsgefäß	24

Chakras

7 Scheitel-Chakra
6 Stirn-Chakra
5 Hals-Chakra
4 Herz-Chakra
3 Solarplexus-Chakra
2 Sakral-Chakra
1 Basis-Chakra

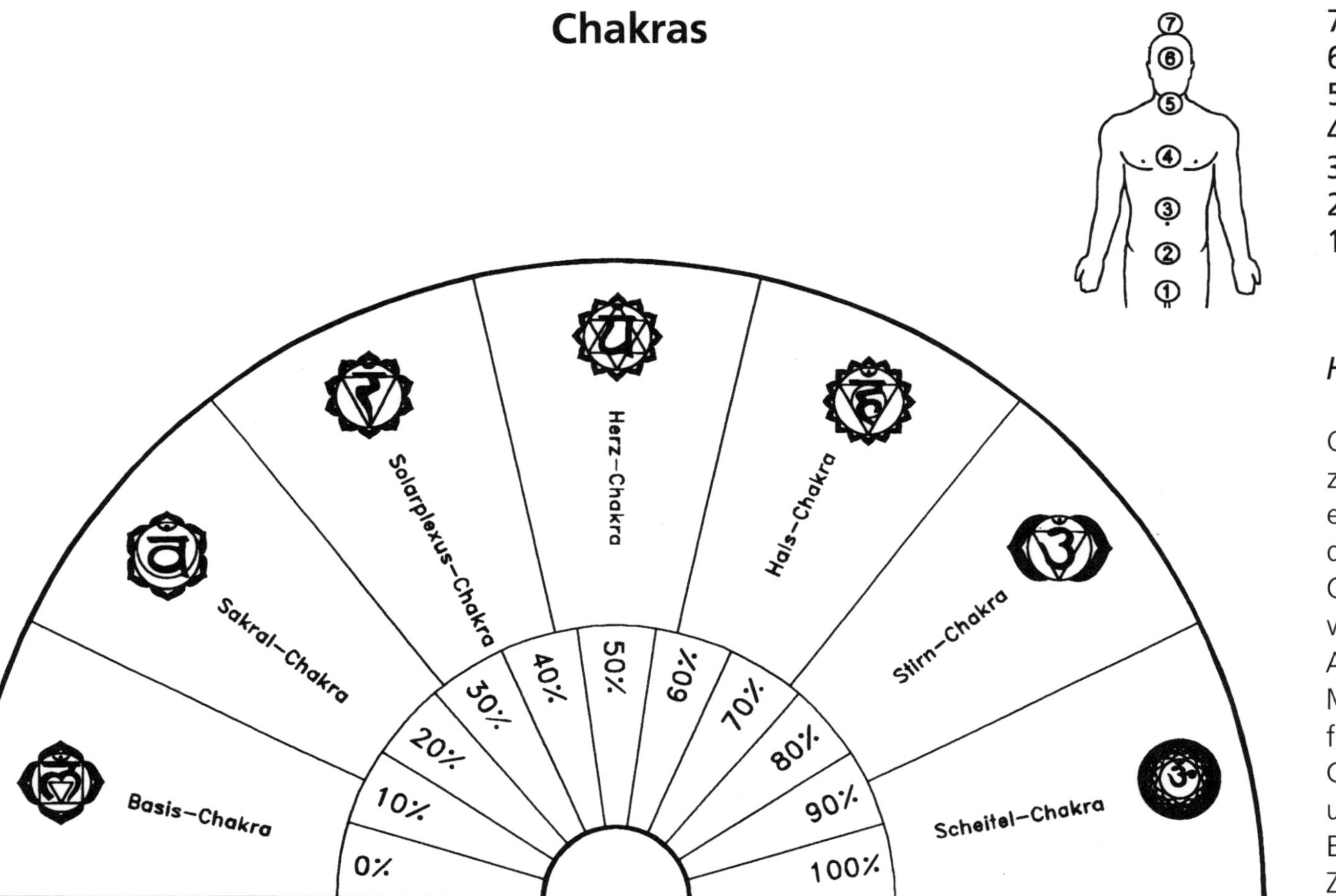

Hinweise

Chakras sind kreisende Energie-zentren am Körper, die mit den endokrinen Drüsen korrespon-dieren. Bestehen bei einzelnen Chakras Blockaden, so kann dies verschiedenste gesundheitliche Auswirkungen haben.
Mit Hilfe dieses Diagramms fragen Sie ab, bei welchen Chakras Blockaden bestehen und ermitteln zu diesen die Entwicklung in Prozent.
Zur Bereinigung von Blockaden gibt es diverse Möglichkeiten, wie z. B. Aromatherapie, Meditation oder Lithotherapie. Für weiterführende Hinweise sollten Sie entsprechende Literatur heranziehen.

Farben

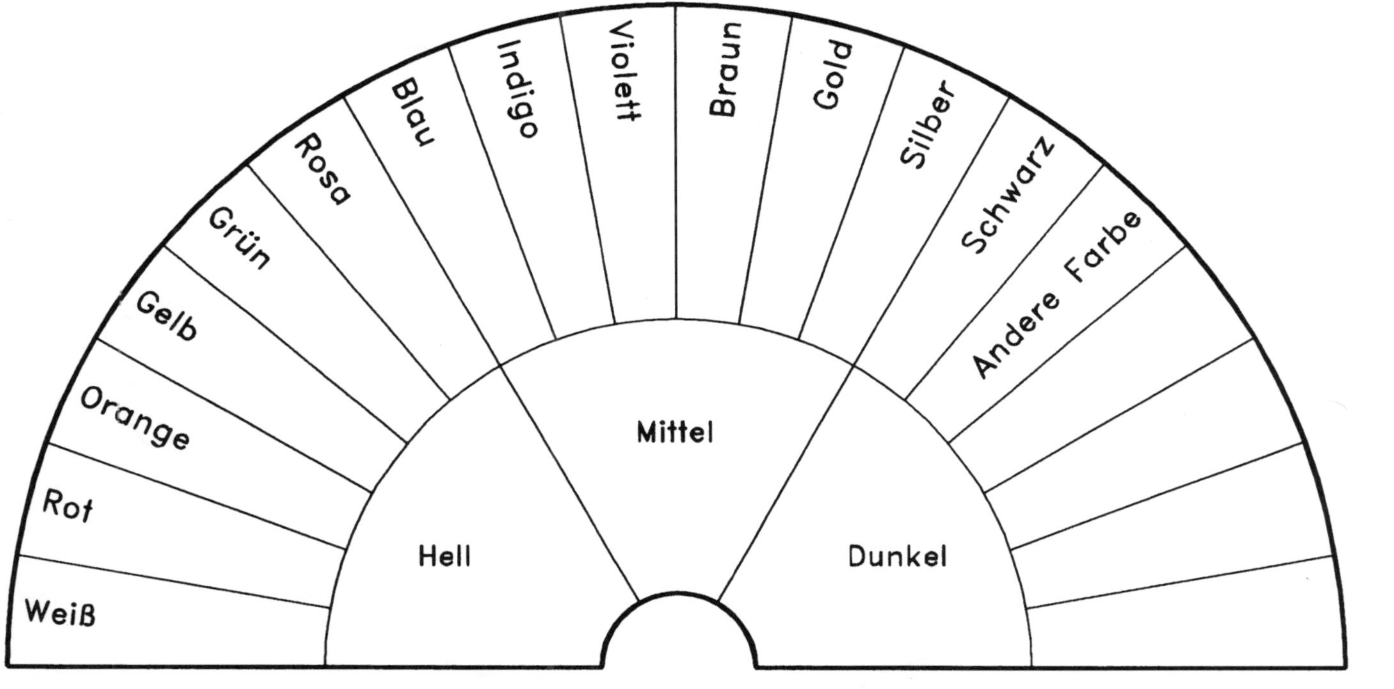

Hinweise

Bestimmen Sie anhand dieser Tafel die passendste Farbe, z. B. zur Farbtherapie. Die Farbabstufung können Sie gegebenenfalls mittels der inneren Skala ermitteln.

Ionisierung

Hinweise

Diese Skala dient zur Messung des Verhältnisses der Plus-Ionen zu den Minus-Ionen in der Luft.

In der freien Natur herrscht hier ein Gleichgewicht, d. h., auf ein Plus-Ion kommt ein Minus-Ion. Dieses Verhältnis wird z. B. durch elektrische Wechselfelder so verschoben, daß die Plus-Ionen überwiegen. Dies kann sich gesundheitlich negativ auswirken. Abhilfe schaffen hier sogenannte Ionisierungsgeräte. Im Hochgebirge überwiegen die Minus-Ionen, was vom Menschen als angenehm empfunden wird.

Pathogene Pilze

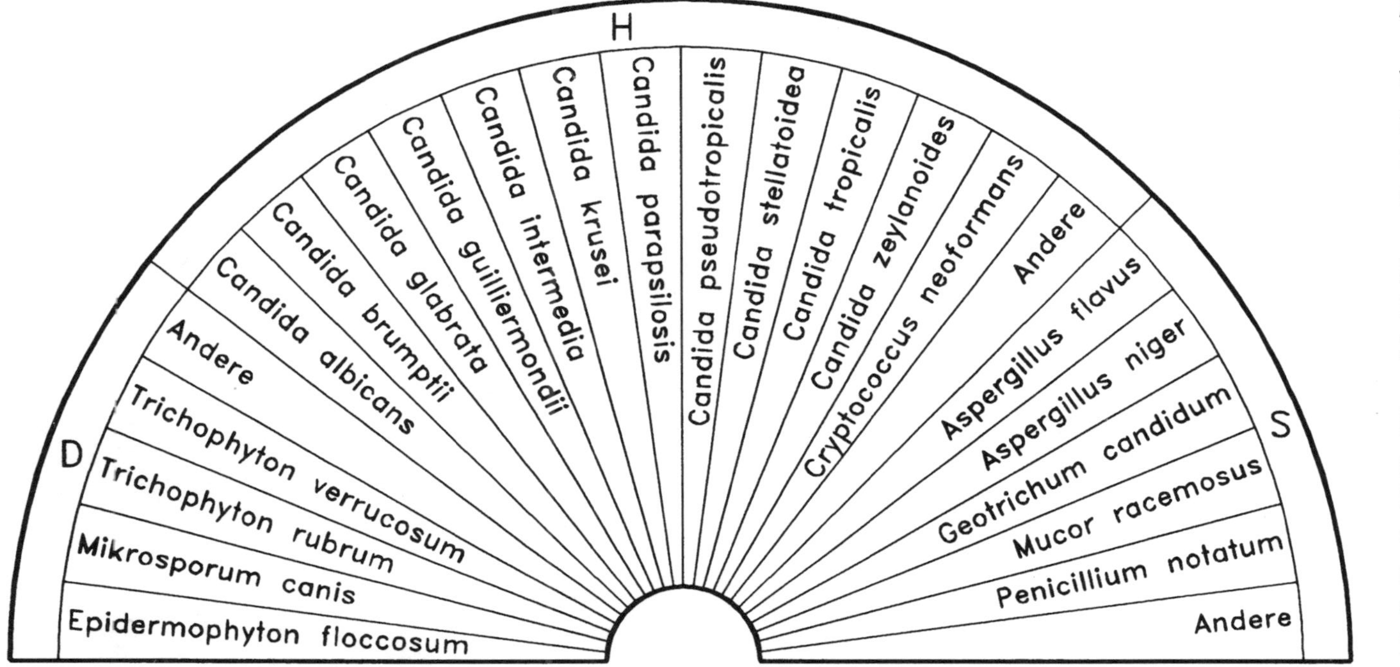

Hinweise

Vermuten Sie eine Pilzinfektion, so hilft Ihnen dieses Diagramm zur genauen Bestimmung nach dem DHS-System.

D   Dermatophyten=Hautpilze
H   Hefepilze
S   Schimmelpilze

Haben Sie einen Befall festgestellt, so sollten Sie auf jeden Fall mit dem Pendel nachfragen, ob das Immunsystem angegriffen ist. In jedem Fall wäre es ratsam, einen Arzt oder Heilpraktiker aufzusuchen.

Nahrung

Nahrungsmittel

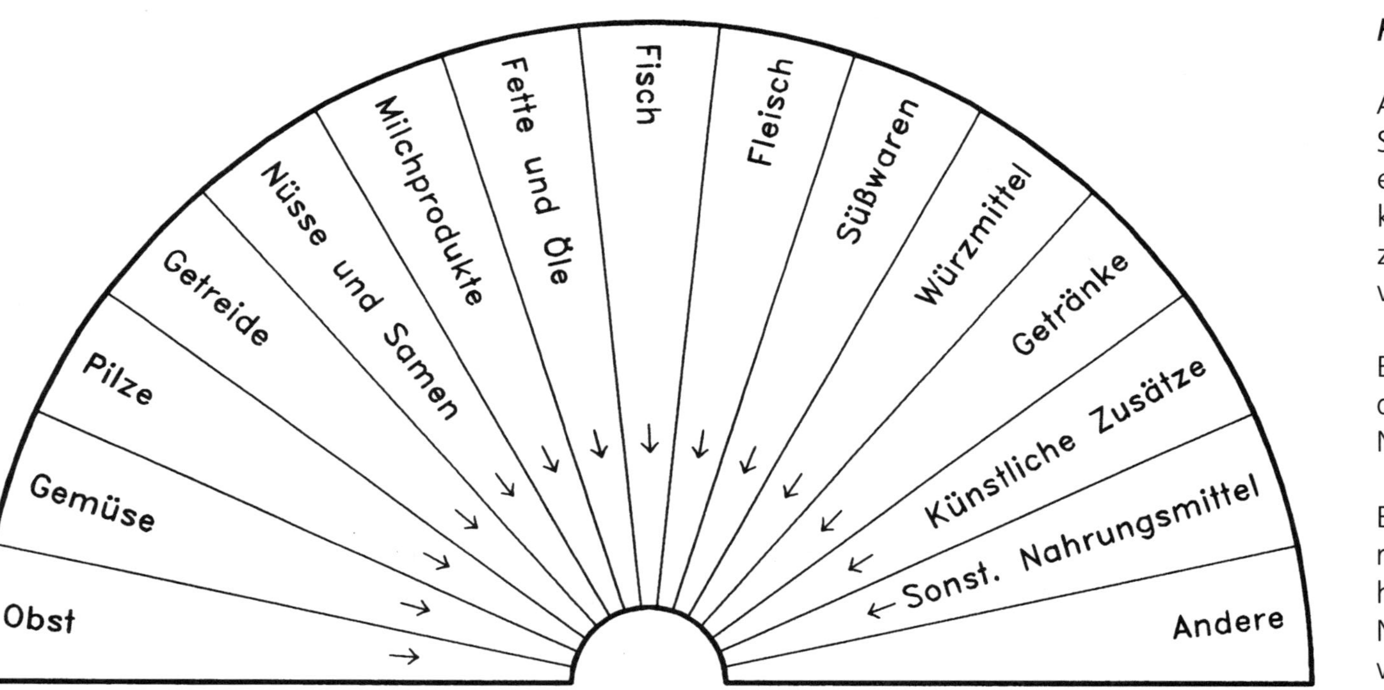

Hinweise

Auf dieser Tafelgruppe finden Sie ca. 300 Nahrungsmittel, eingeteilt nach Gruppen. Sie können diese Diagrammreihe zu verschiedensten Zwecken verwenden.

Ein Anwendungsbeispiel wäre die Bestimmung einer Nahrungsmittelallergie.

Eine weitere Anwendungsmöglichkeit wäre auch, einfach herauszufinden, welche Nahrungsmittel vermehrt verzehrt werden sollten (z. B. bei Mineralstoffmangel).

Obst

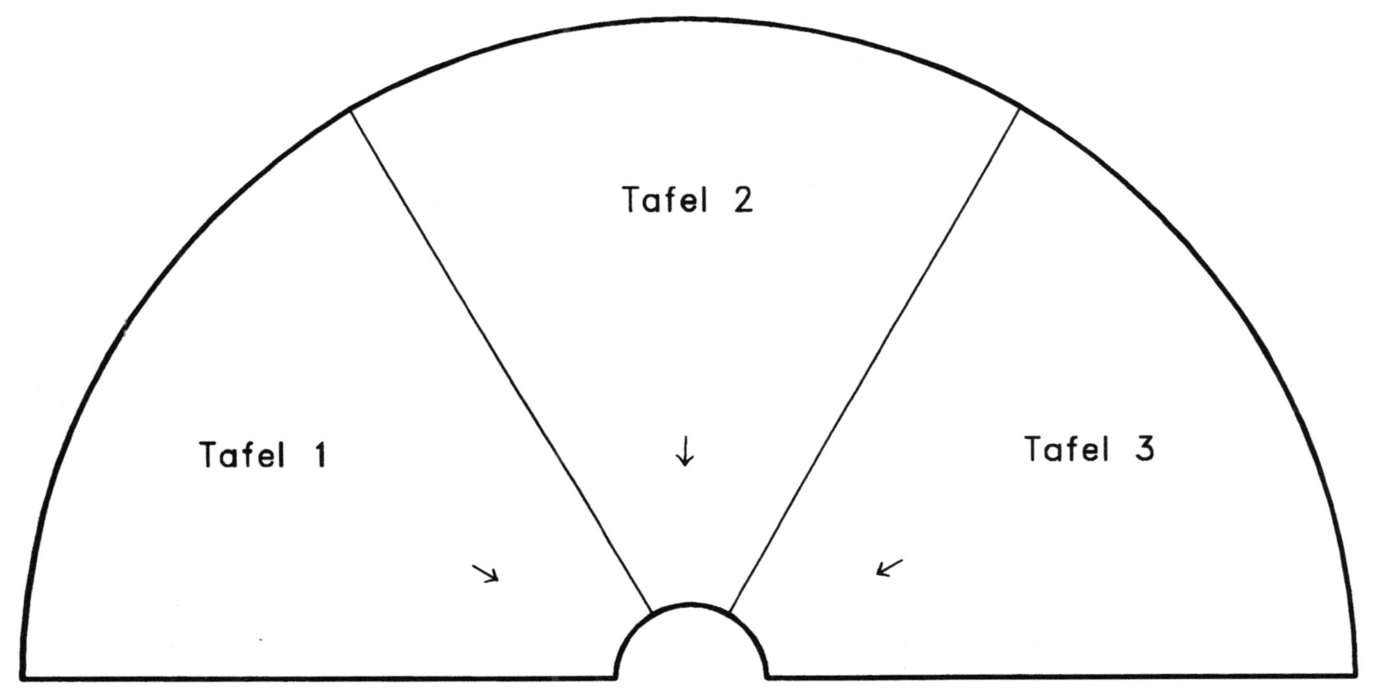

Hinweise

Verzweigen Sie mittels dieses Diagramms zum Diagramm mit der gesuchten Frucht.

Obst – Tafel 1

Hagebutte
Guava
Grapefruit
Granatapfel
Feige
Erdbeere
Eberaschenfrucht
Dattel
Cherimoya
Brombeere
Birne
Banane
Acerola
Avocado
Aprikose, Marille
Apfelsine, Orange
Apfel
Ananas

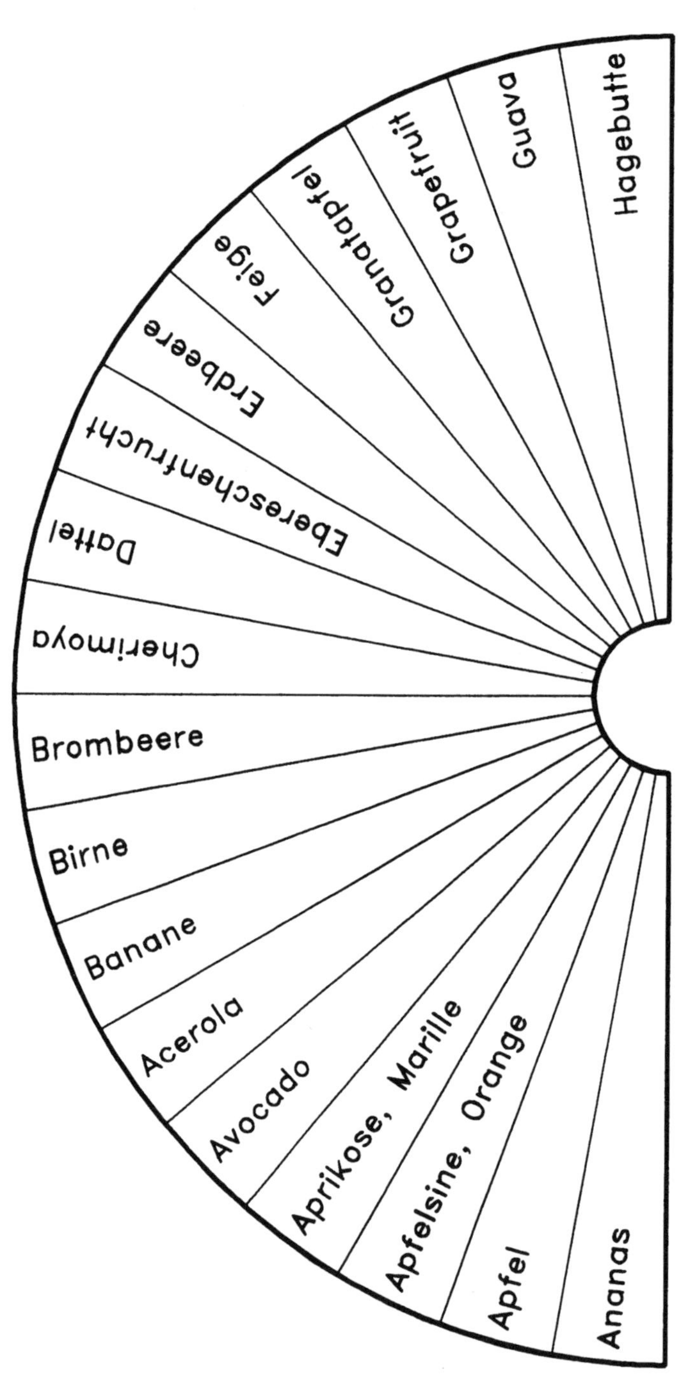

Obst – Tafel 2

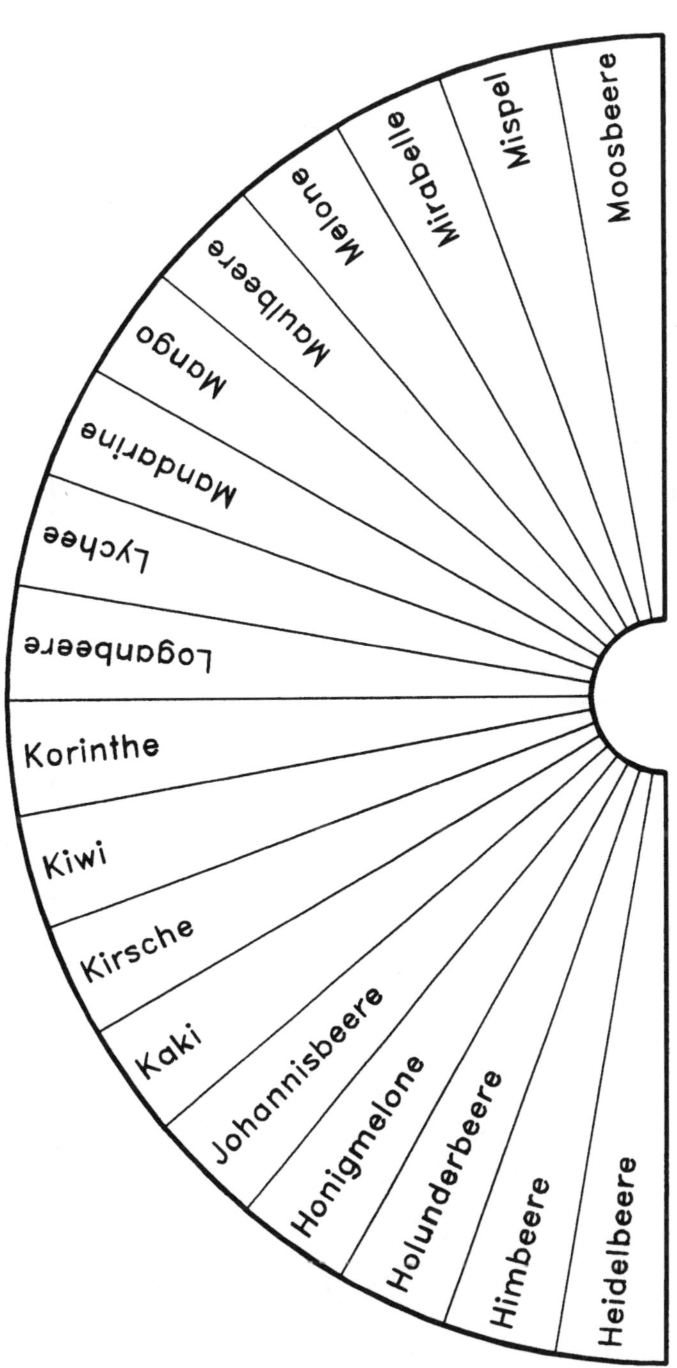

Nahrung

Obst – Tafel 3

Sultanine
Wassermelone
Weintraube
Zitrone
Anderes
Stachelbeere
Sanddornbeere
Rosine
Reineclaude
Quitte
Preiselbeere
Pomelo
Pflaume, Zwetschge
Pfirsich
Passionsfrucht
Papaya
Olive
Nektarine

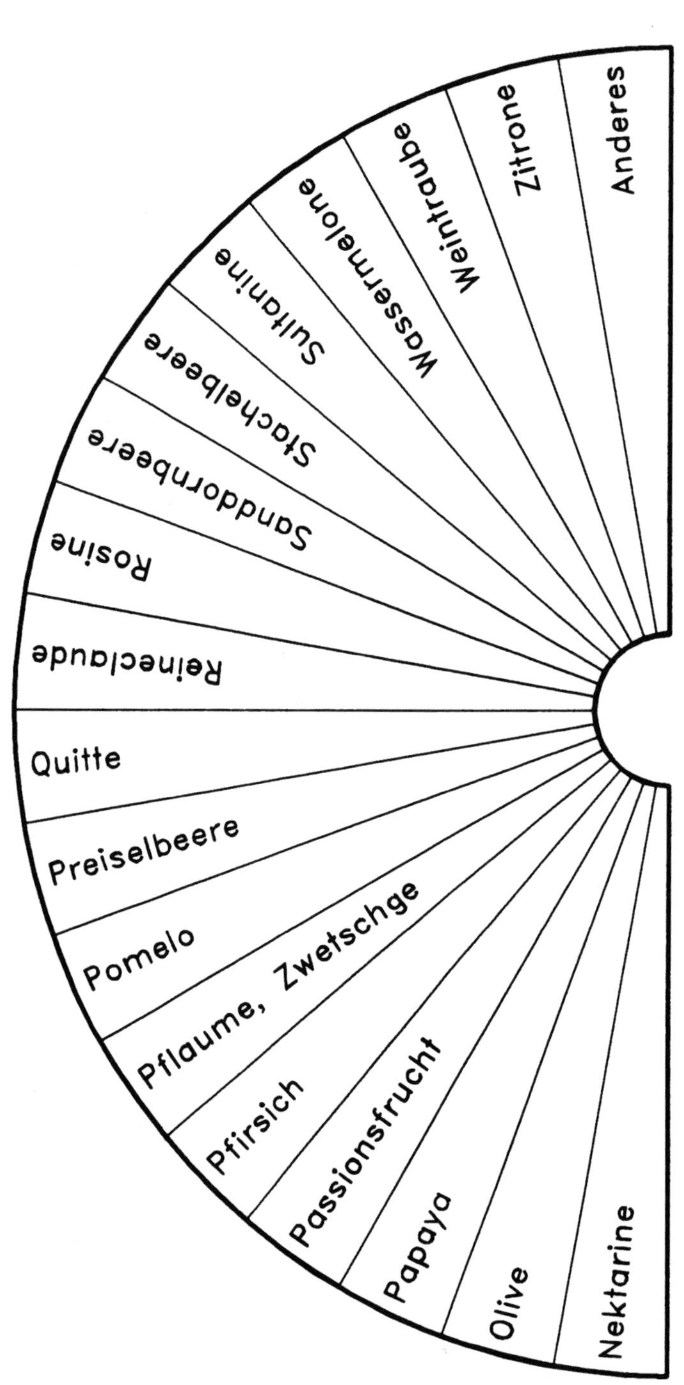

Gemüse

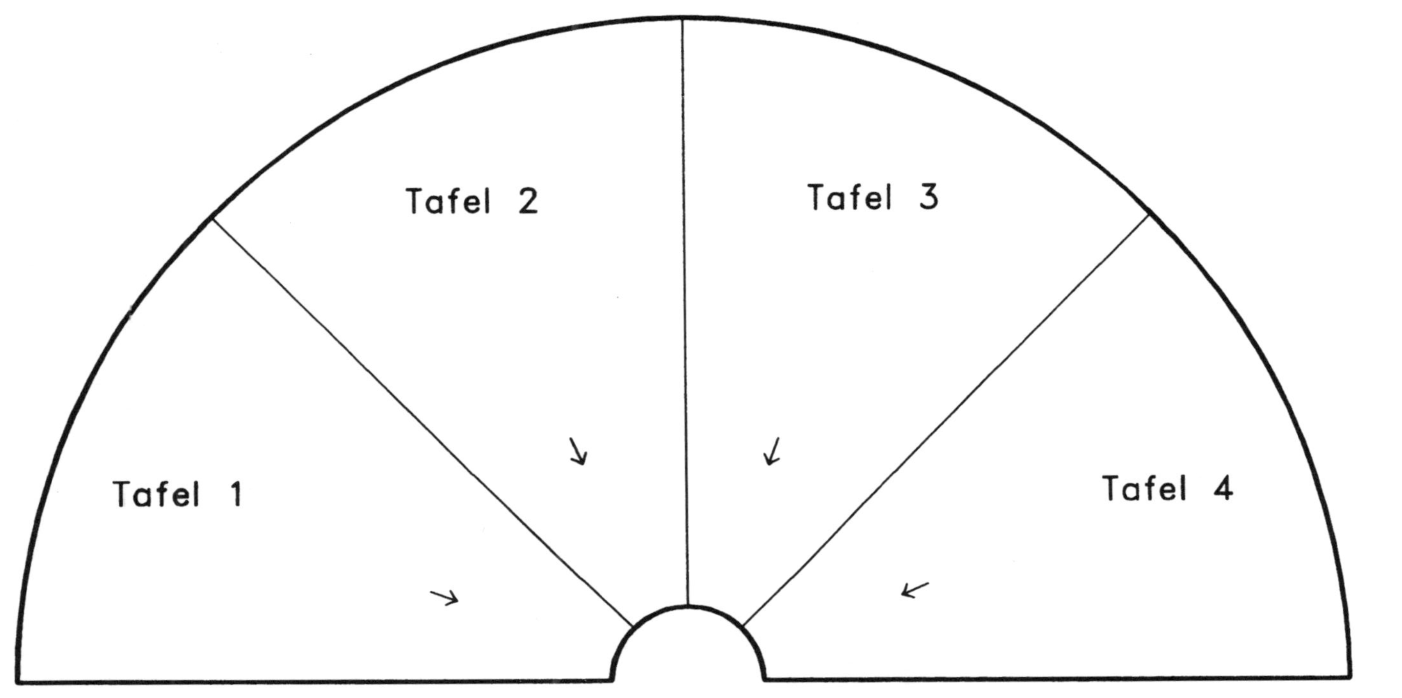

Hinweise

Verzweigen Sie mittels dieses Diagramms zum Diagramm mit dem gesuchten Gemüse.

Gemüse – Tafel 1

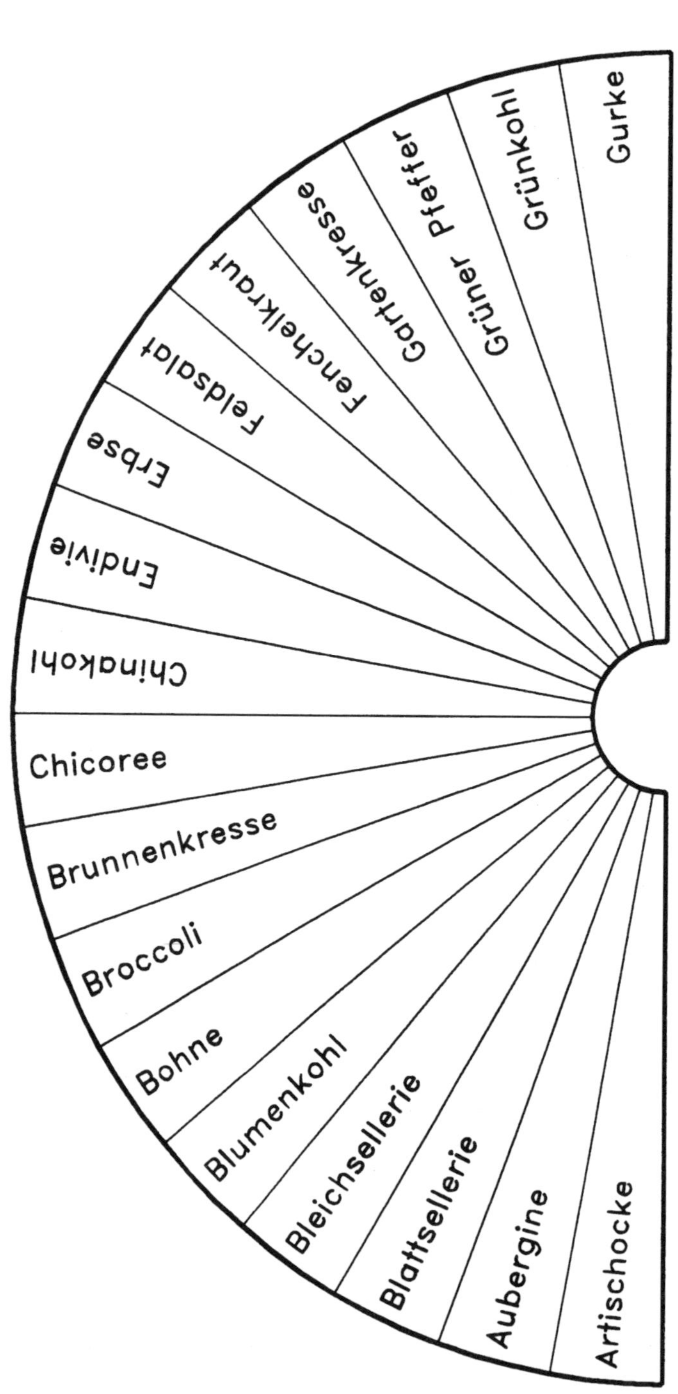

Gemüse – Tafel 2

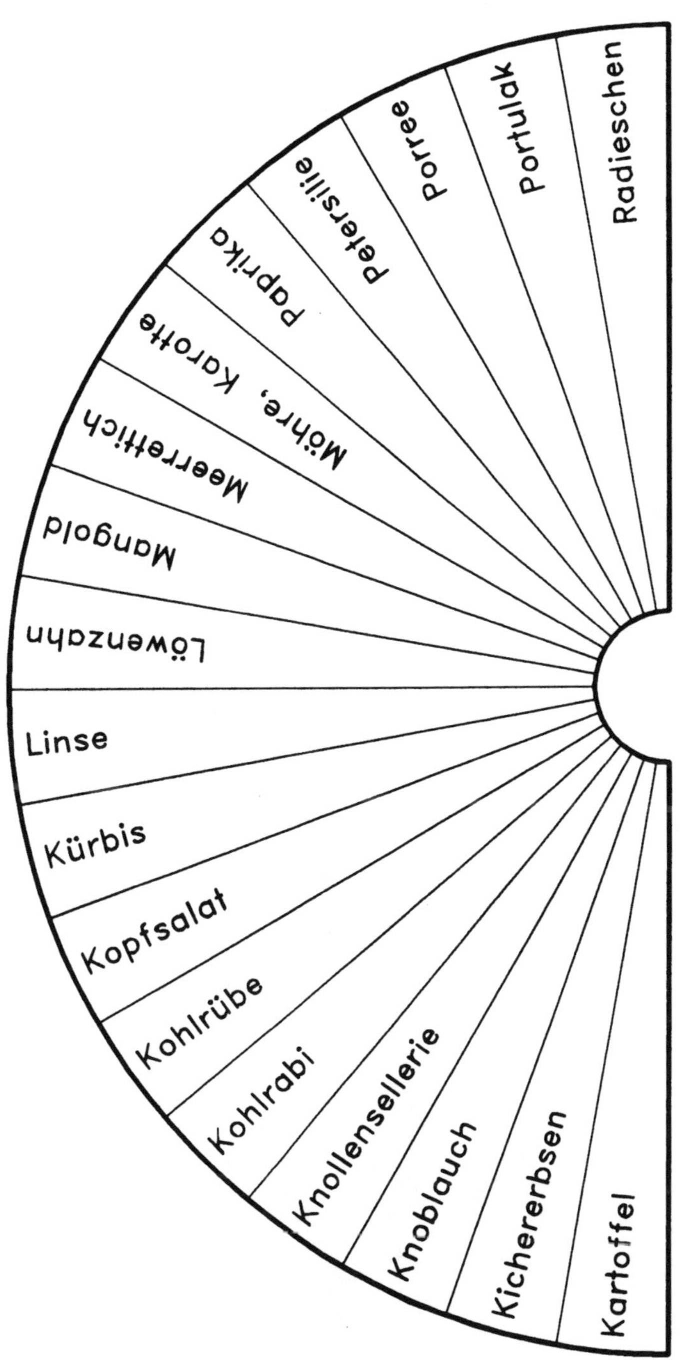

Gemüse – Tafel 3

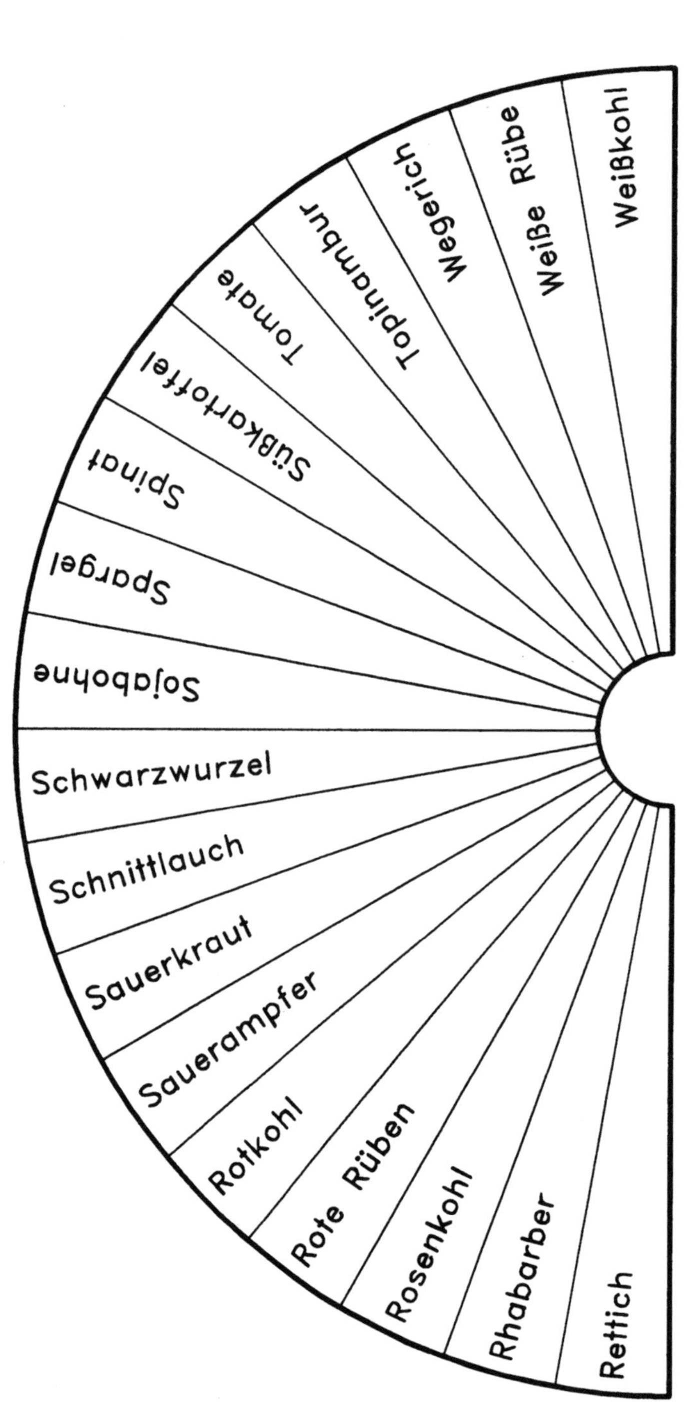

Gemüse – Tafel 4

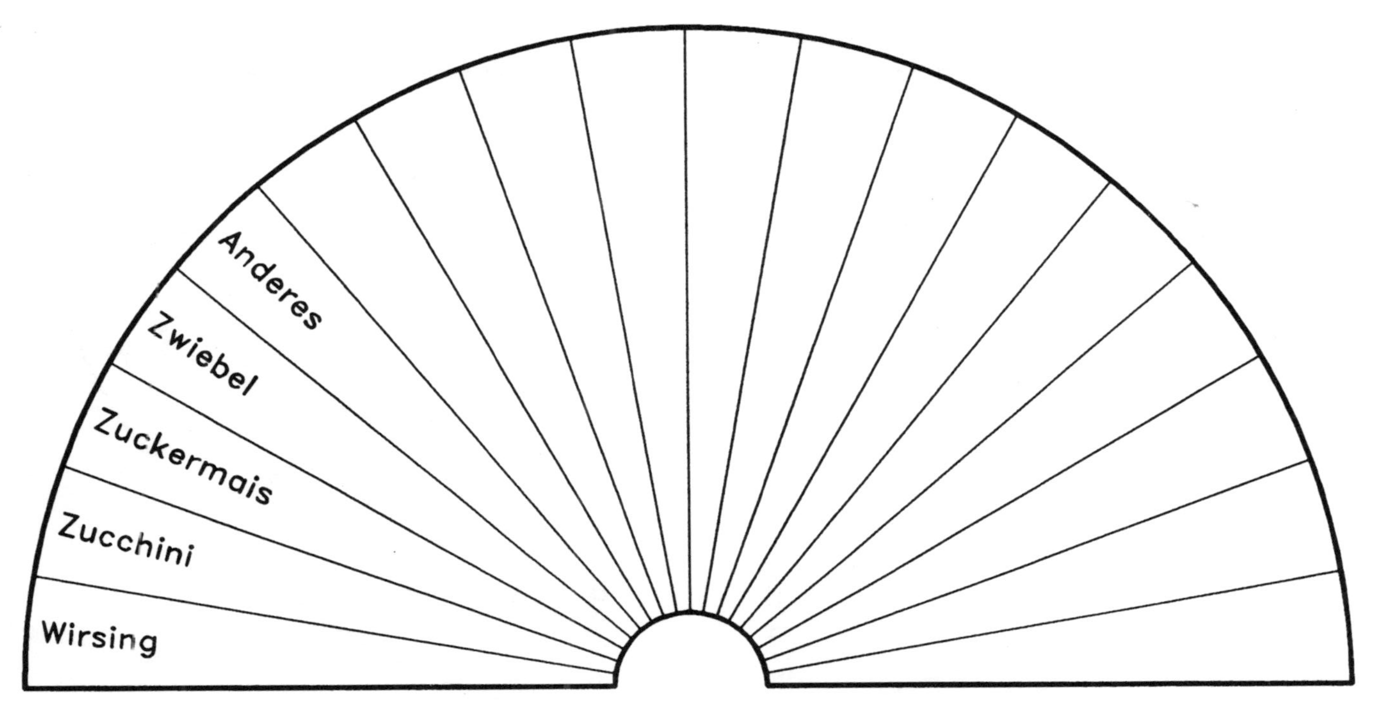

Speisepilze

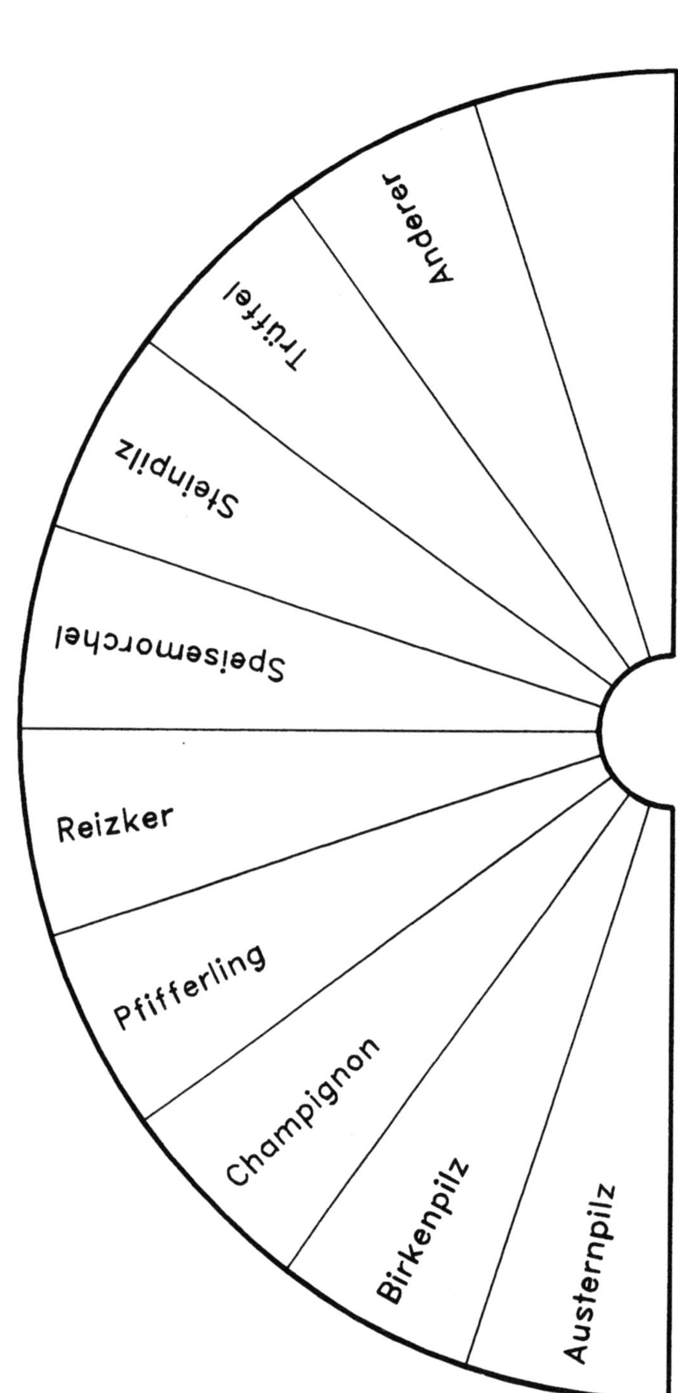

Getreide

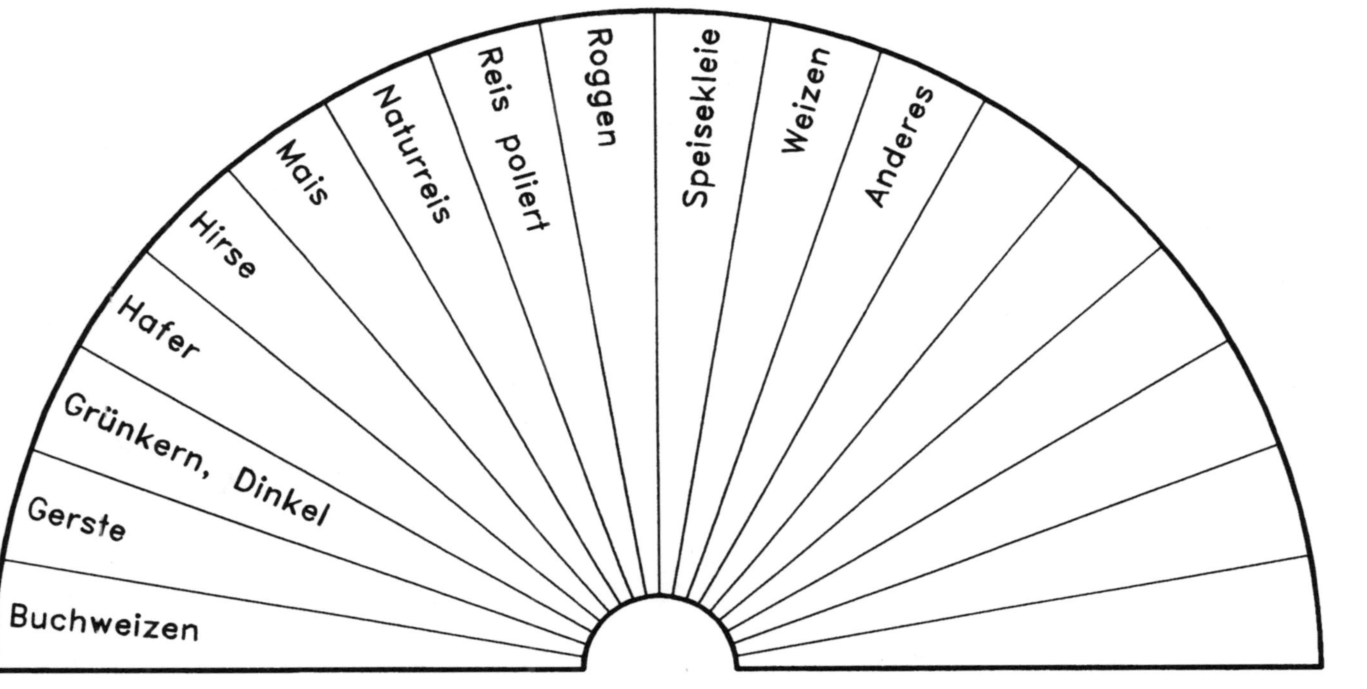

Hinweise

Bestimmen Sie mittels dieses Diagramms das gesuchte Getreide.

Nahrung

Nüsse und Samen

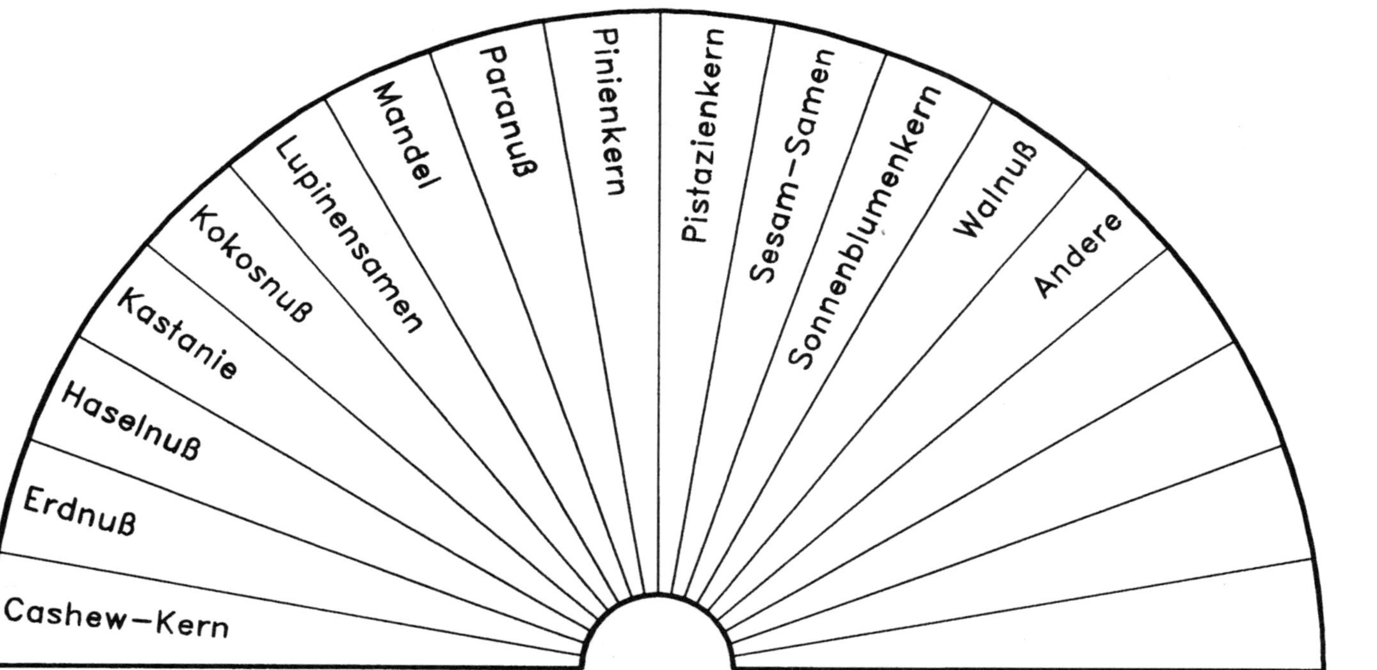

Hinweise

Bestimmen Sie mittels dieses Diagramms die gesuchte Nuß oder den gesuchten Samen.

Milch und Milchprodukte

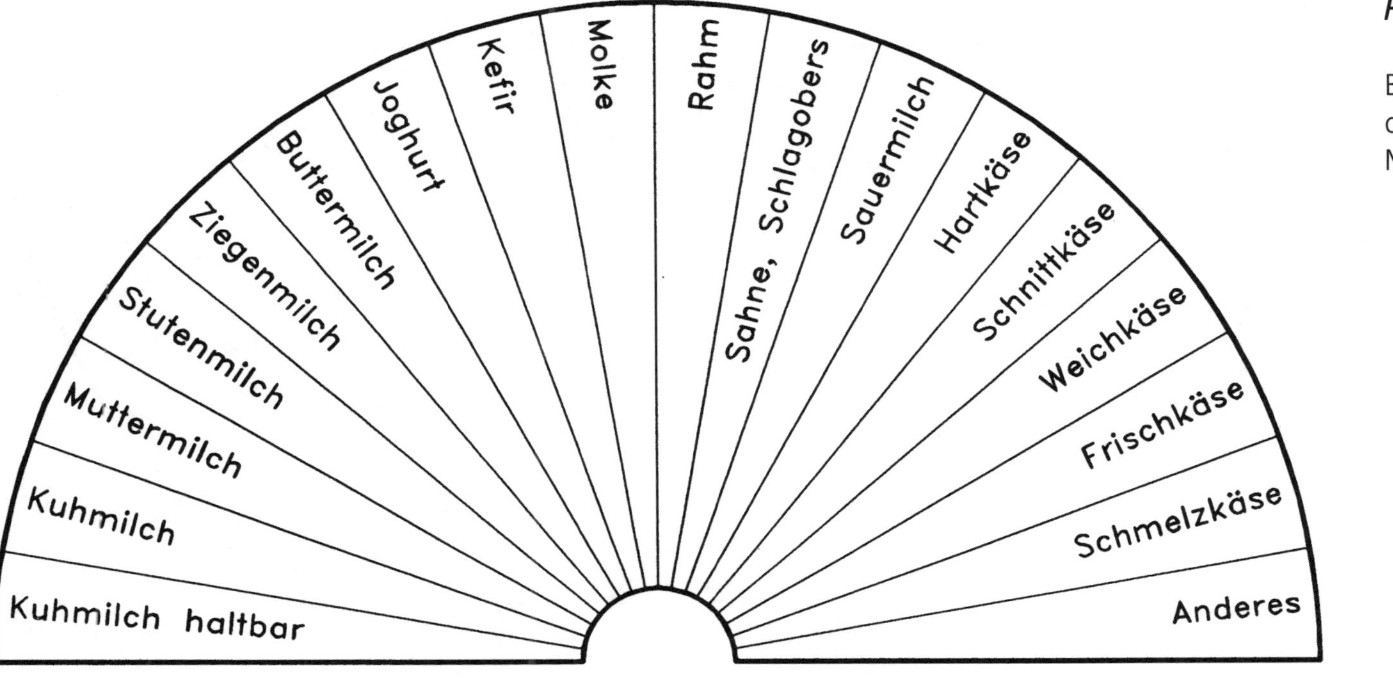

Hinweise

Bestimmen Sie mittels dieser Tafel das gesuchte Milchprodukt.

Fette und Öle

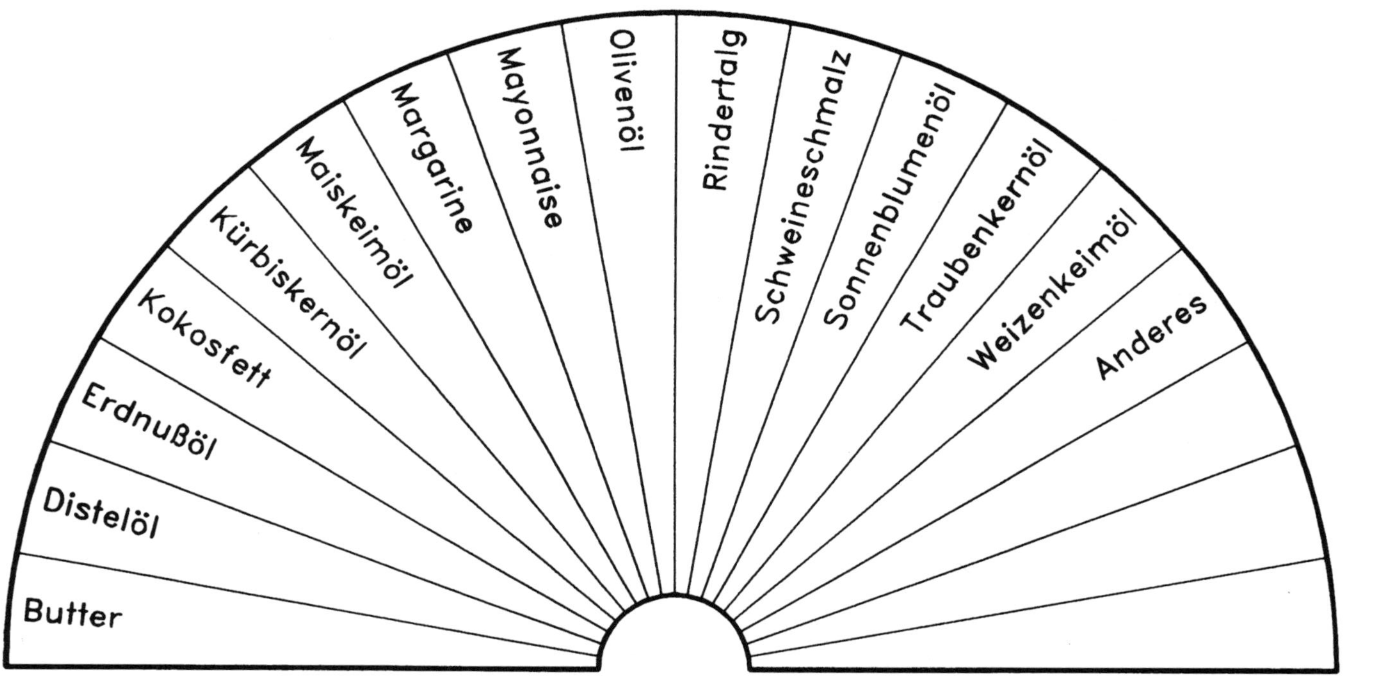

Hinweise

Bestimmen Sie mittels dieser Tafel das gesuchte Fett oder Öl.

Fisch

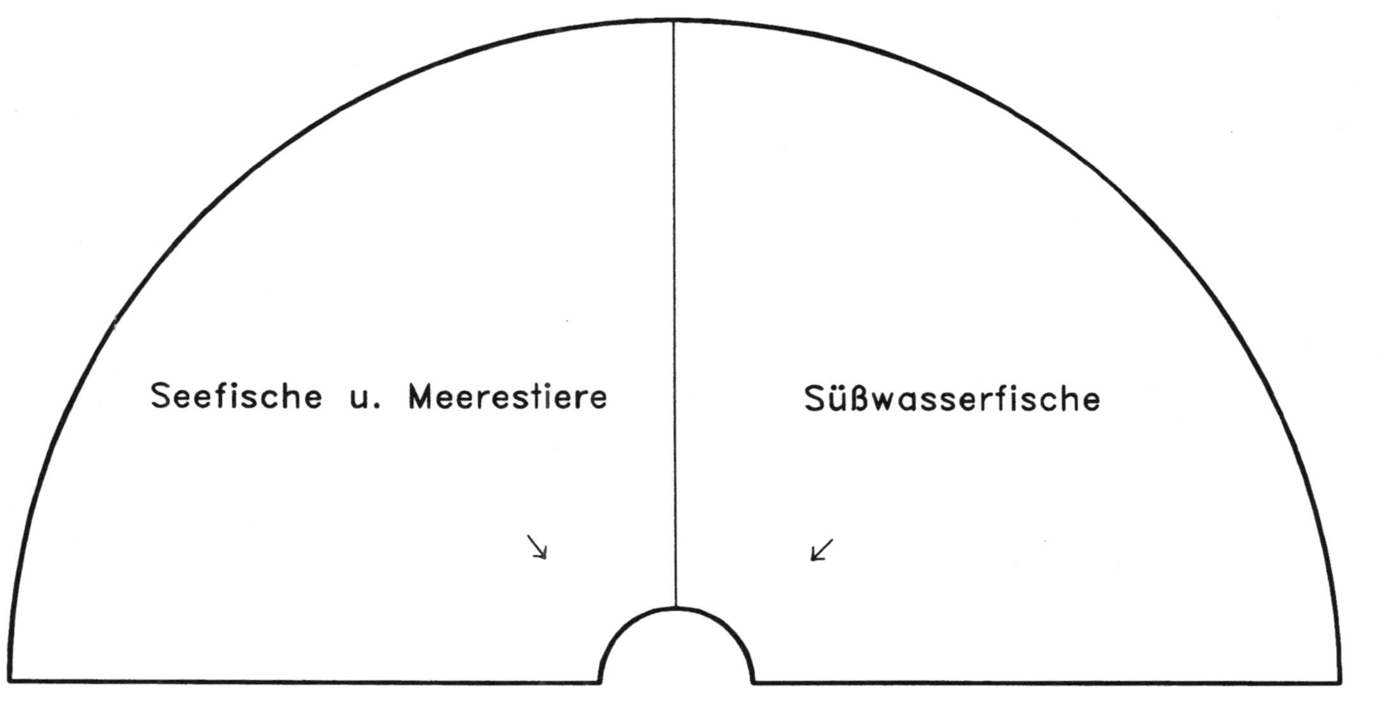

Hinweise

Verzweigen Sie mittels dieser Tafel zur Tafel mit dem gesuchten Fisch.

Seefische und Meerestiere

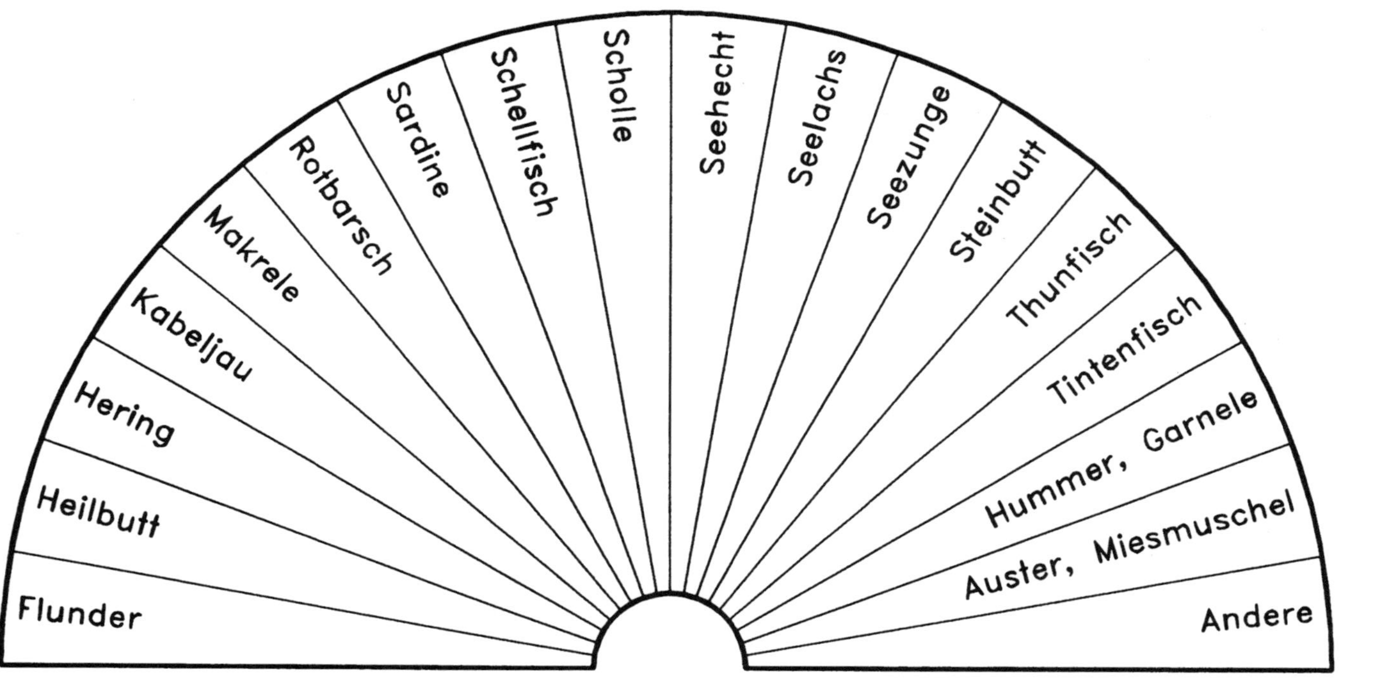

Hinweise

Bestimmen Sie mittels dieser Tafel das gesuchte Meerestier.

Süßwasserfische

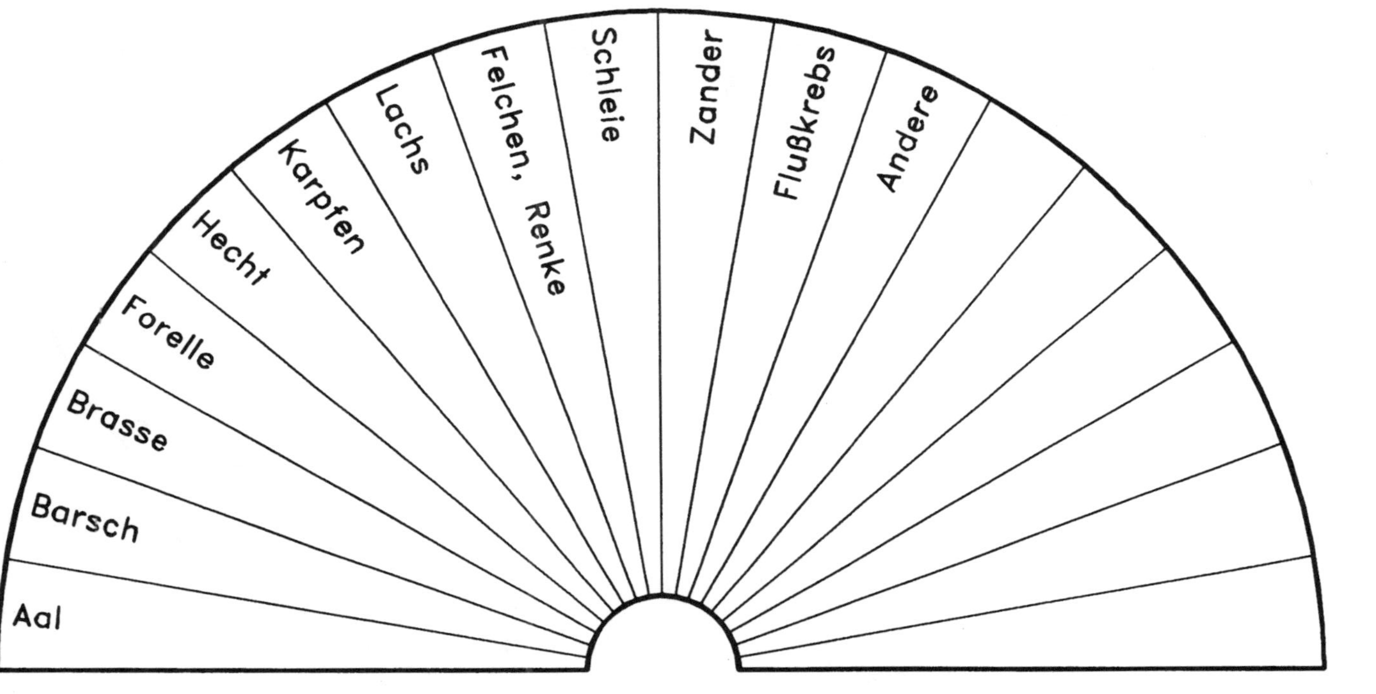

Hinweise

Bestimmen Sie mittels dieser Tafel den gesuchten Süßwasserfisch.

Fleisch

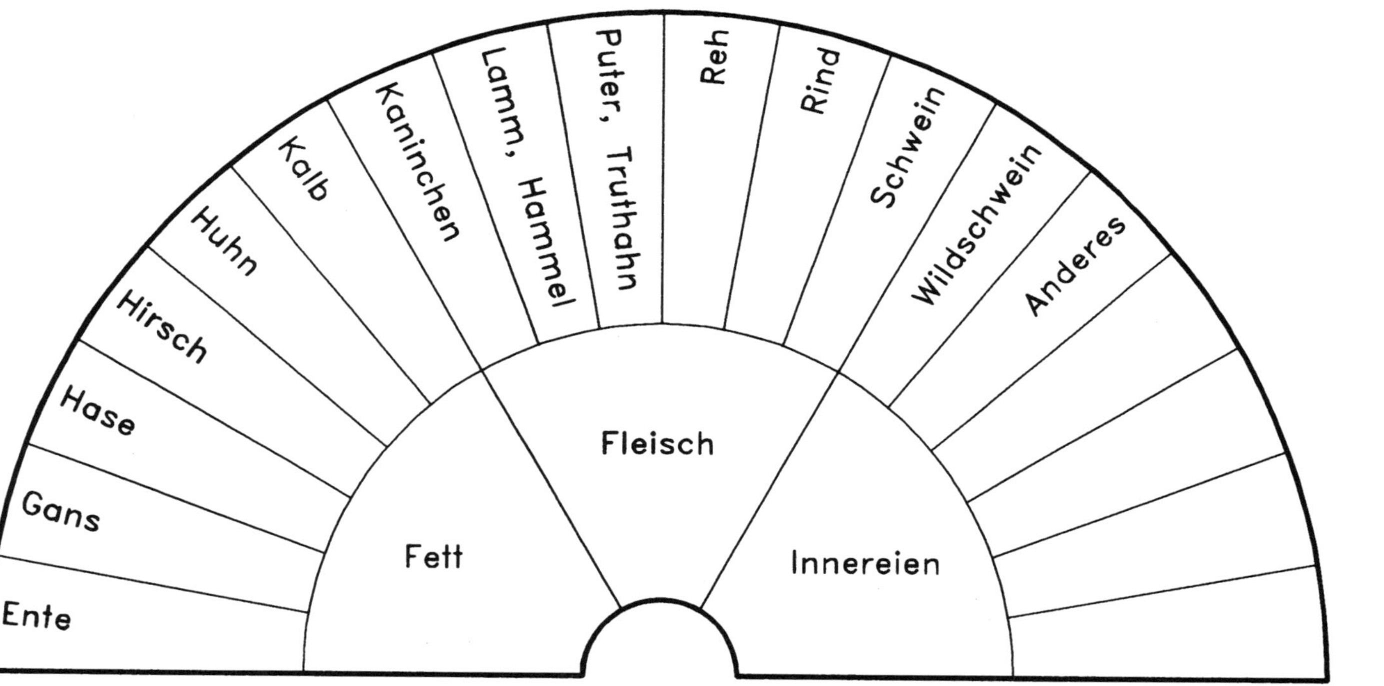

Hinweise

Bestimmen Sie mittels dieser Tafel die gesuchte Fleischsorte. Anhand des inneren Diagramms können Sie den entsprechenden Teil ermitteln.

Süßwaren

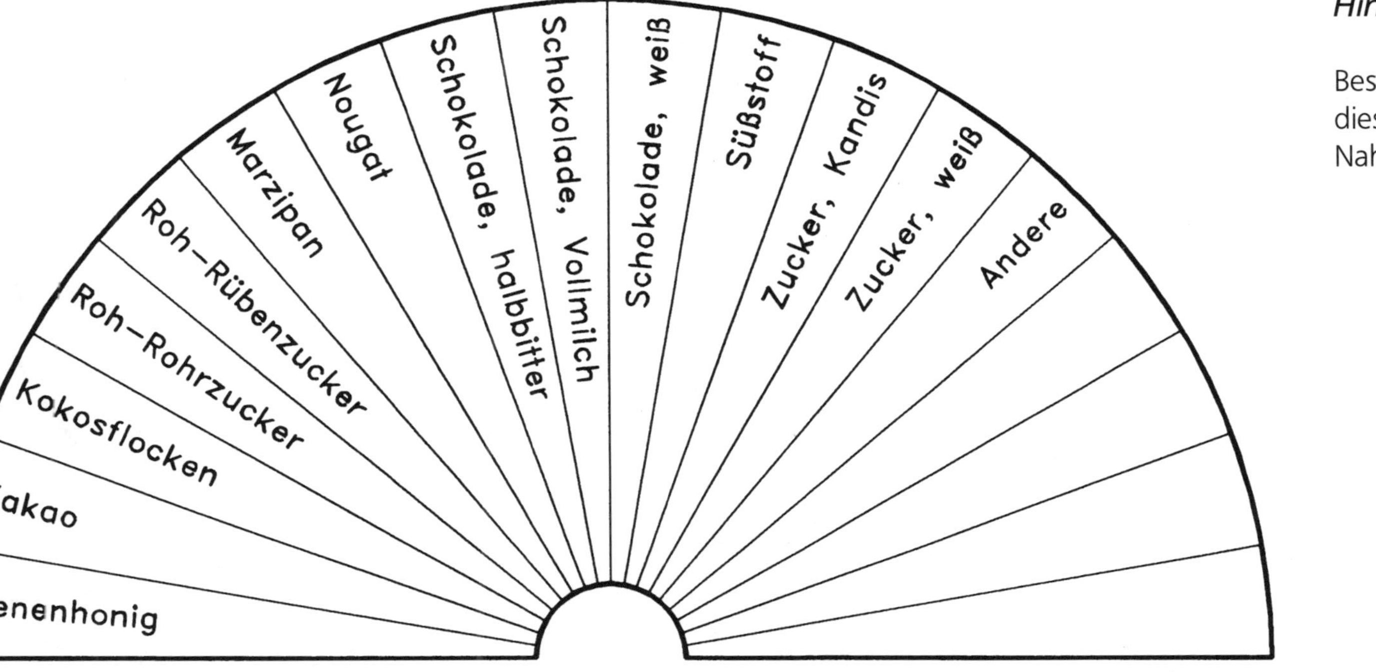

Hinweise

Bestimmen Sie mittels dieses Diagramms das gesuchte Nahrungsmittel.

Würzmittel

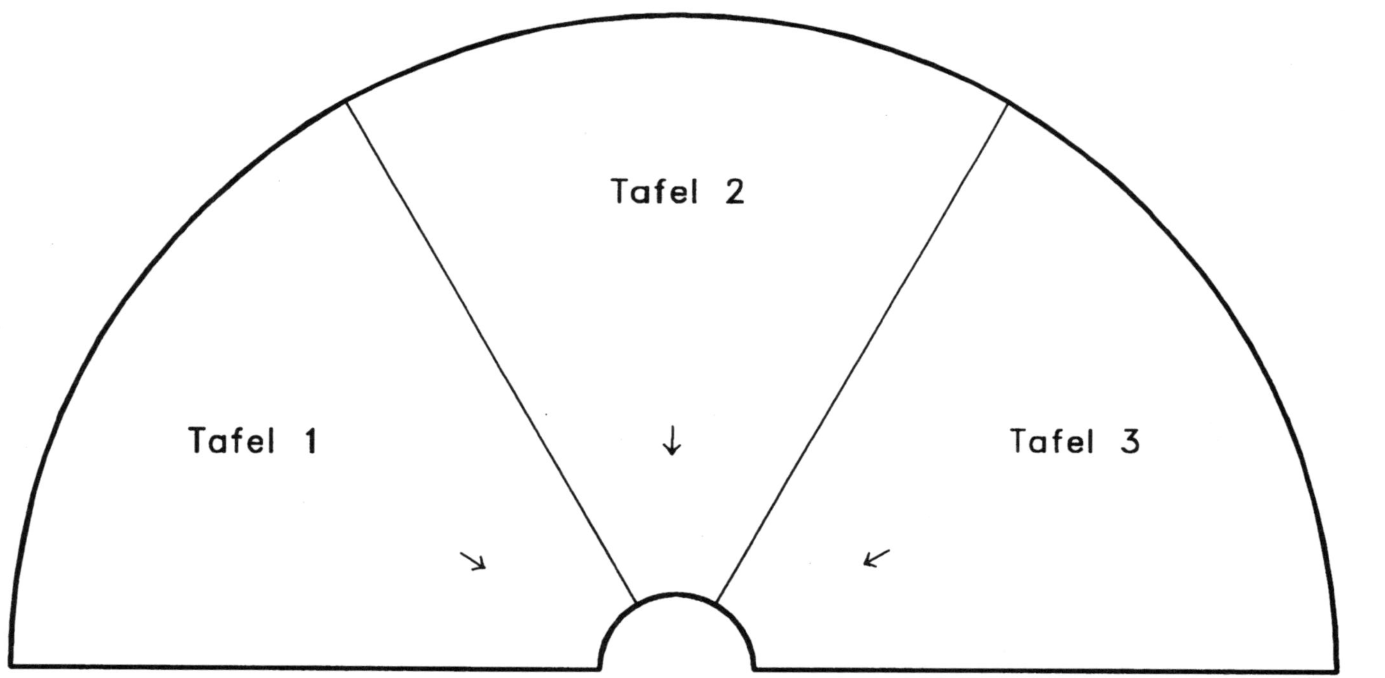

Hinweise

Verzweigen Sie mittels
dieser Tafel zur Tafel mit dem
gesuchten Gewürz.

Würzmittel – Tafel 1

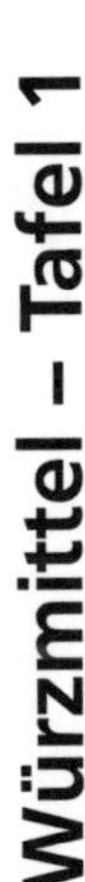

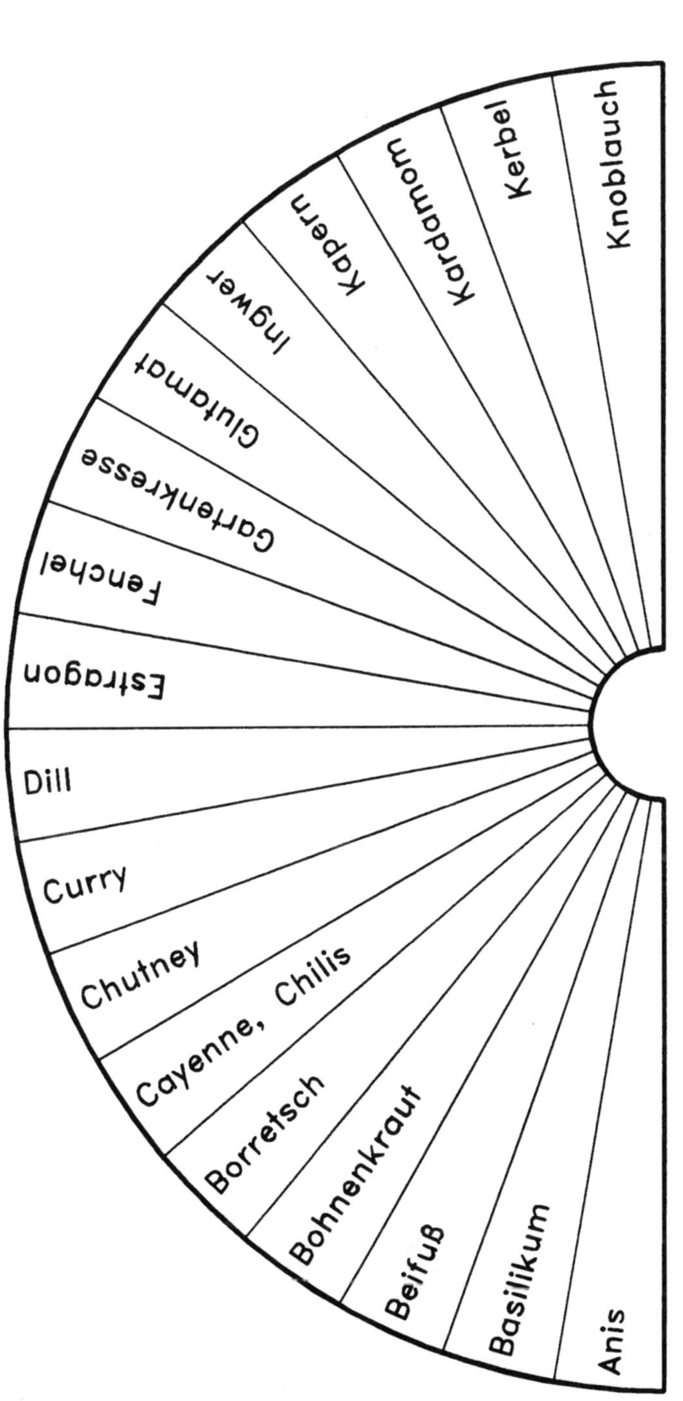

Würzmittel – Tafel 2

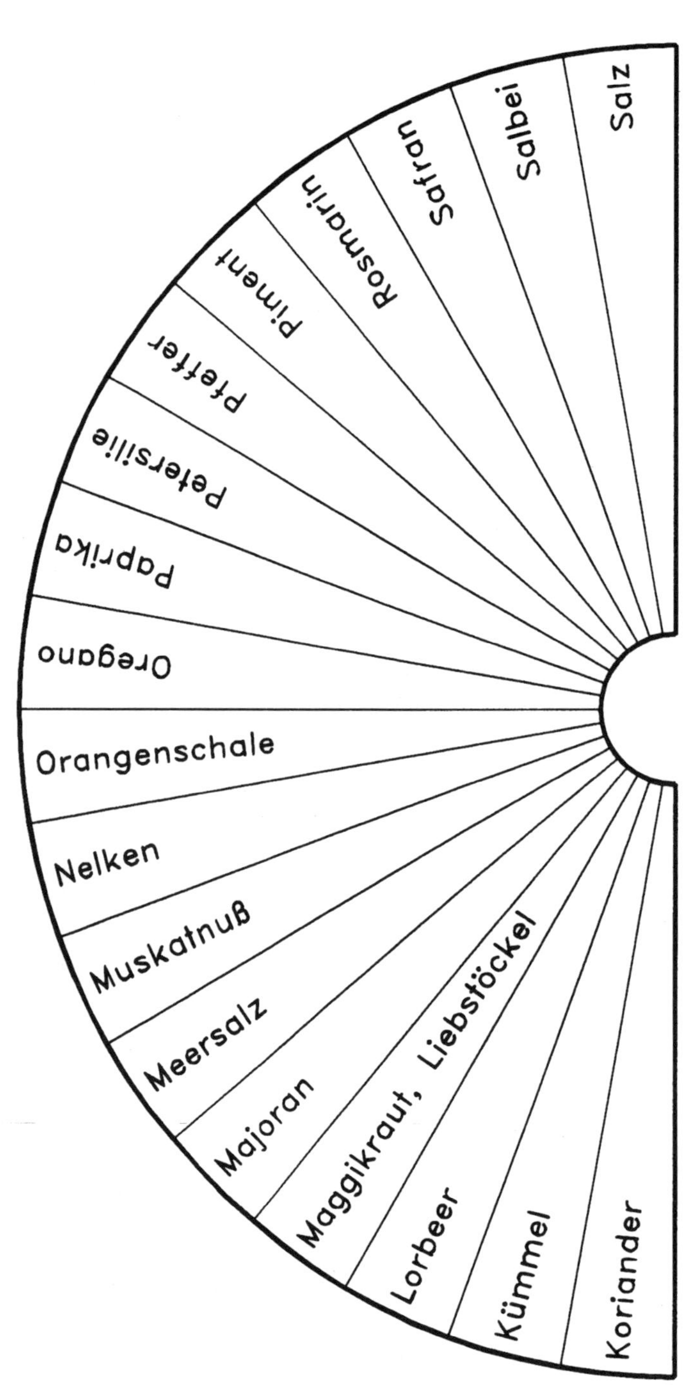

Würzmittel – Tafel 3

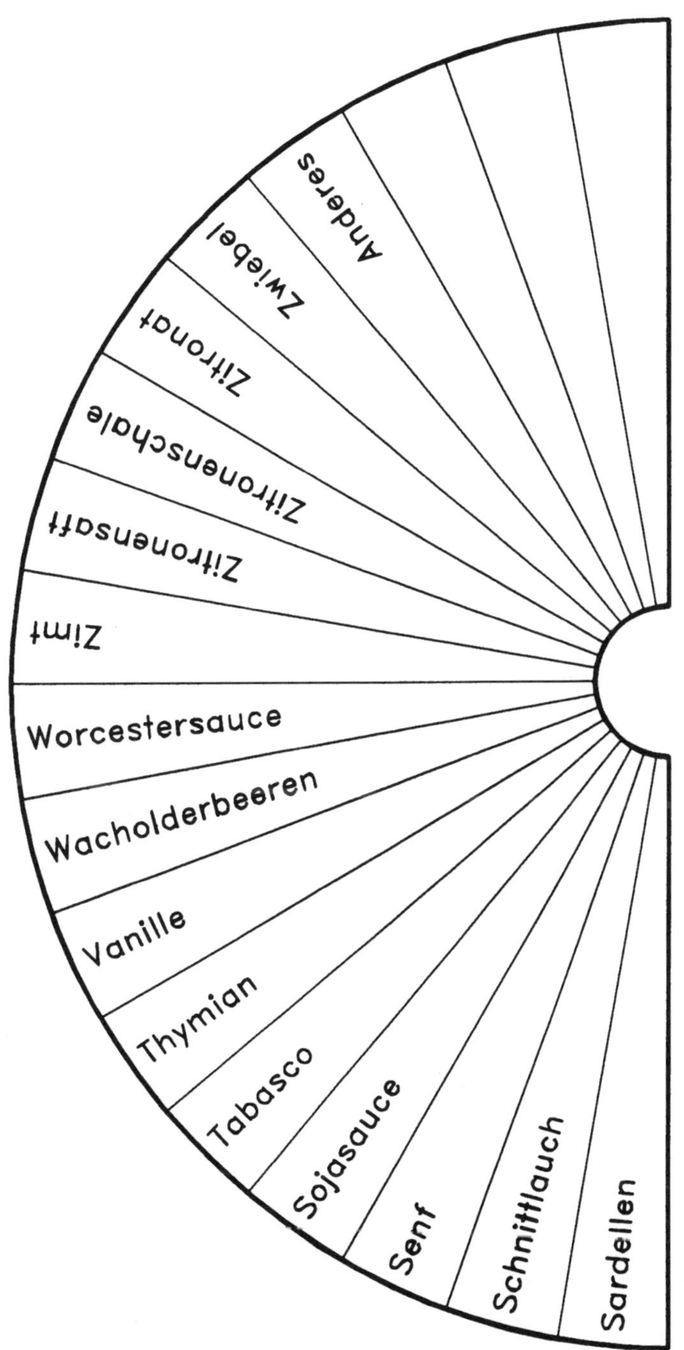

Getränke

Hinweise

Bestimmen Sie mittels dieser
Tafel das gesuchte Getränk.

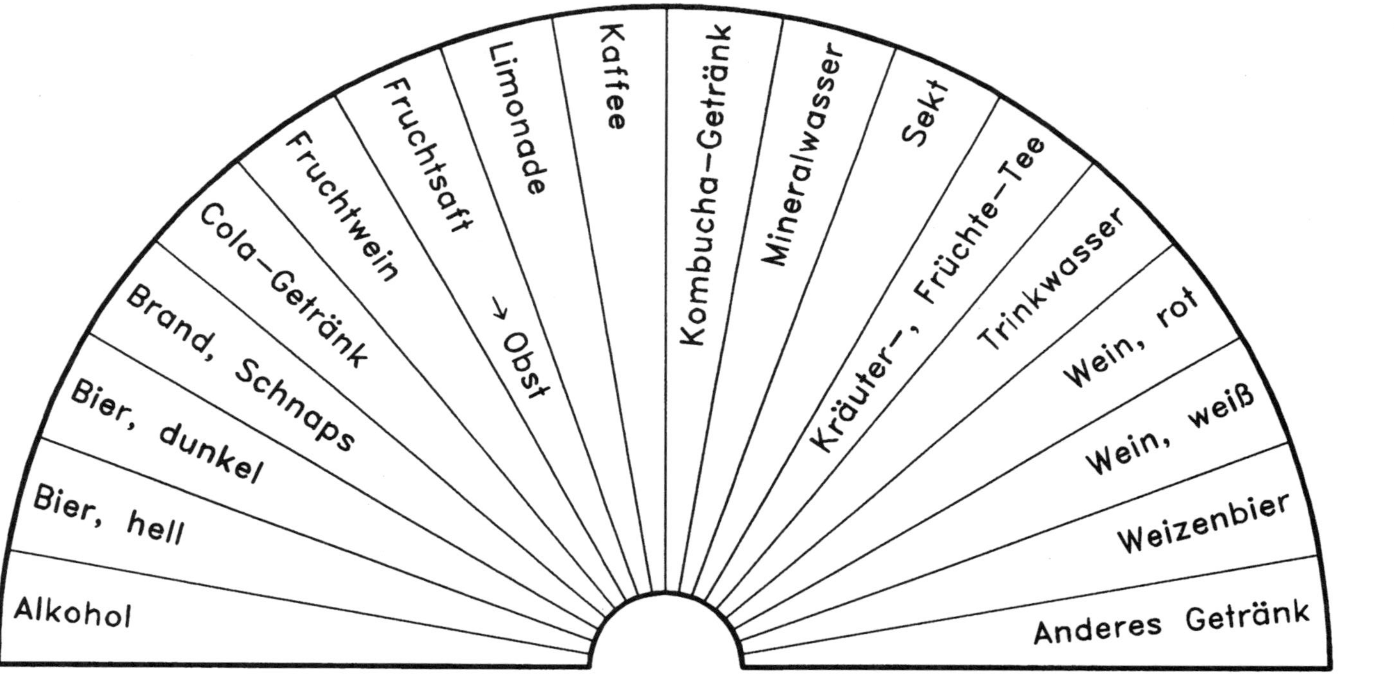

Künstliche Zusätze

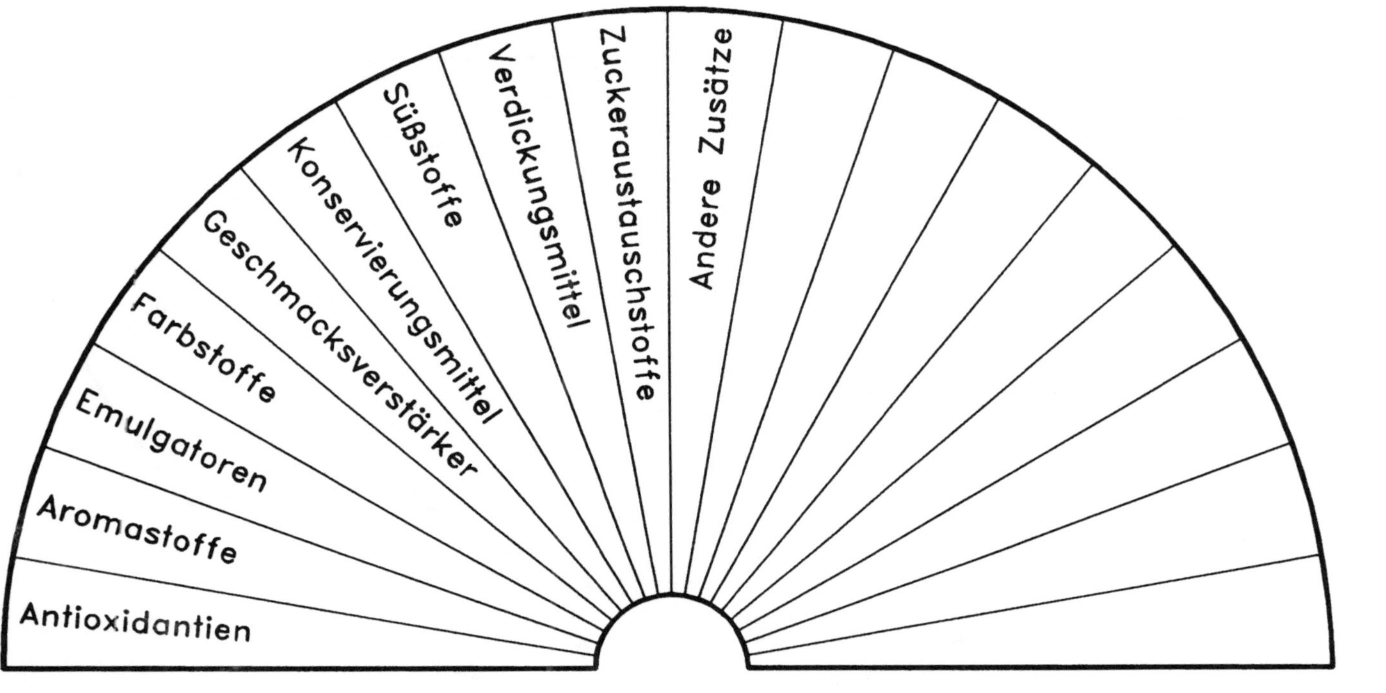

Hinweise

Bestimmen Sie mittels dieser Tafel die Art des gesuchten Nahrungsmittelzusatzes.

Nahrung

Sonstige Nahrungsmittel

148

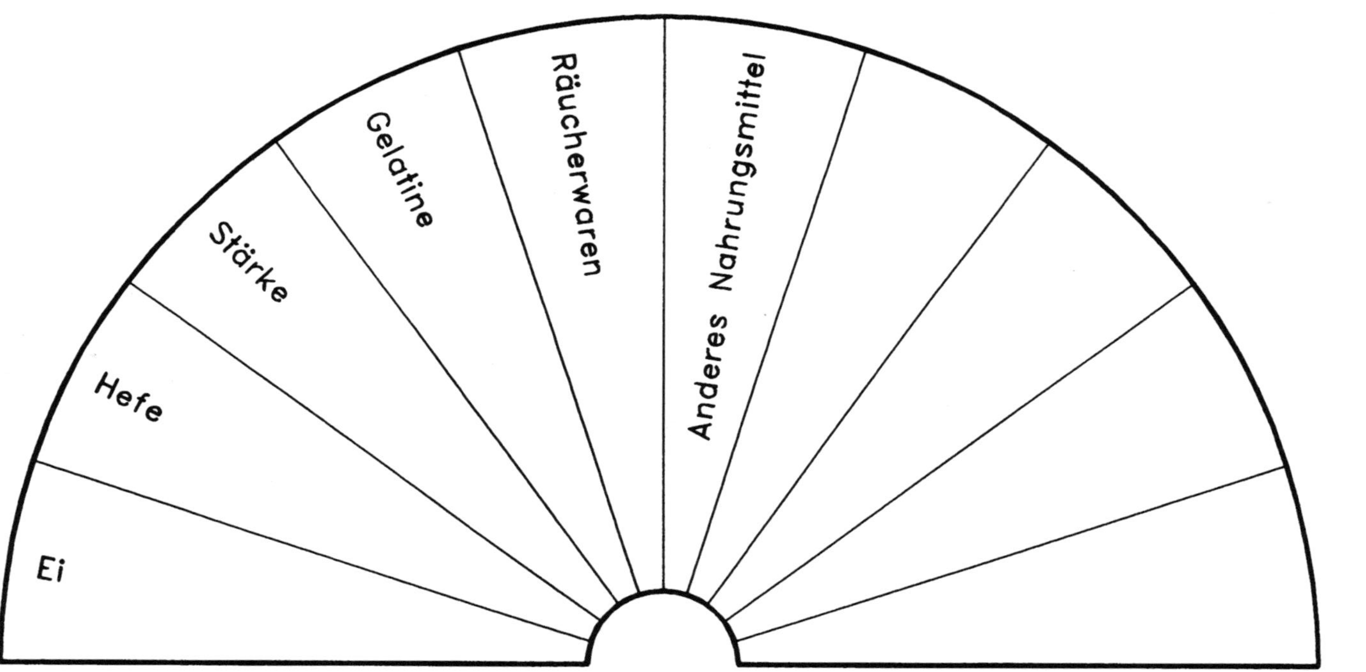

Hinweise

Bestimmen Sie mittels
dieser Tafel das gesuchte
Nahrungsmittel.

Körper

Menschlicher Körper

Hinweise

Der menschliche Körper ist auf dieser Tafelreihe nach Organ- bzw. Funktionssystemen eingeteilt, so daß es Ihnen möglich ist, auf einfache Art und Weise bestimmte Körperteile zu ermitteln.

Sie können so z. B. die Ursache von Beschwerden, deren Auslöser sich nicht unmittelbar finden läßt, lokalisieren.

Eine weitere Anwendungsmöglichkeit wäre auch, einfach zu überprüfen, wo Problemgebiete bei dem betreffenden Menschen vorliegen.

Atmungsorgane

Körper

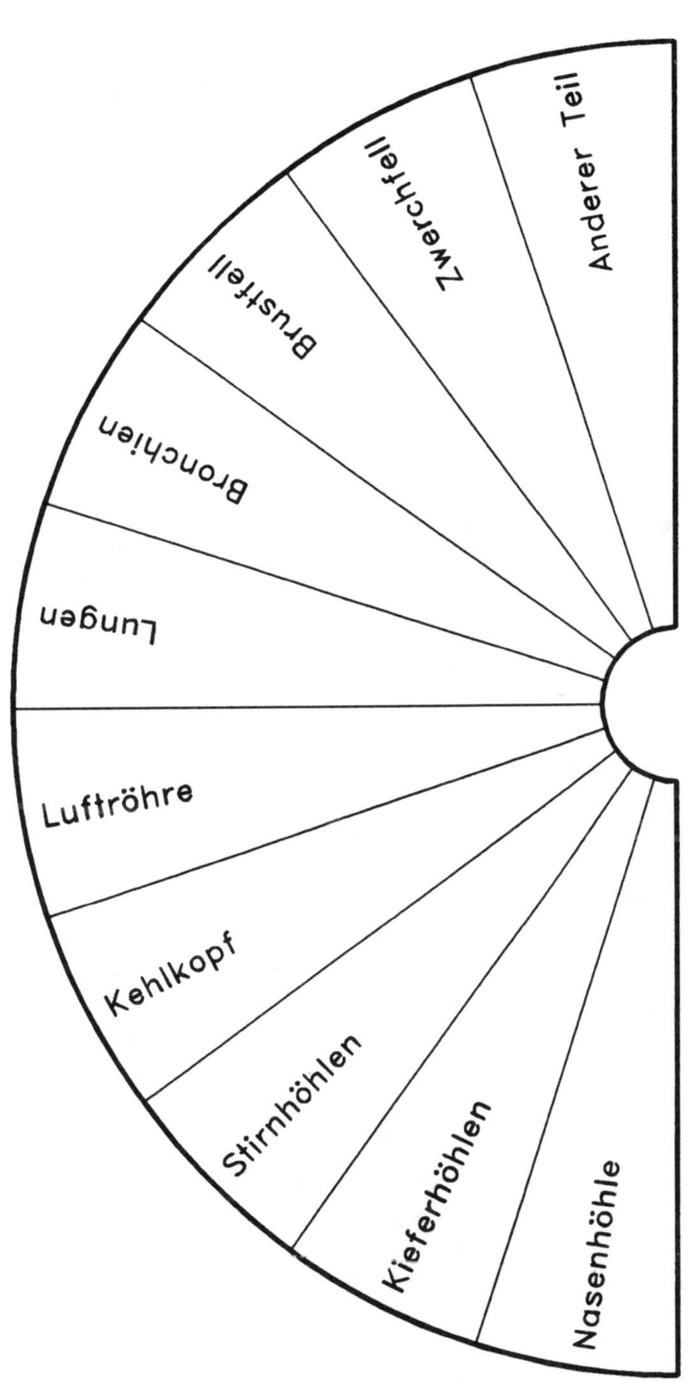

Bewegungsapparat

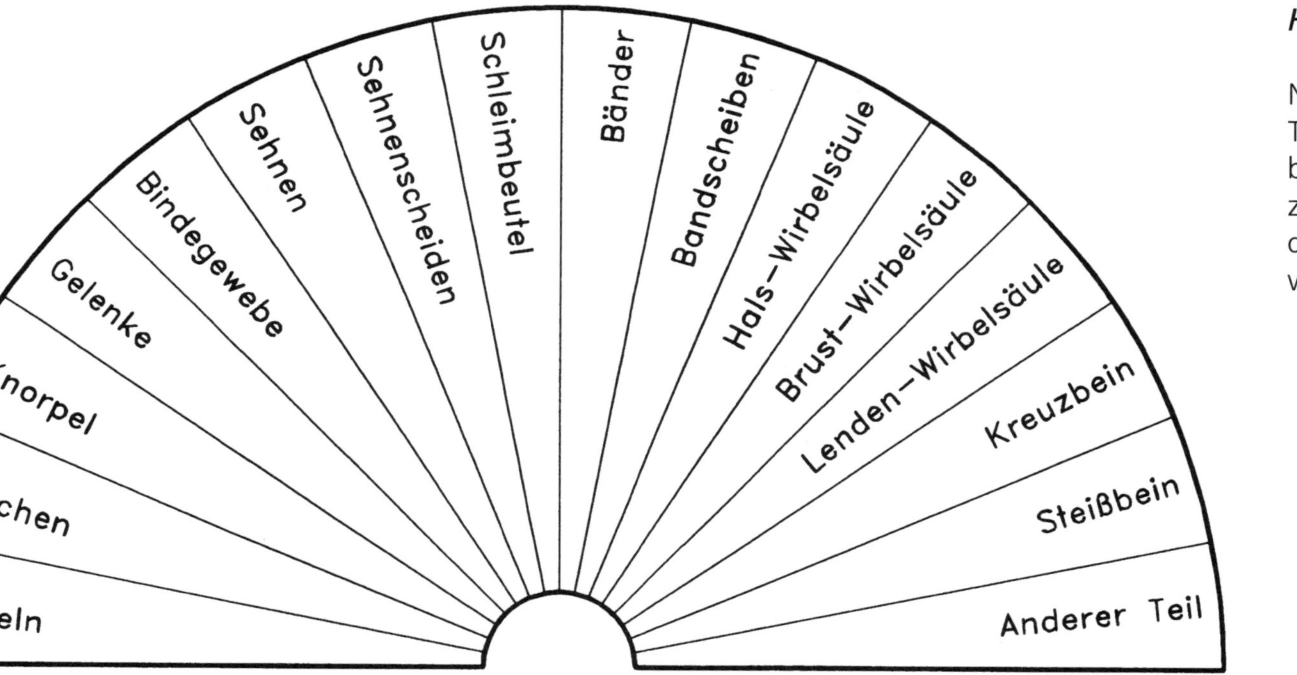

Hinweise

Nachdem Sie den gesuchten Teil des Bewegungsapparates bestimmt haben, sollten Sie zur genaueren Lokalisierung die Tafeln »Körperregionen« verwenden.

Harn- und Geschlechtsorgane

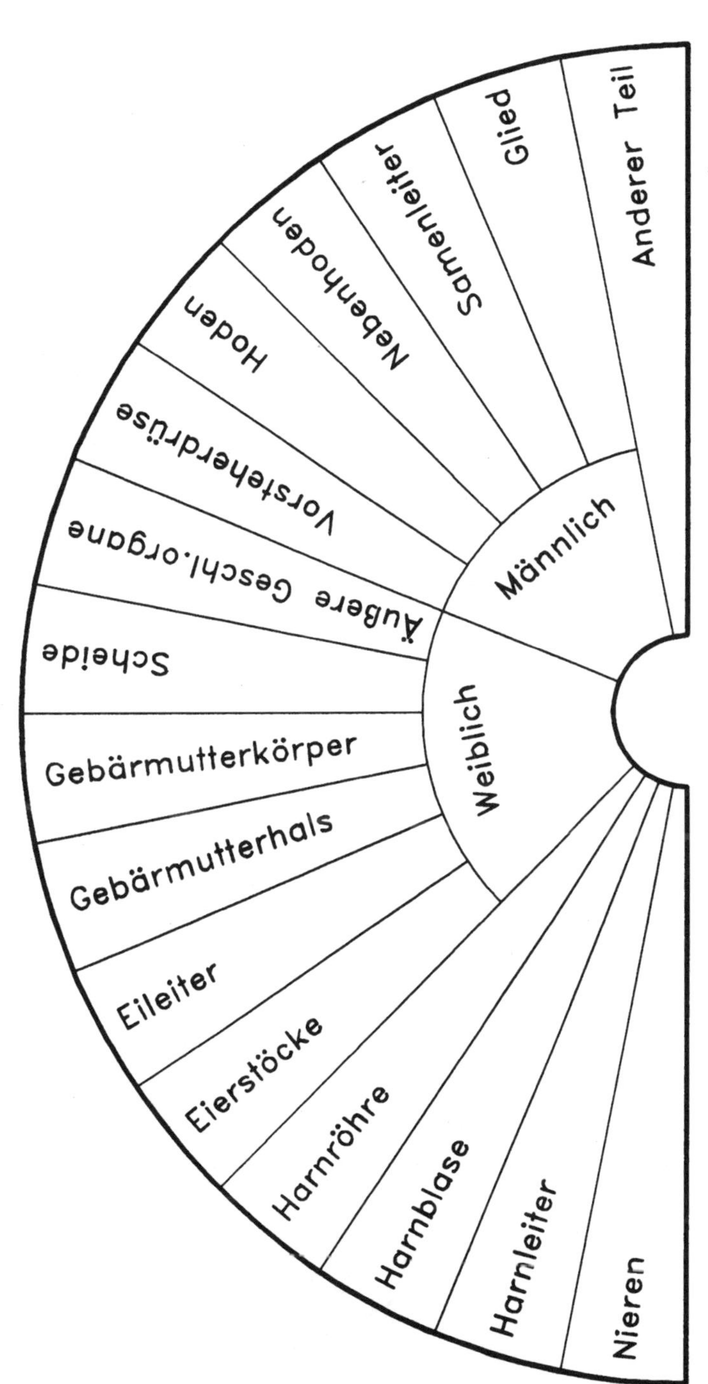

Haut

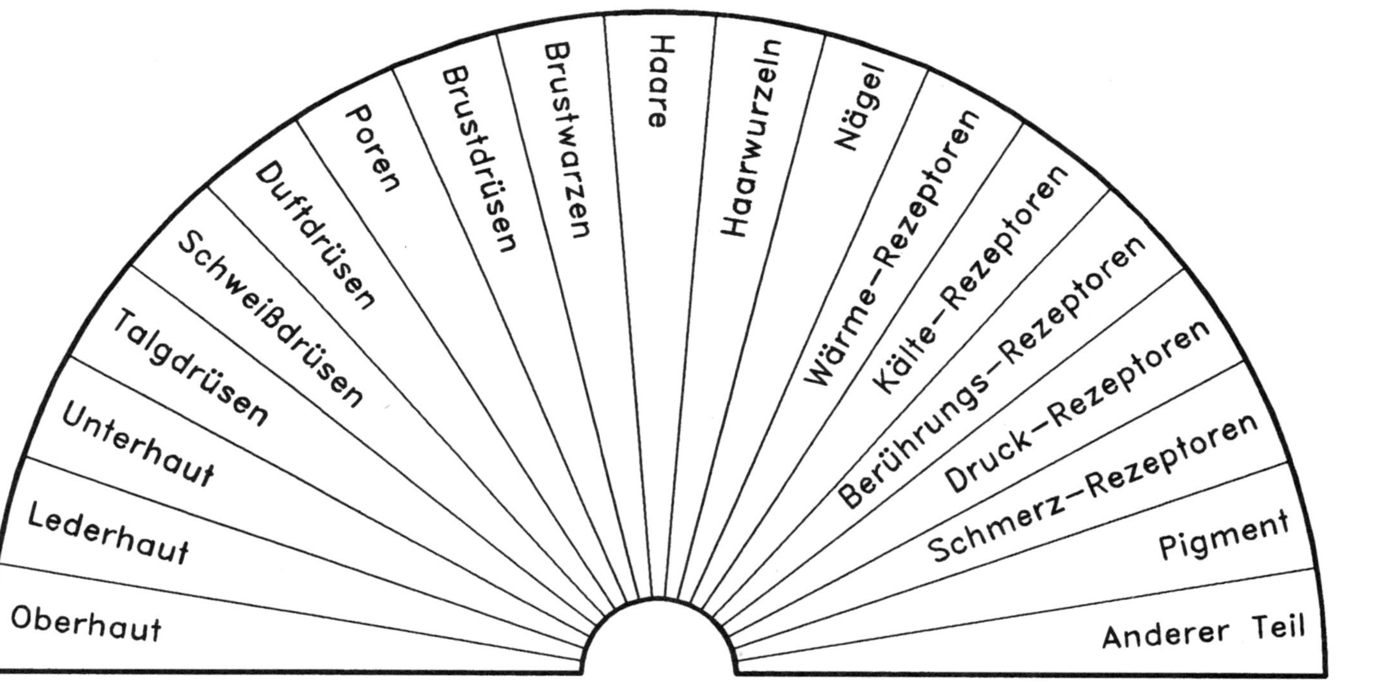

Hinweise

Nachdem Sie den gesuchten
Hautteil bestimmt haben,
sollten Sie zur genaueren
Bereichslokalisierung die Tafeln
»Körperregionen« verwenden.

Kreislaufsystem

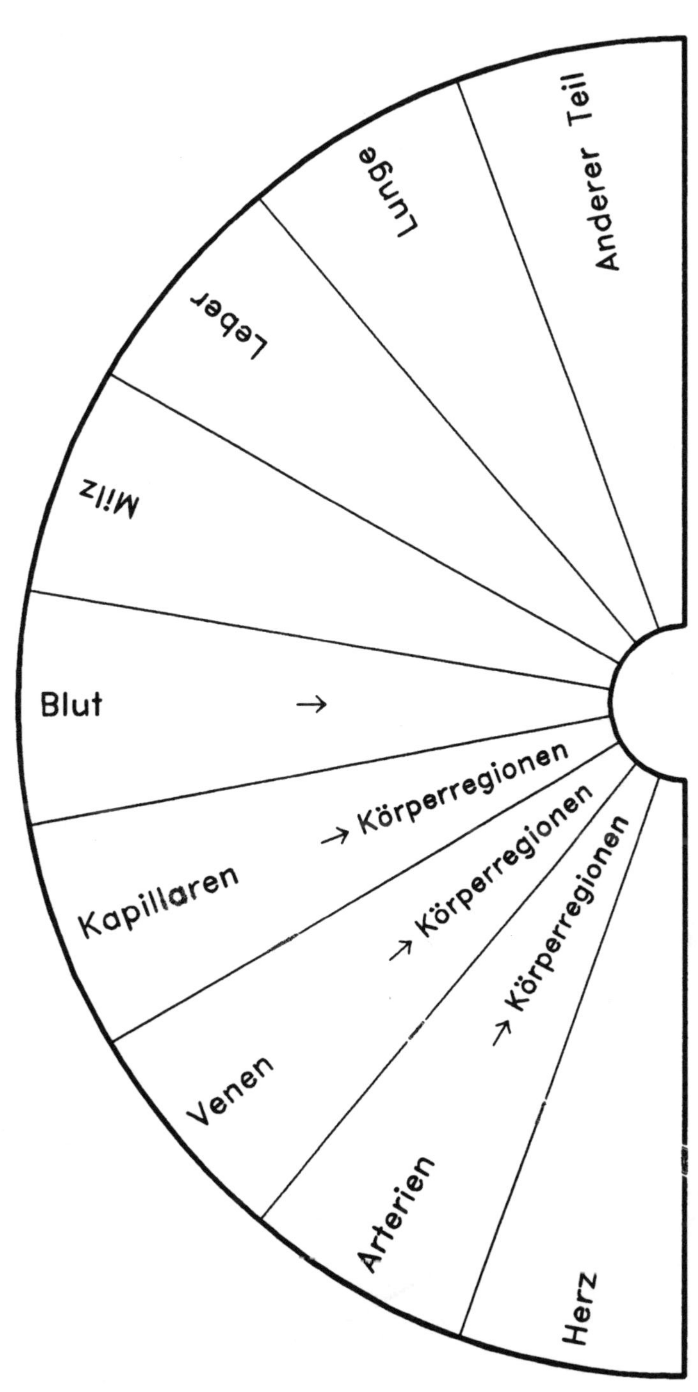

Körper

Blut

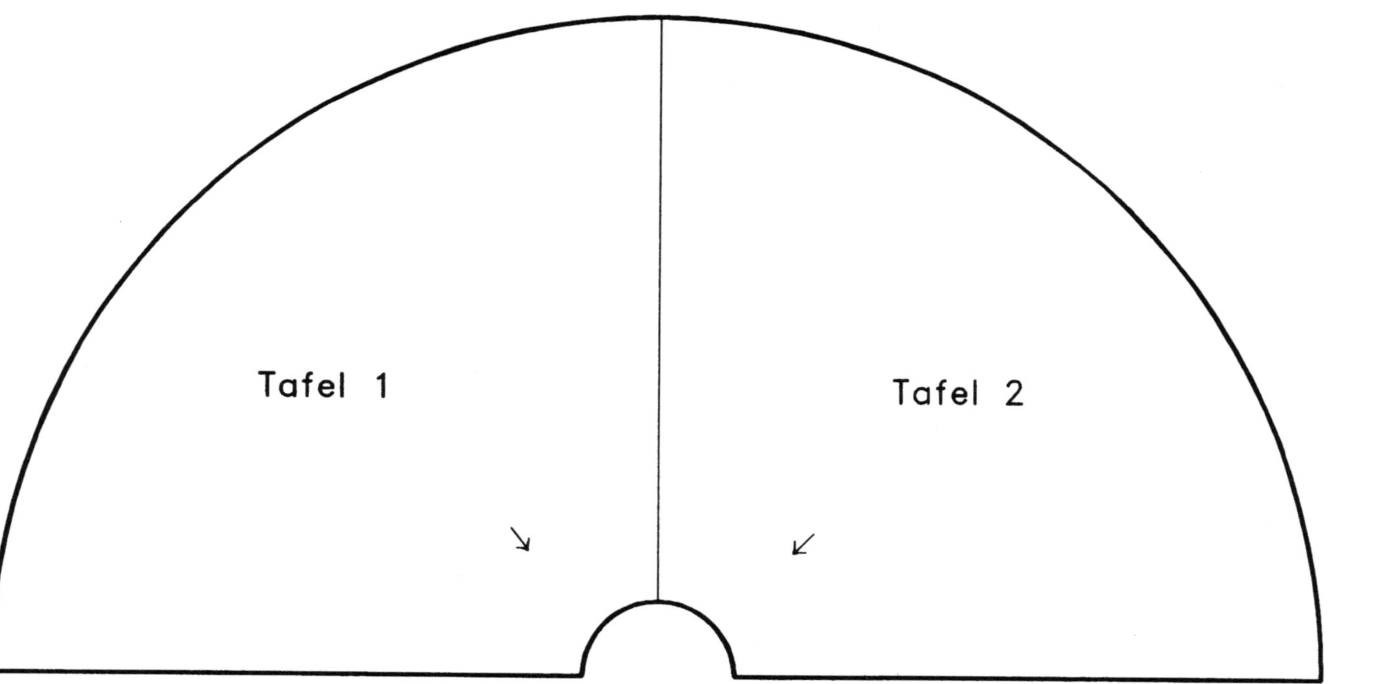

Hinweise

Auf den folgenden beiden Tafeln finden Sie die wichtigsten Blutinhaltsstoffe bzw. Blutfaktoren.

Sie haben so die Möglichkeit, Werte, die nicht in Ordnung sind, zu ermitteln. Für den Laien wäre hier weiterführende Literatur empfehlenswert. (Siehe Literaturliste im Anhang.)

Blut – Tafel 1

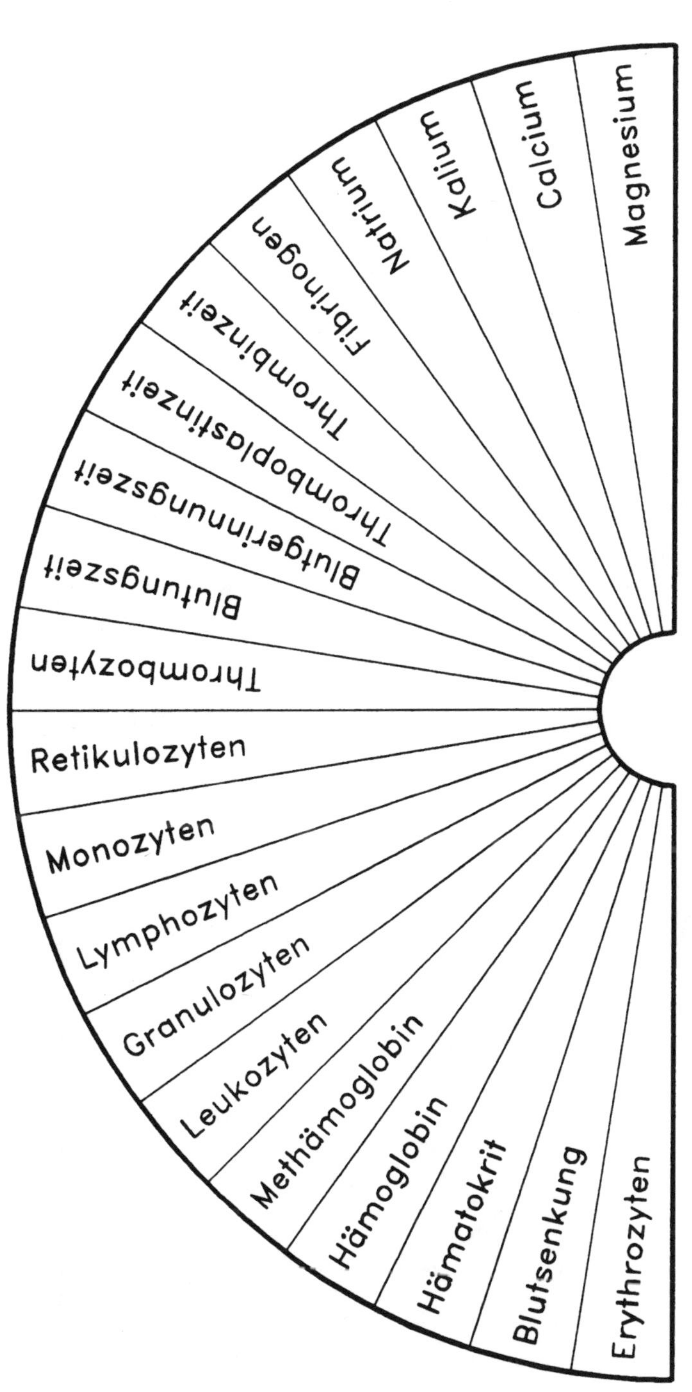

Körper

Blut – Tafel 2

Gesamteiweiß
LDH
Gamma-GT
CPK, CK
GPT/ALT
GOT/AST
BUN
Kreatinin
Glukose
Triglyzeride
Cholesterin
Harnsäure
Bilirubin
Akute-Phase-Proteine
Immunglobuline
Hormone
Anderer Faktor
Eisen, Transferrin, Ferritin
Anorganischer Phosphor
Chlorid

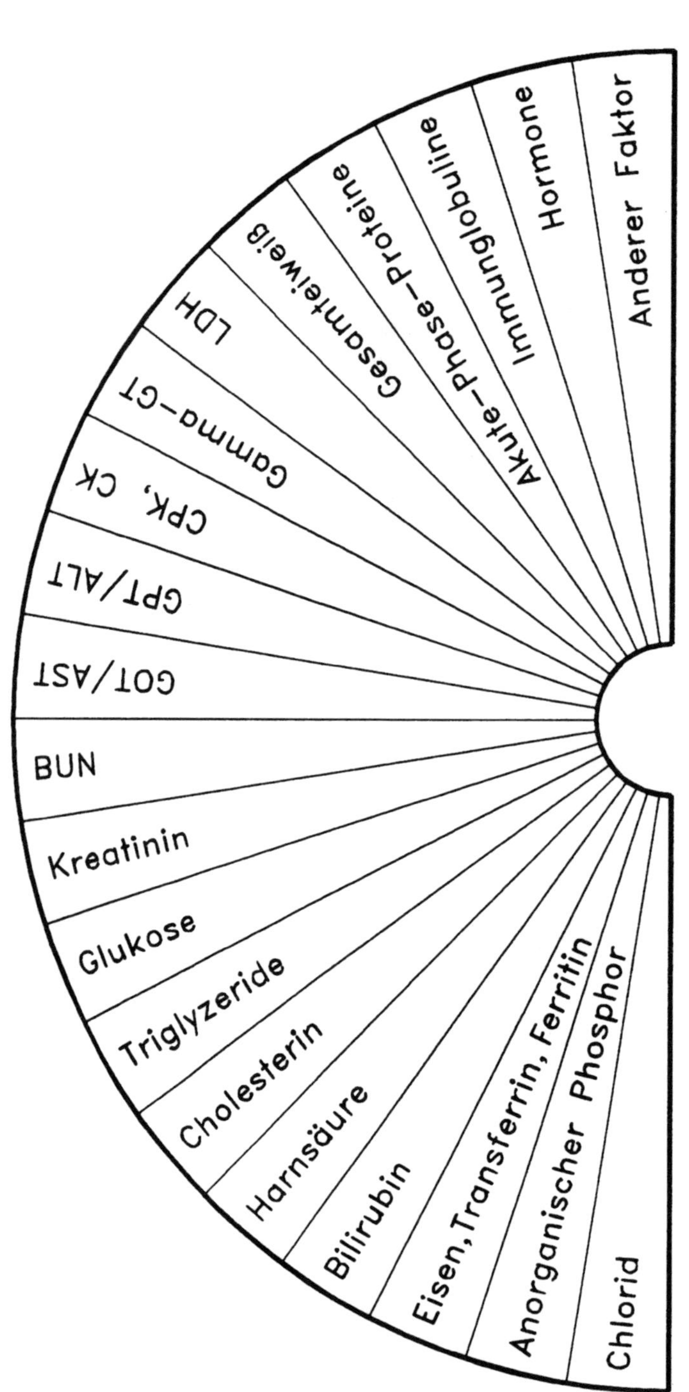

Sinnesorgane

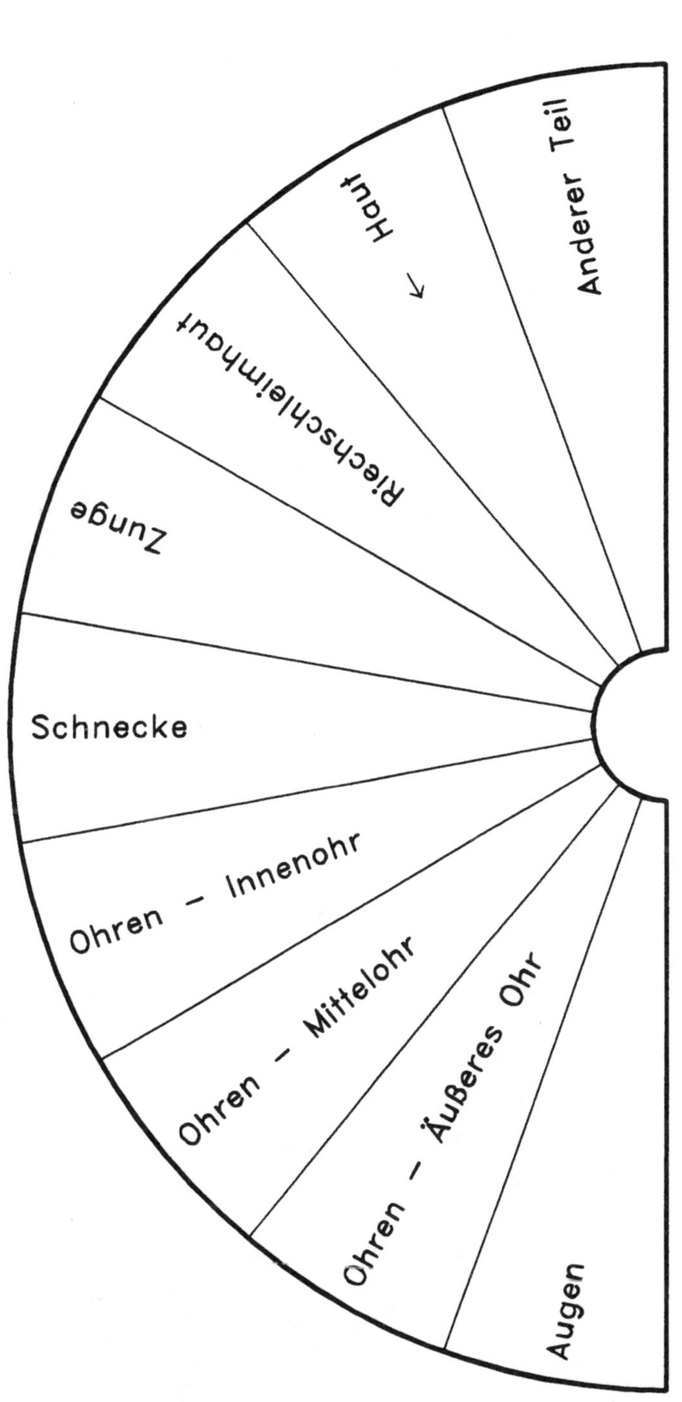

Verdauungssystem

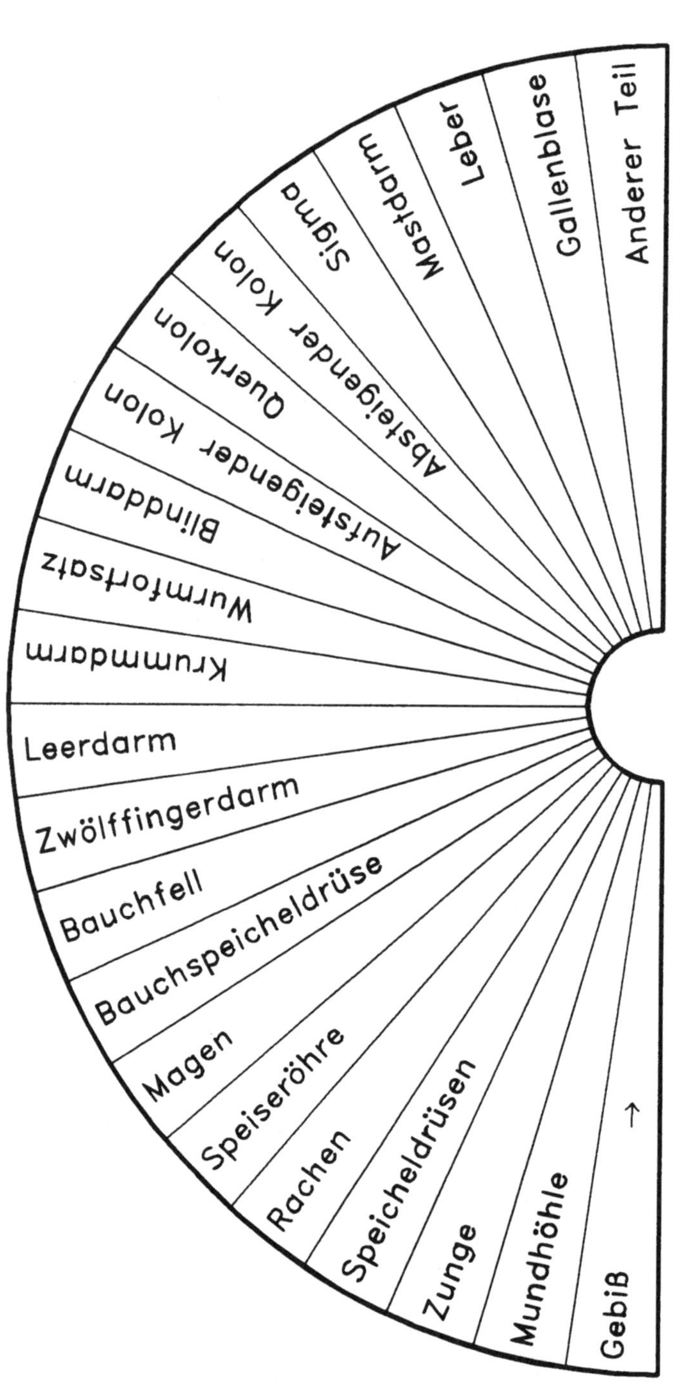

Gebiß

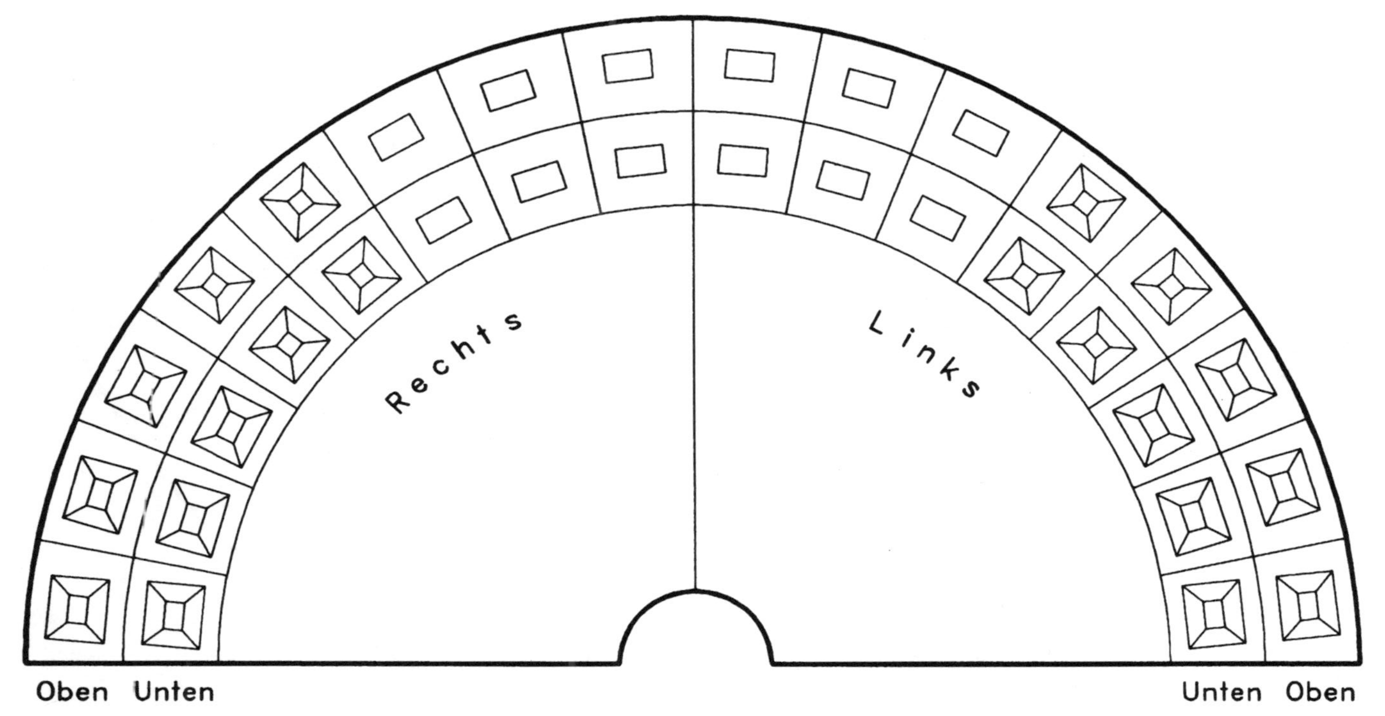

Körper

Endokrines System

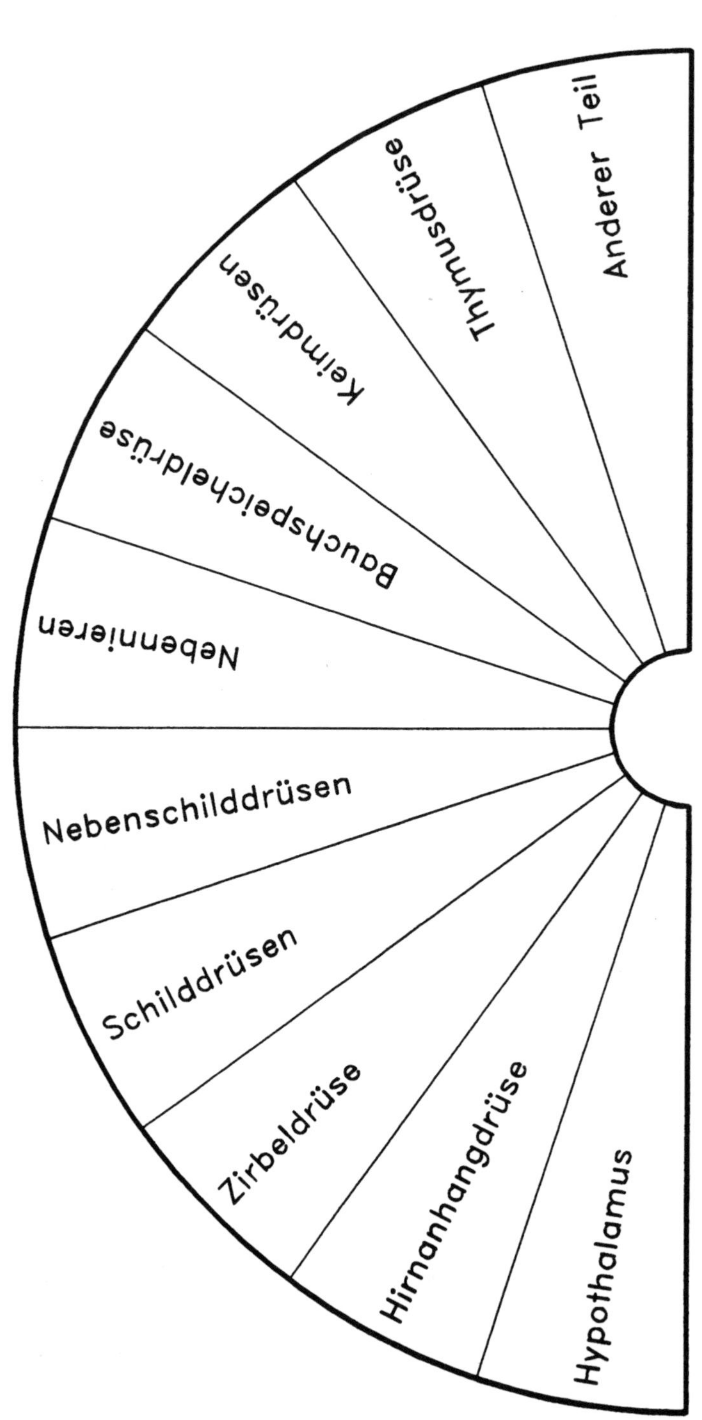

Lymph- und Immunsystem

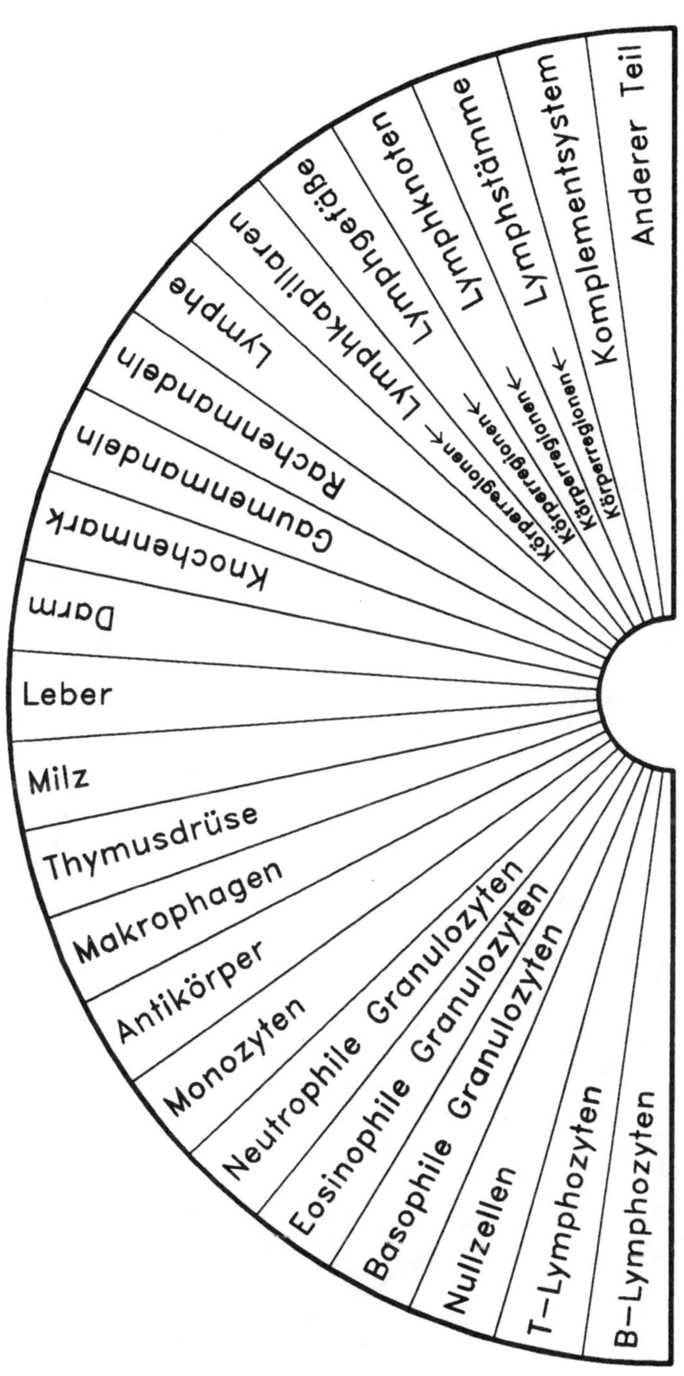

Nervensystem

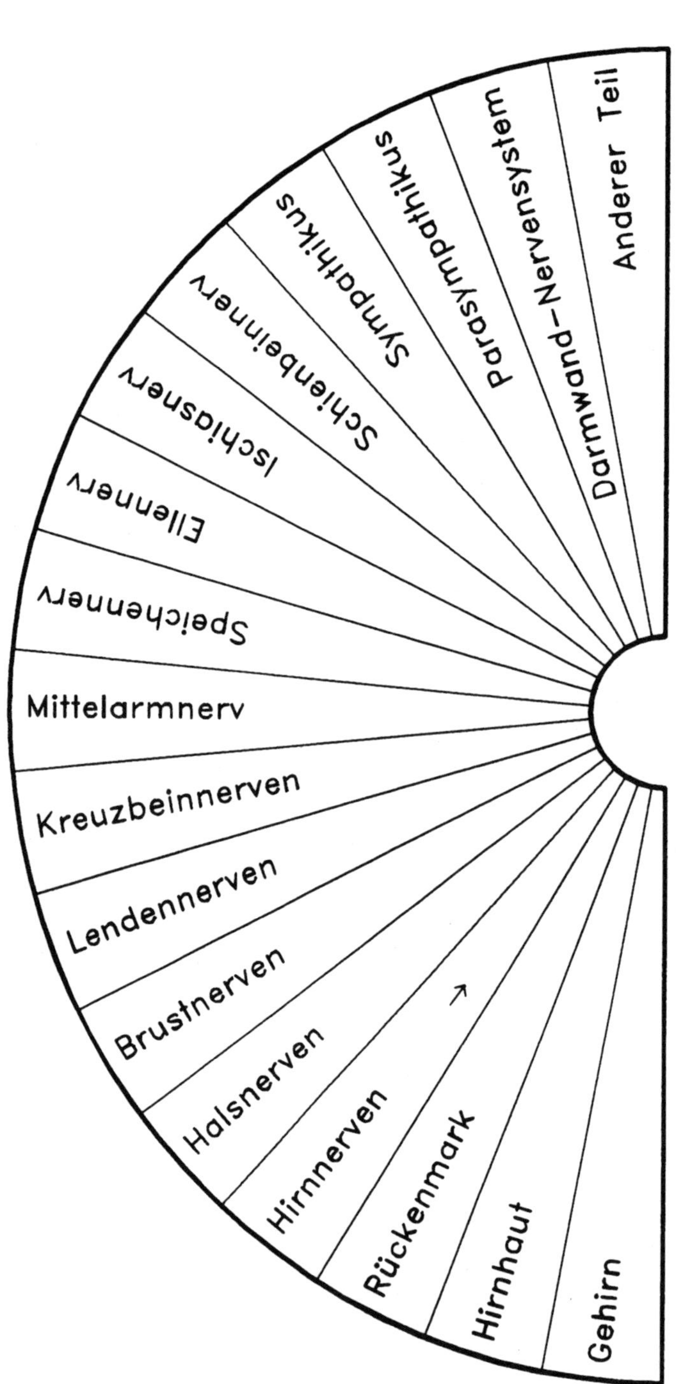

Hirnnerven

Unterzungennerv
Beinerv
Vagus
Zungen-Rachen-Nerv
Hör- u. Gleichgewichtsnerv
Gesichtsnerv
Drillingsnerv
Augenabziehnerv
Augenrollnerv
Augenbewegungsnerv
Sehnerv
Riechnerv

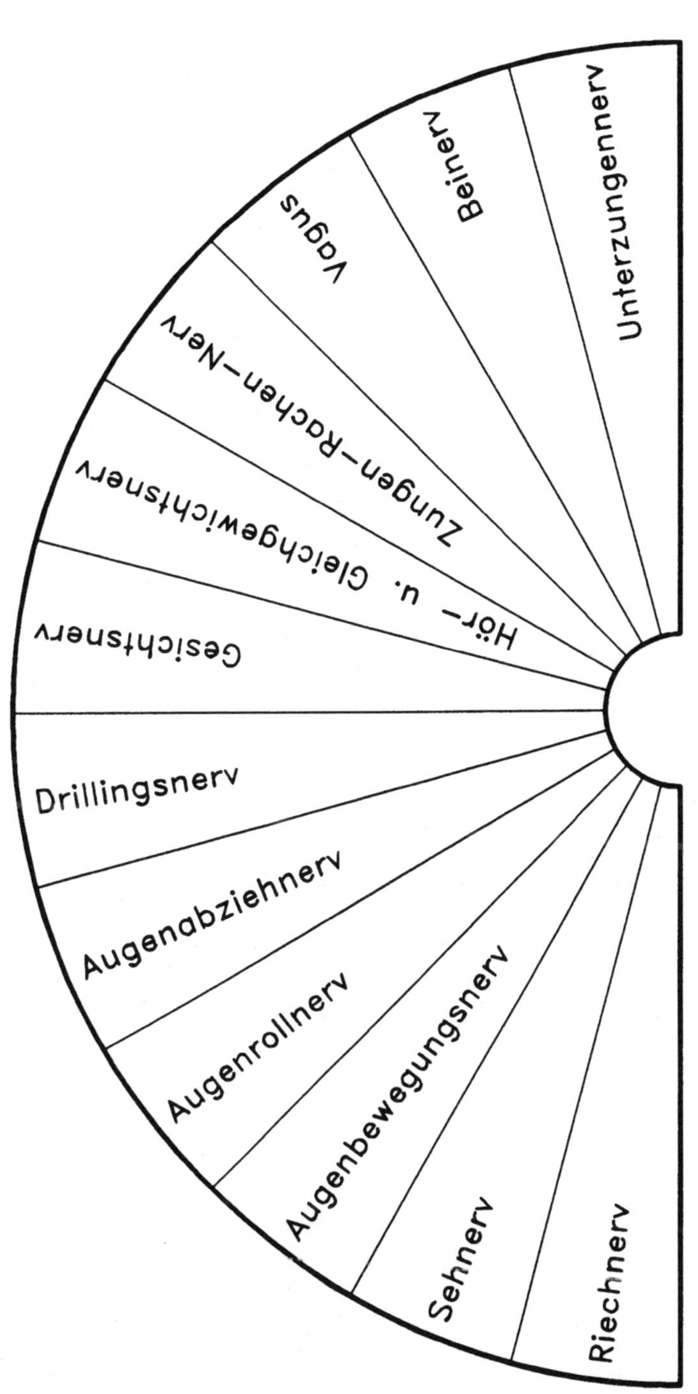

Körperregionen – Vorderseite

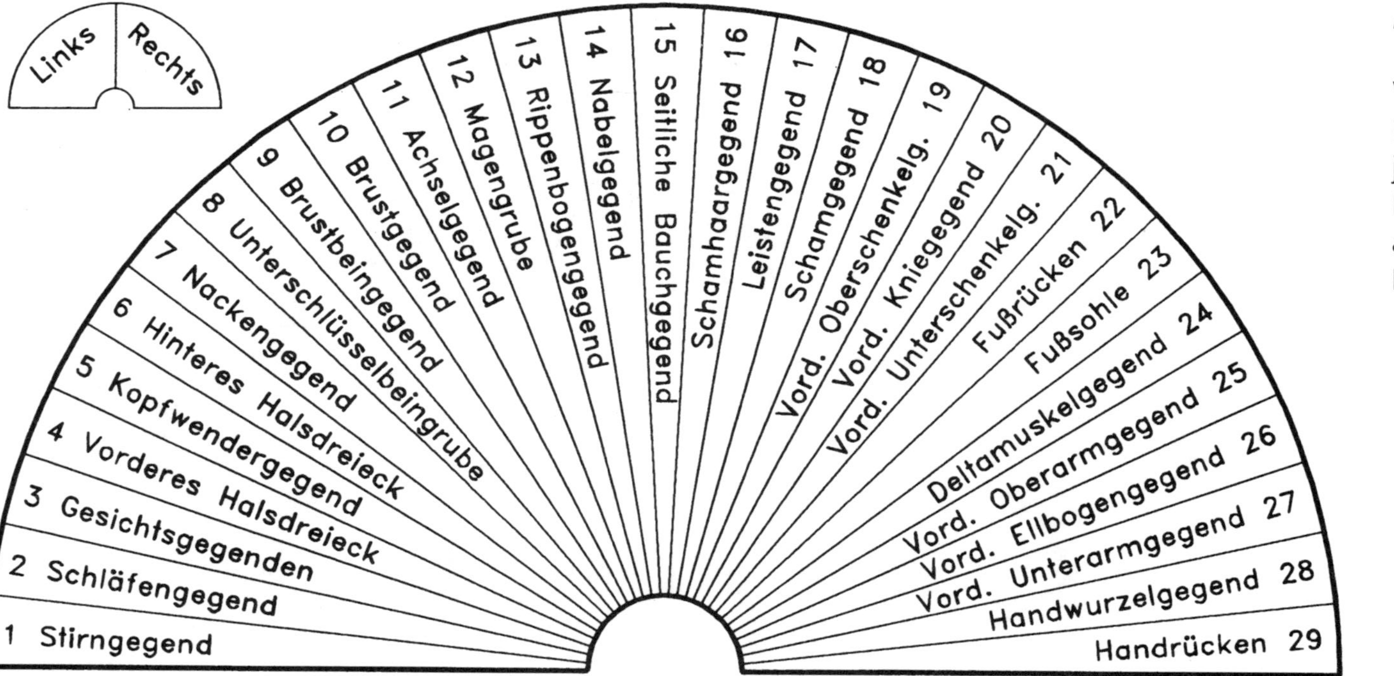

Hinweise

Verwenden Sie dieses Diagramm zur Lokalisierung jeglicher Art am menschlichen Körper. Die Tafel enthält alle anatomischen Gegenden der Körpervorderseite.

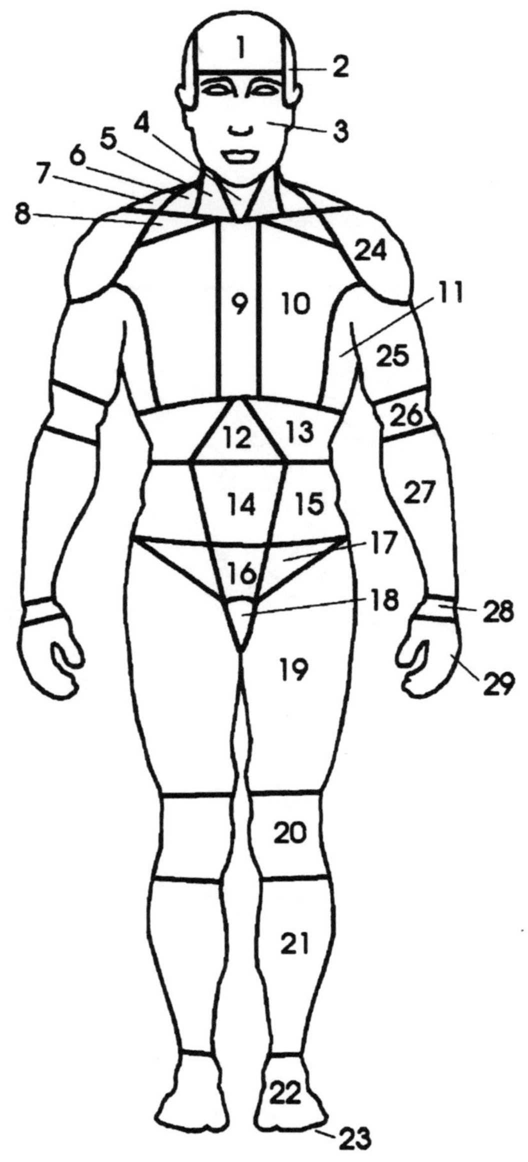

Körper

Körperregionen – Rückseite

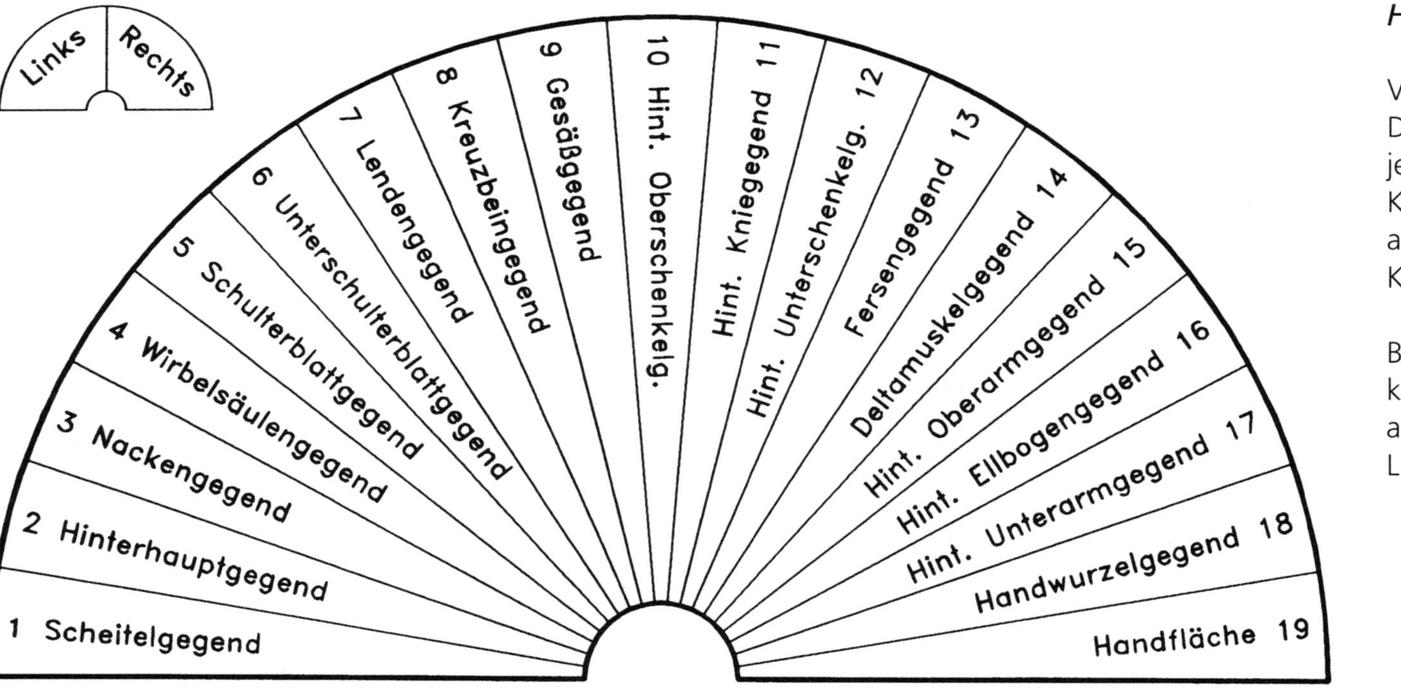

Hinweise

Verwenden Sie dieses Diagramm zur Lokalisierung jeglicher Art am menschlichen Körper. Die Tafel enthält alle anatomischen Gegenden der Körperrückseite.

Bei den paarigen Bereichen können Sie die richtige Seite anhand der kleinen Links-Rechts-Tafel bestimmen.

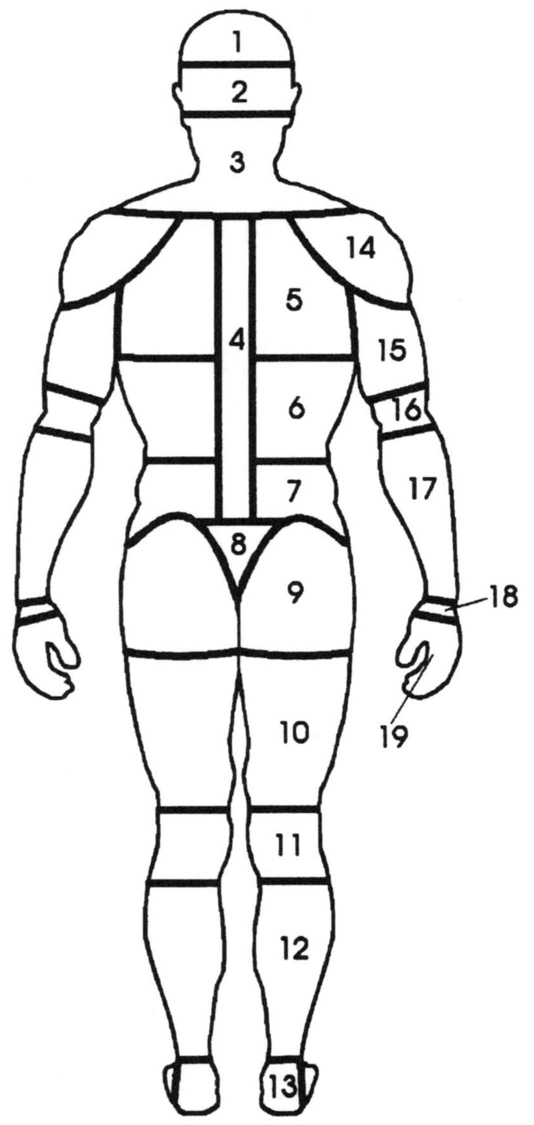

Körper

Bovis-Skala

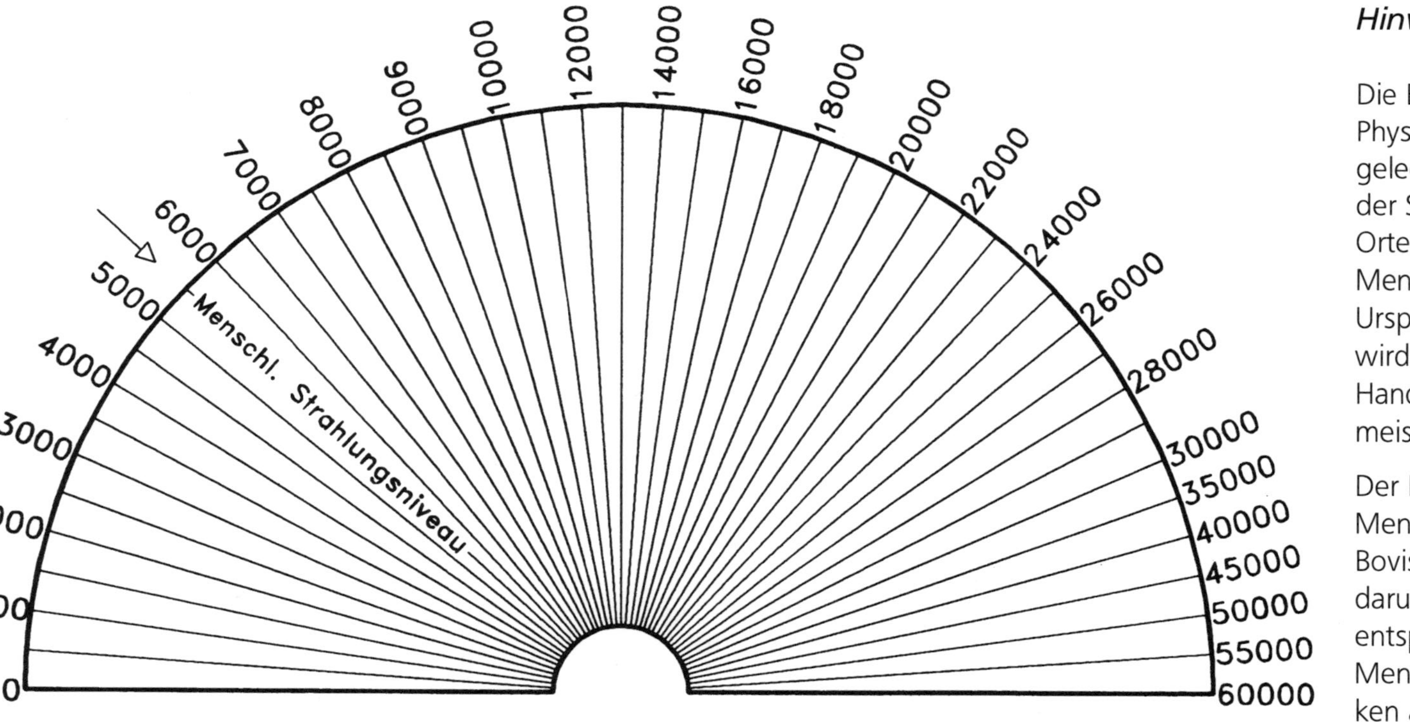

Hinweise

Die Bovis-Skala ist eine vom Physiker A. Bovis willkürlich festgelegte Skala, die zur Messung der Strahlungsintensität eines Ortes, Nahrungsmittels oder Menschen verwendet wird. Ursprünglich eine lineare Skala, wird sie heute zur besseren Handhabung mittels Pendel meist als Halbkreis dargestellt.

Der Normalwert eines gesunden Menschen liegt etwa bei 5500 Boviseinheiten. Werte, die darunter liegen, wirken dementsprechend entladend auf den Menschen, Werte darüber wirken aufladend. Dies gilt für Orte genauso wie für Lebensmittel.

Zur Messung fragen Sie am besten nach der Strahlungsintensität.

Radioaktivität / Strahlenbelastung

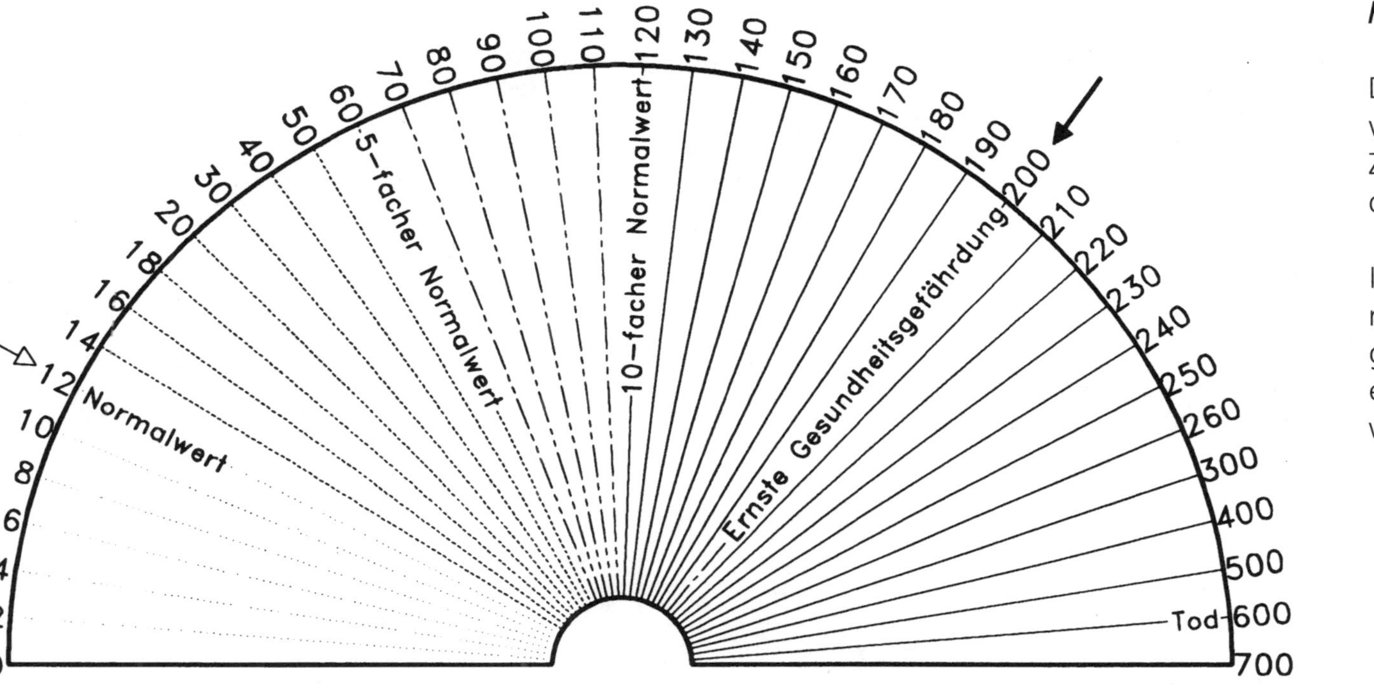

Hinweise

Diese Skala dient zur Messung von Radioaktivität, wobei die Zahlenwerte Röntgeneinheiten darstellen.

In der gleichen Weise kann natürlich jede andere geopathogene Belastung an einem Ort quantifiziert werden.

Radiästhesie

Strahlungsqualität

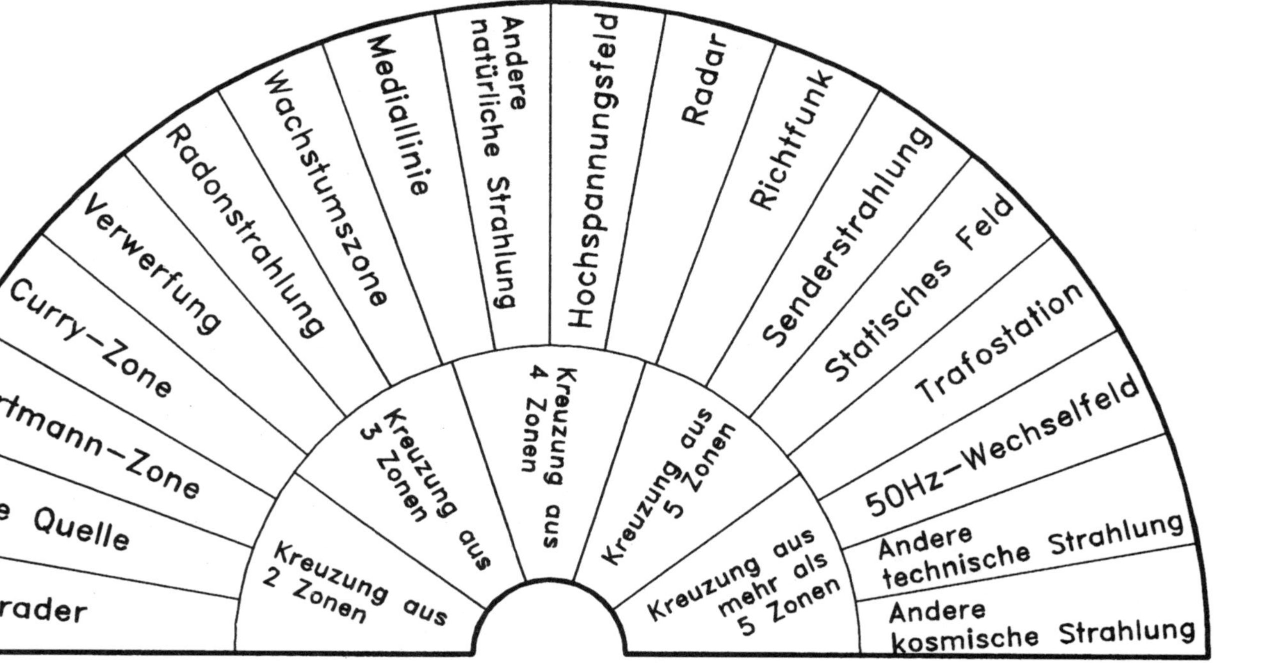

Hinweise

Diese Tafel dient zur Bestimmung der diversen Strahlungszonen, die in der Radiästhesie relevant sind.

Mit Hilfe dieses Diagramms können Sie sich z. B. einen Überblick über einen zu mutenden Raum verschaffen, indem Sie nach den in diesem Raum wirksamen Strahlungszonen fragen.

Zur Ermittlung, ob und welche Kreuzungspunkte sich an dem betreffenden Ort befinden, können Sie die innere Tafel verwenden. Die der betreffenden Kreuzung zugehörigen Zonen ermitteln Sie wieder anhand des äußeren Halbkreises.

Strahlungsqualität – Hinweise

Wasserader: Wasseradern sind unterirdische Wasserführungen. Die Strahlungsintensität und Wirkung sind unter anderem abhängig von der Fließgeschwindigkeit, Tiefe und Breite.

Blinde Quelle: Hier handelt es sich um Wasser, das senkrecht von unten nach oben drängt, aber nicht als Quelle austritt.

Hartmann-Zone: Das Hartmann-Netz, auch 1. Netz genannt, ist ein nach den Haupthimmelsrichtungen ausgerichtetes Gitternetz. Der Gitterabstand beträgt ca. 2 bis 3,5 m, die Zonenbreite liegt bei 20 bis 30 cm.

Curry-Zone: Das Curry-Netz, auch 2. Netz genannt, ist ein nach den Zwischenhimmelsrichtungen ausgerichtetes Gitternetz. Der Gitterabstand beträgt ca. 2,5 bis 3,5 m, die Zonenbreite etwa 30 cm.

Verwerfung: Hierunter sind z. B. Risse, Brüche, Klüfte oder Abrutschungen im Boden zu verstehen, welche Veränderungen des Energiemilieus an der Erdoberfläche hervorrufen.

Radonstrahlung: Die Radonstrahlung ist eine natürliche, aus der Erde austretende radioaktive Strahlung.

Wachstumszone: Wachstumszonen sind Zonen mit verstärktem Pflanzenwachstum.

Mediallinie: Diese Zonen, die auch Sakrallinien genannt werden, sind Orte von spezieller Kraft und werden häufig in Kirchen gefunden.

Allgemein

Skala 25

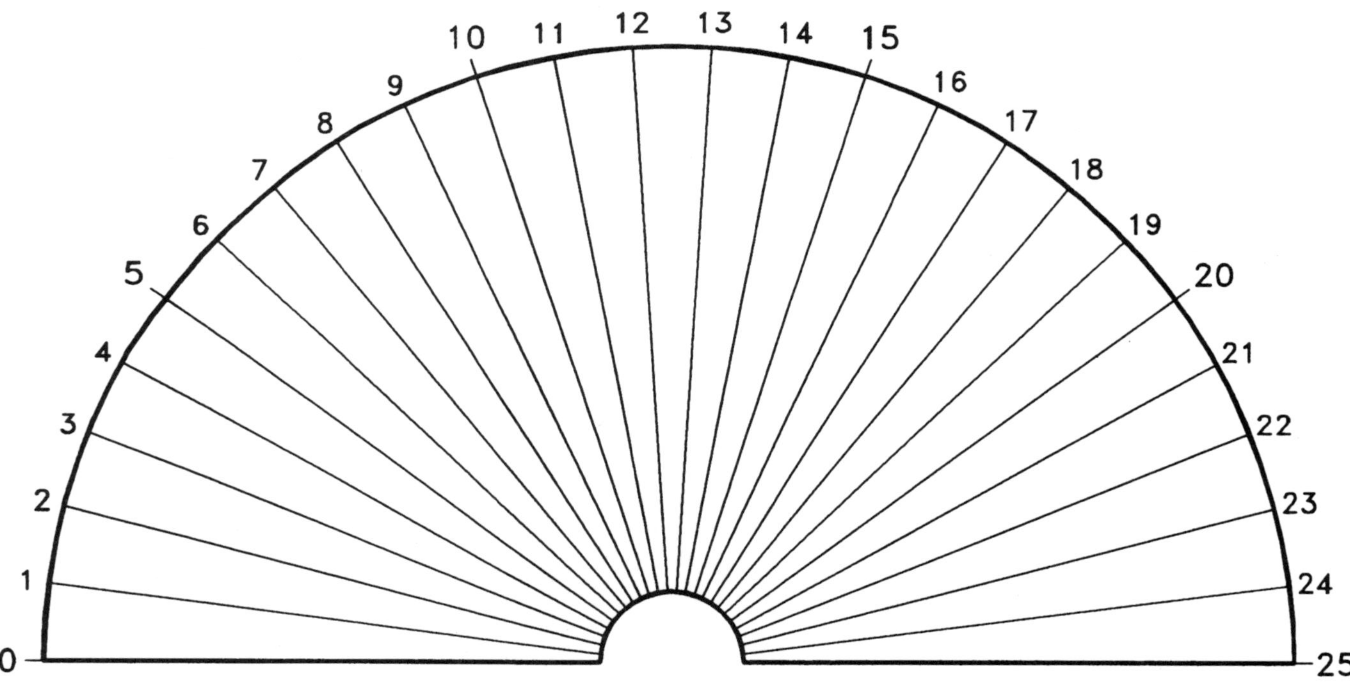

Skala 50

0
1
2
3
4
5
6
7
8
9
10
11
12
13
14
15
16
17
18
19
20
21
22
23
24
25
26
27
28
29
30
31
32
33
34
35
36
37
38
39
40
41
42
43
44
45
46
47
48
49
50

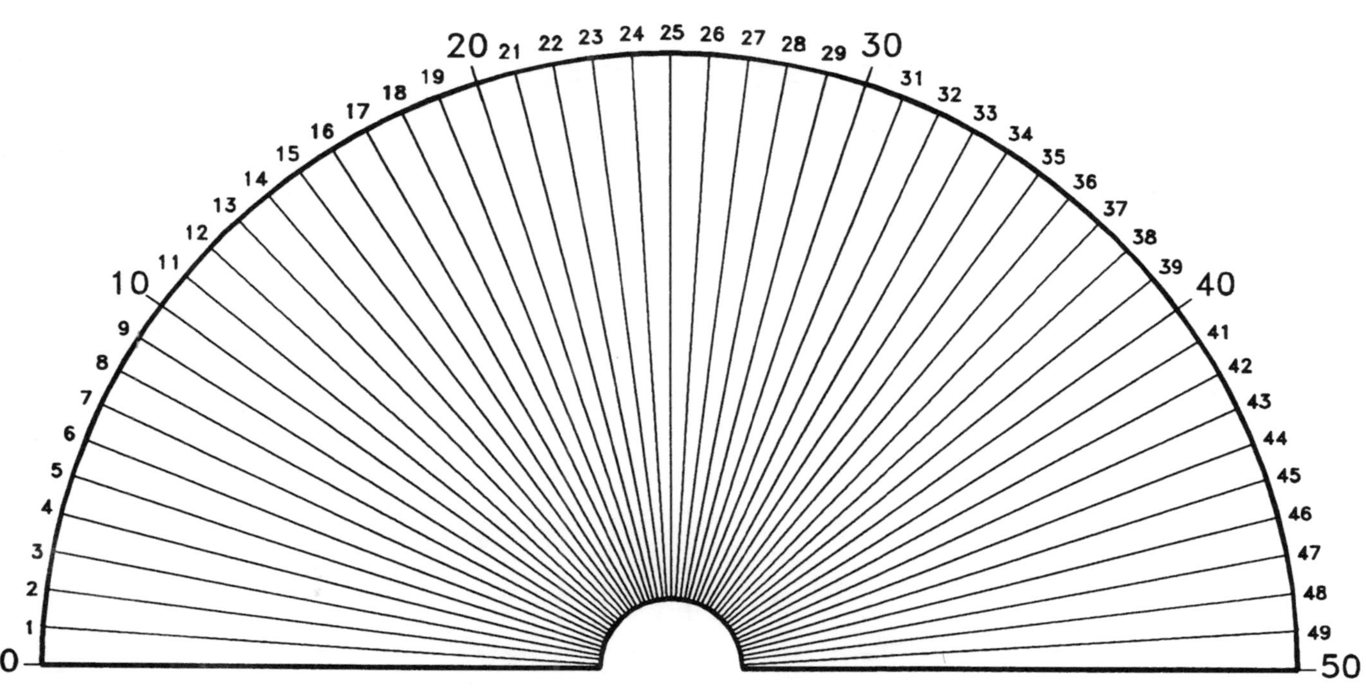

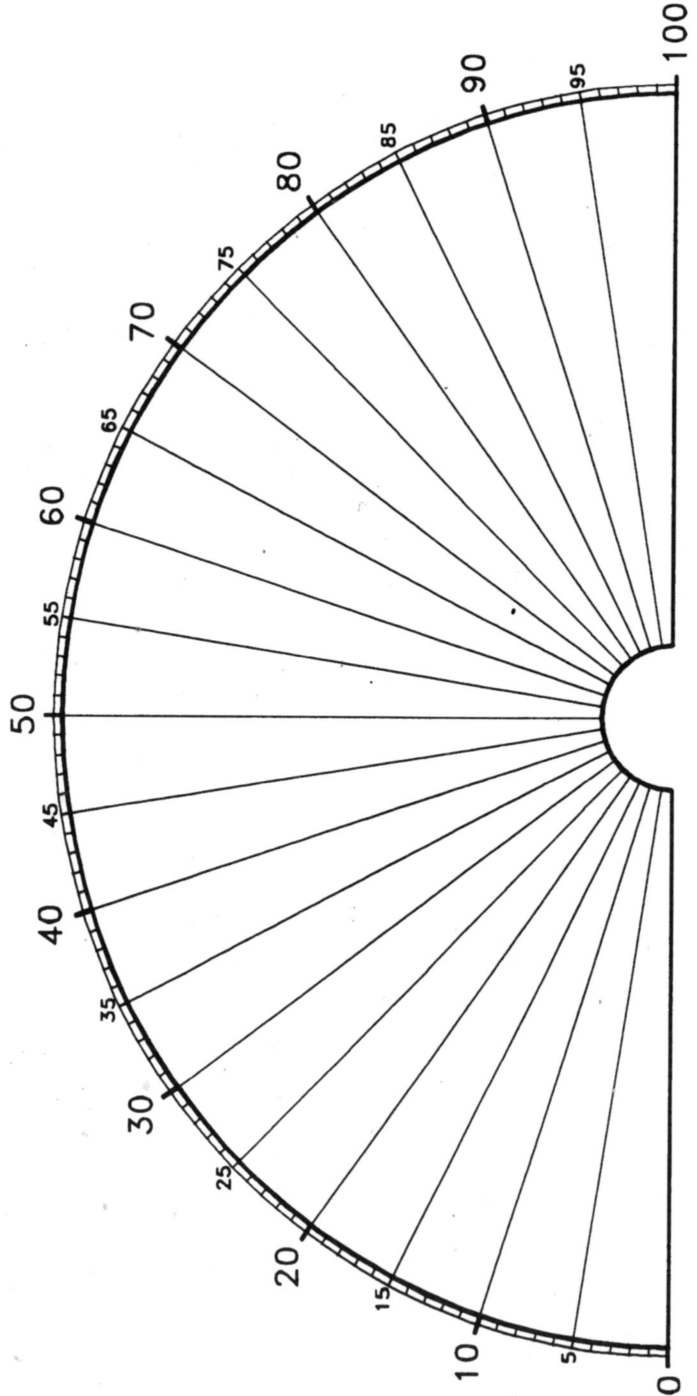

Prozent
0
5
10
15
20
25
30
35
40
45
50
55
60
65
70
75
80
85
90
95
100

Alphabet

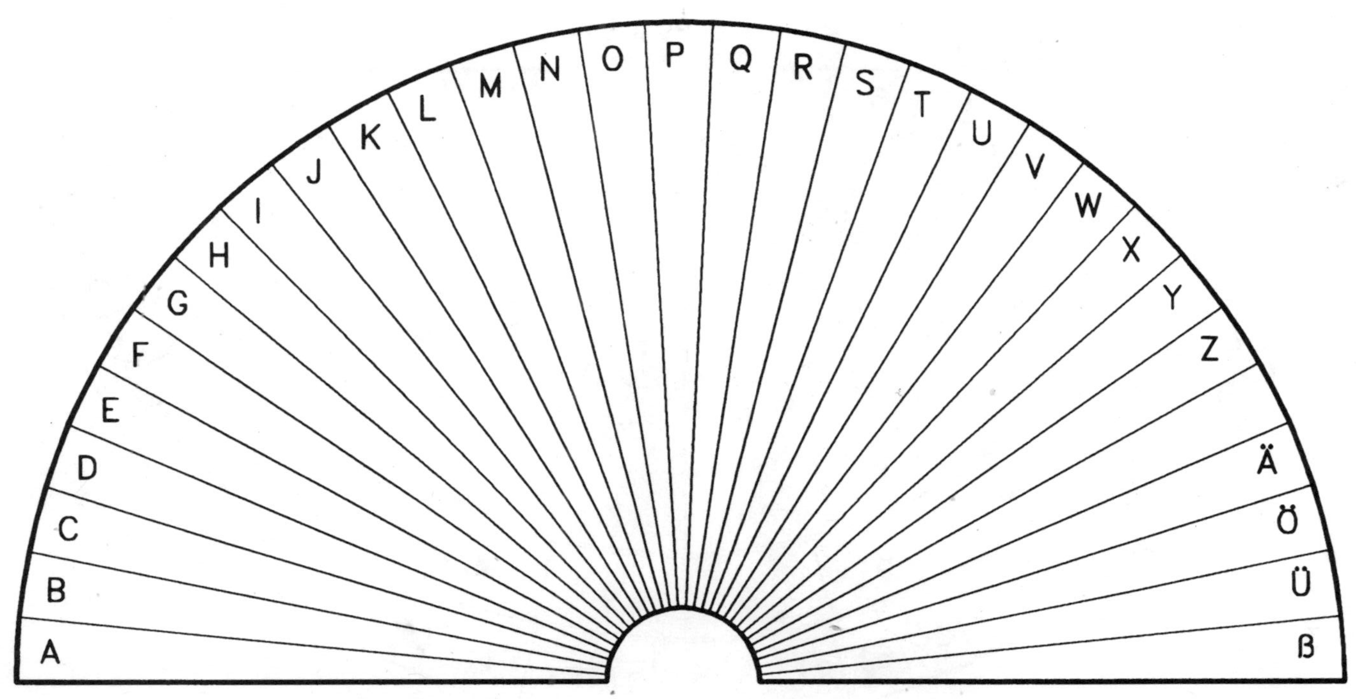

Datum

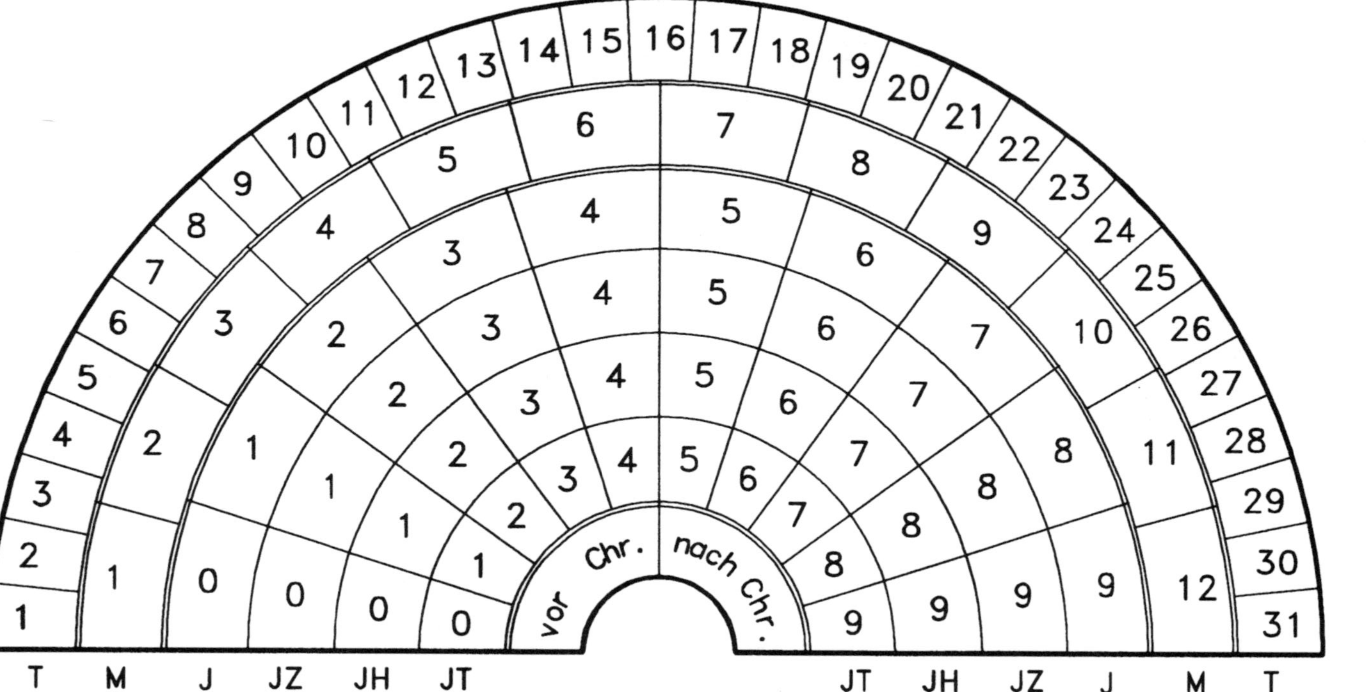

Hinweise

Mit Hilfe dieser Tafel ist es Ihnen möglich, jedes beliebige Datum zu ermitteln.

Bestimmen Sie dazu der Reihe nach von innen nach außen:

vor Chr. / nach Chr.
Jahrtausend JT
Jahrhundert JH
Jahrzehnt JZ
Jahr J
Monat M
Tag T

Quantität

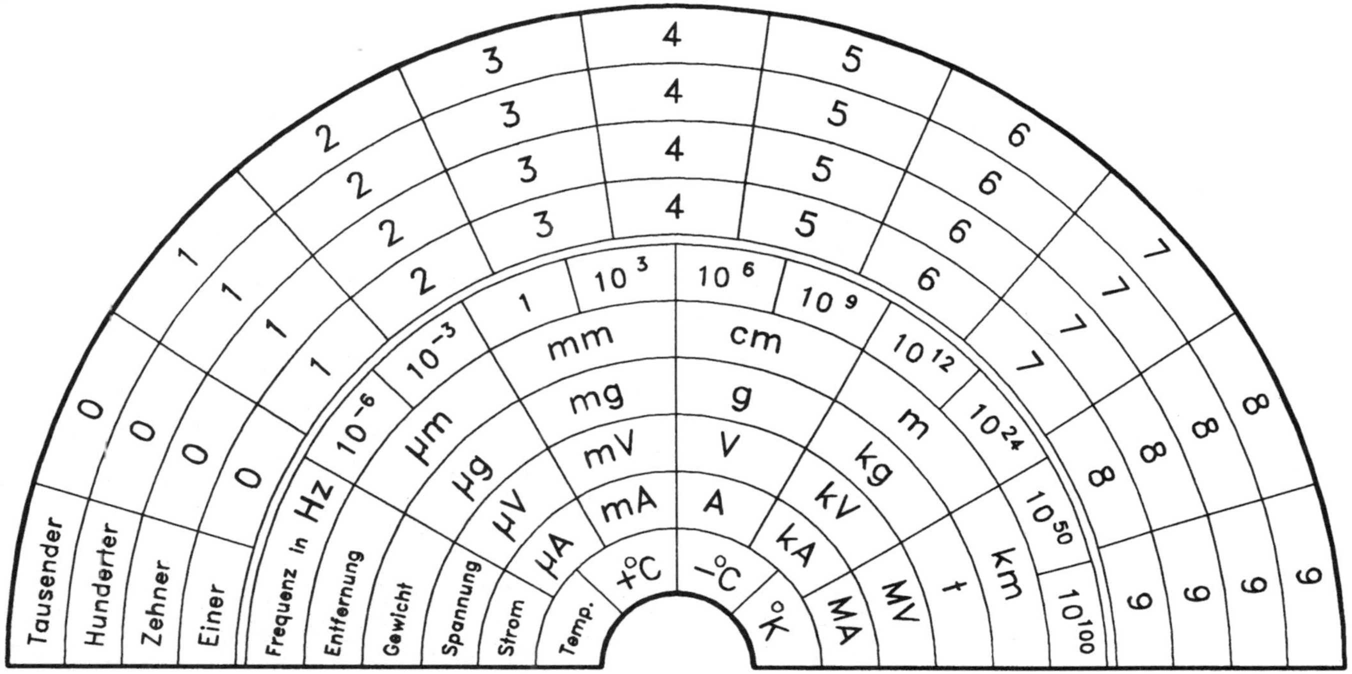

Hinweise

Mit Hilfe dieser Tafel ist es
Ihnen möglich, verschiedenste
Quantitäten, wie z. B. Gewichte,
Stromstärken, Temperaturen
usw., zu bestimmen.

Dazu ermitteln Sie als ersten
Schritt, am besten mittels des
inneren Diagramms, die
entsprechende Einheit und
anschließend anhand des
äußeren Diagramms die Einer-,
Zehner-, Hunderter- und
Tausenderstelle des gesuchten
Wertes dieser Einheit.

pH-Wert

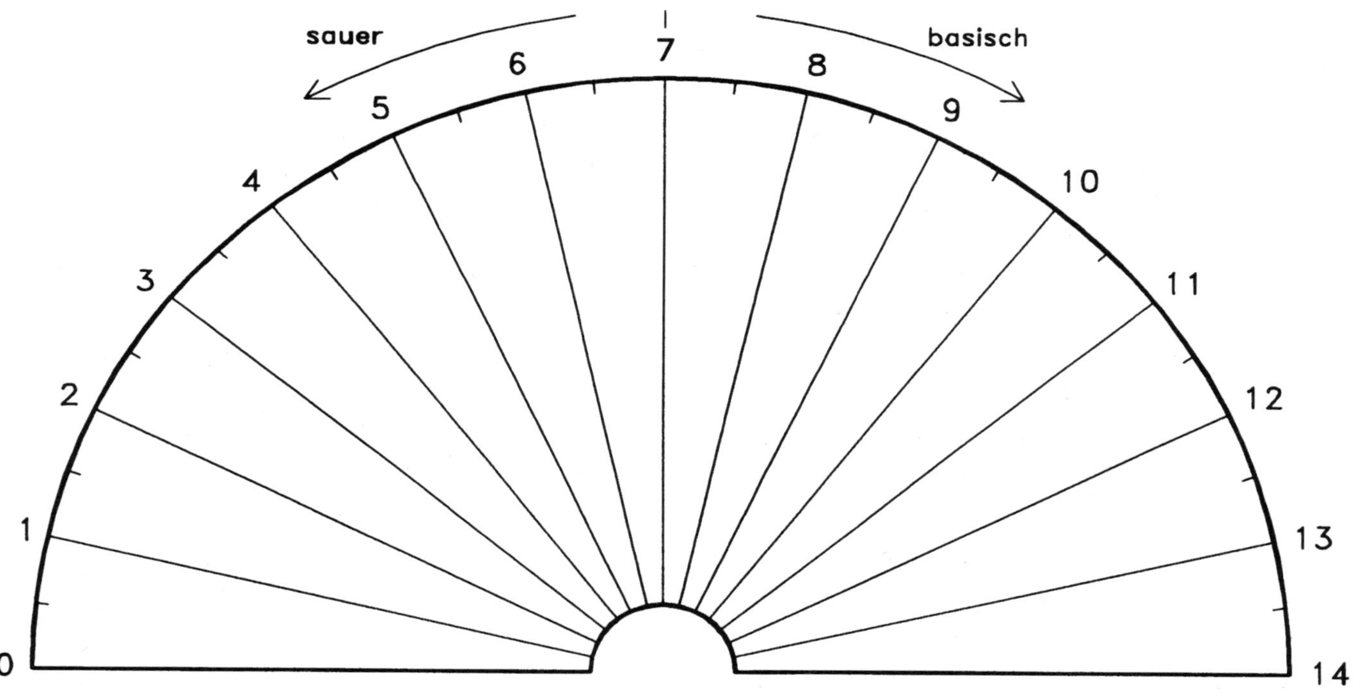

Sternzeichen

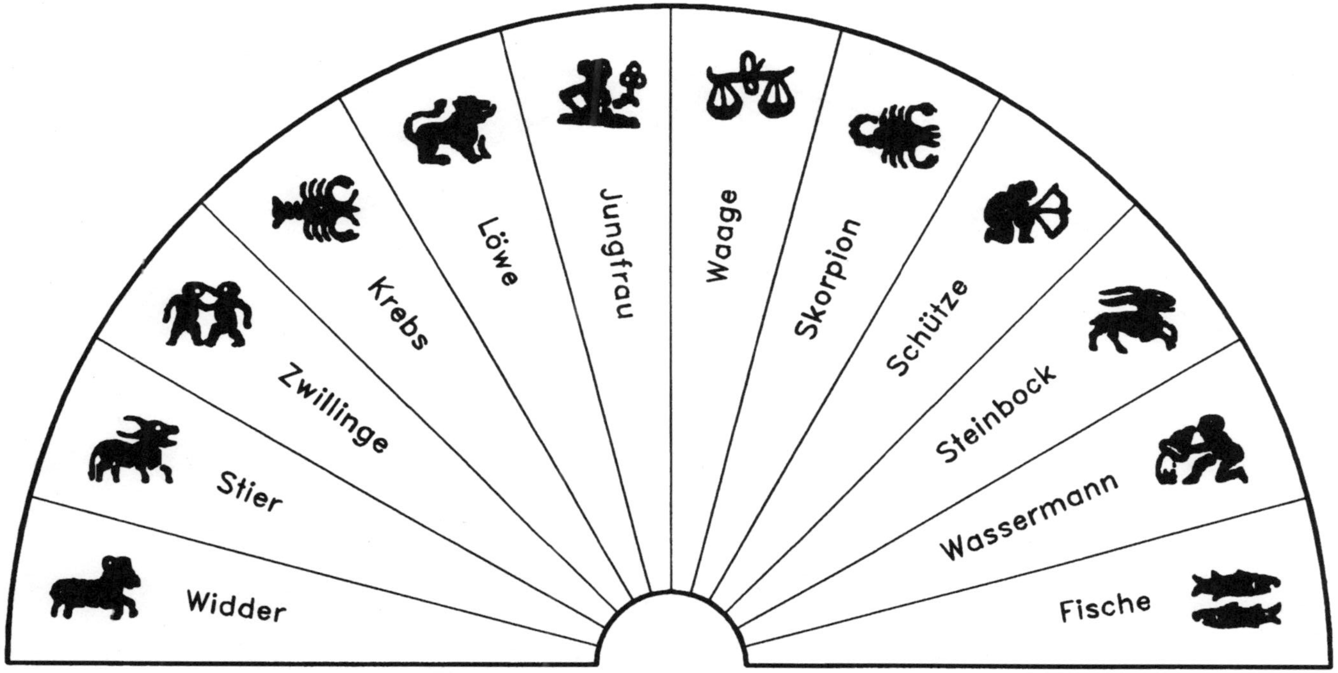

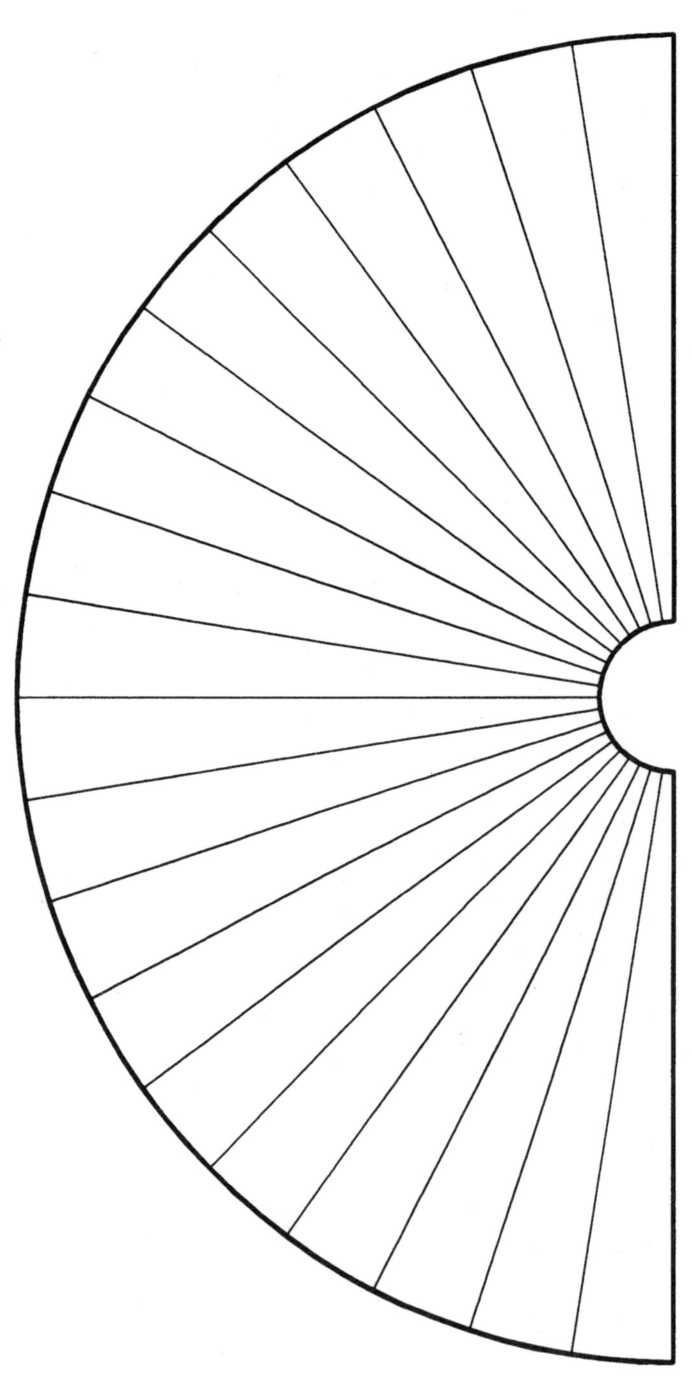

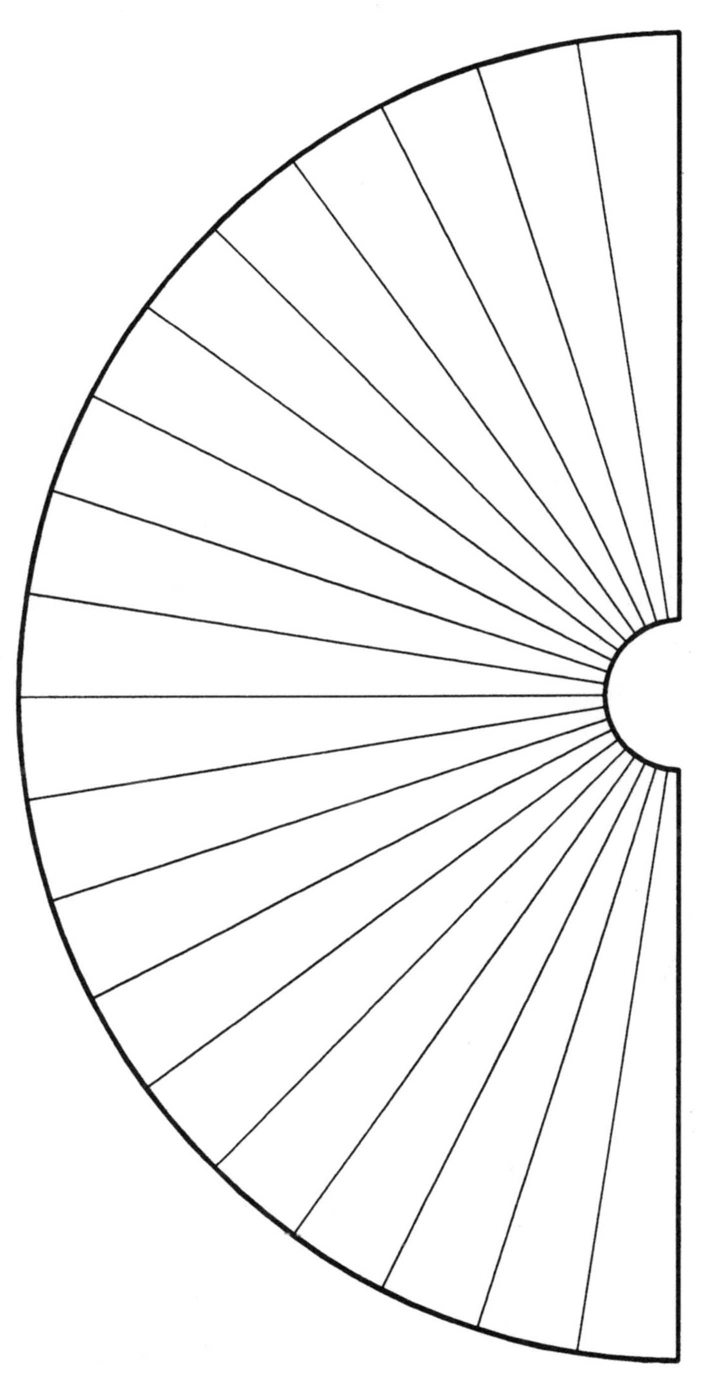

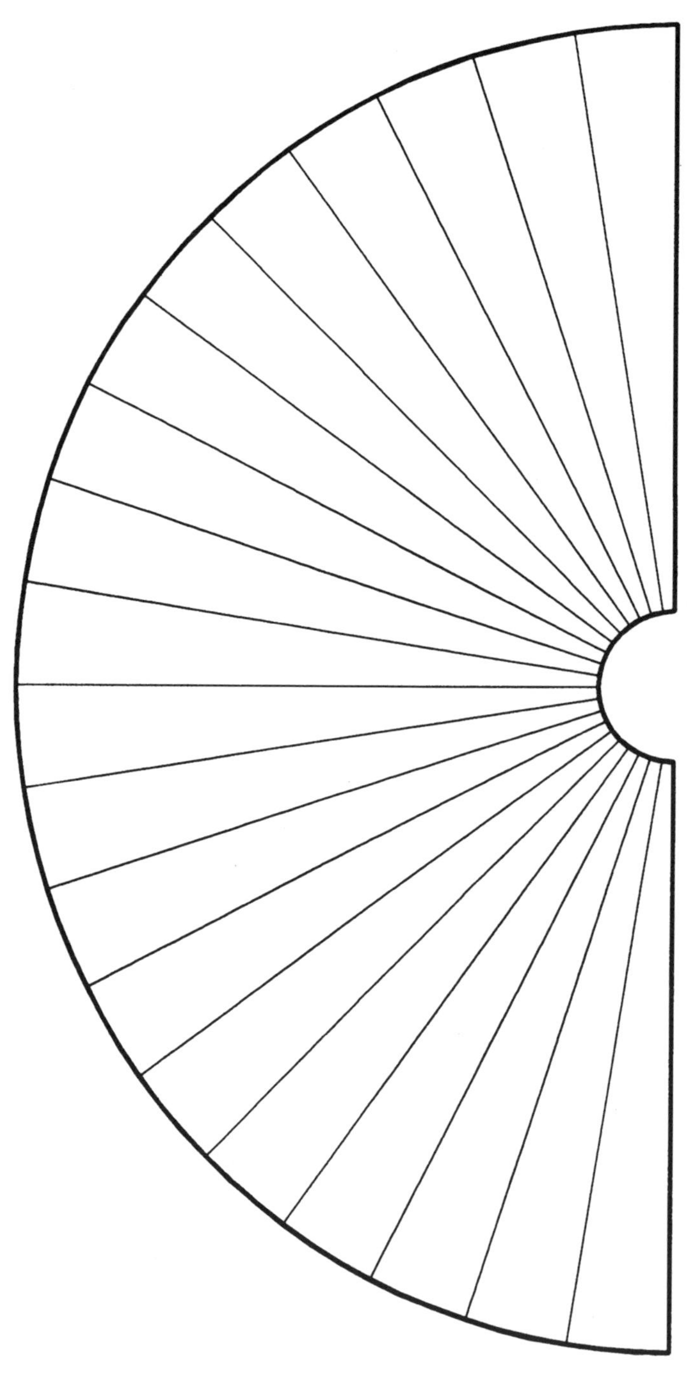

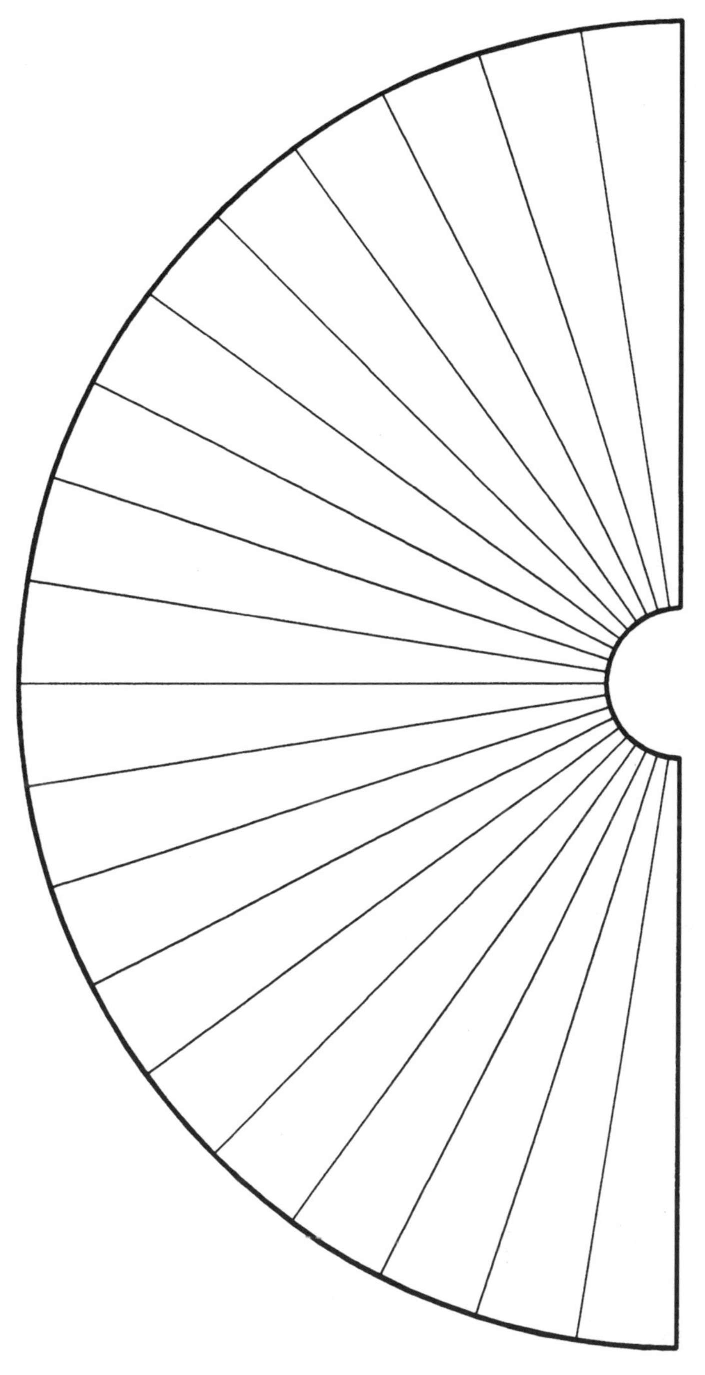

Literatur

Khalil Gibran: *Der Prophet.* Walter Verlag, 1973

Susanne Fischer-Rizzi: *Himmlische Düfte – Aromatherapie.* Hugendubel Verlag, 1991

Marcel Lavabre: *Mit Düften heilen.* Verlag Hermann Bauer, 1992

Götz Blome: *Mit Blumen heilen – Die Blütentherapie nach Dr. Bach.* Verlag Hermann Bauer, 1985

Hausrezepte aus der Naturapotheke. Lechner Verlag

Günther Liebster: *Heilkraft aus dem Garten.* Pawlak Verlag, 1991

Mathias Dorcsi: *Handbuch der Homöopathie.* Orac Verlag, 1986

Markus Wiesenauer: *Homöopathische Heilmittel.* Hippokrates Verlag, 1993

Theodor Krauß: *Die Grundgesetze der ISO-Komplex-Heilweise.* Johannes Sonntag Verlag, 1989

G. Hertzka / W. Strehlow: *Die Edelsteinmedizin der heiligen Hildegard.* Verlag Hermann Bauer, 1989

Laura Lorenzo: *Das Kleine Lexikon der Edelsteine.* Taoasis Verlag, 1993

H. G. Jaedicke: *Dr. Schüßlers Biochemie – Eine Volksheilweise.* Alwin Fröhlich Verlag

Elmadfa / Fritzsche / Cremer: *Die große GU Vitamin- und Mineralstoff-Tabelle.* Gräfe und Unzer Verlag, 1992

Wolfgang Gerz: *Hilfe durch Naturheilweisen.* Sportinform Verlag, 1989

Kubiena / Meng / E. Petricek / U. Petricek: *Handbuch der Akupunktur.* Orac Verlag, 1991

Kuan Hin: *Chinesische Massage und Akupressur.* Hallwag Verlag, 1992

Shalila Sharamon / Bodo J. Baginski: *Das Chakra-Handbuch.* Windpferd Verlag, 1989

Christa Muths: *Heilen mit Farben, Bildern und Symbolen.* Simon + Leutner Verlag, 1993

Dirk Kuhlmann: *Die Pilz-Invasion.* Bio Medoc Verlag, 1991

Rudolf Hauschka: *Ernährungslehre.* Klostermann Verlag, 1989

Karl Spiesberger: *Der erfolgreiche Pendel-Praktiker.* Verlag Hermann Bauer, 1955

Karl Haas: *Pendelbuch.* Anna Pichler Verlag, 1991

Blanche Merz: *Die Seele des Ortes.* Herold Verlag, 1988

Nigel Pennick / Paul Devereux: *Leys und lineare Rätsel in der Geomantie.* M&T Verlag, Ed. Astroterra, 1989

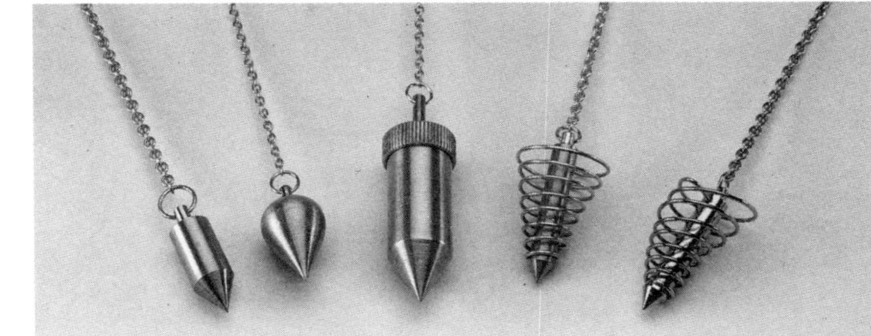

Die neuen Dimensionen des Bewußtseins

esotera seit vier Jahrzehnten das führende Magazin für Esoterik und Grenzwissenschaften: Jeden Monat auf 100 Seiten aktuelle Reportagen, Hintergrundberichte und Interviews über **Neues Denken und Handeln** Der Wertewandel zu einem erfüllteren, sinnvollen Leben in einer neuen Zeit. **Esoterische Lebenshilfen** Uralte und hochmoderne Methoden, sich von innen heraus grundlegend positiv zu verändern. **Ganzheitliche Gesundheit** Das neue, höhere Verständnis von Krankheit und den Wegen zur Heilung – und vieles andere.

Außerdem: ständig viele aktuelle Kurzinformationen über **Tatsachen die das Weltbild wandeln.** Sachkundige Rezensionen in den Rubriken **Bücher, Klangraum, Film und Video** sowie **Alternative Angebote.** Im **Kursbuch** viele Seiten Kleinanzeigen über einschlägige **Veranstaltungen, Kurse und Seminare** in Deutschland, Österreich, der Schweiz und im ferneren Ausland.

esotera erscheint monatlich. Probeheft kostenlos bei Ihrem Buchhändler oder direkt vom Verlag Hermann Bauer KG, Postfach 167, 79001 Freiburg

1 **Universal-Messingpendel**

bestehend aus drei Teilen: Geländependel, Normalpendel und Füllpendel.
Länge zus. 4,5 cm, Gewicht zus. ca. 50 g   Best.-Nr. 2025

2 **Spezial-Messingpendel**

in Senklotform. Für Anfänger und Fortgeschrittene ein gutes Pendel. Für alle Pendelexperimente geeignet. Exakt und leicht im Ausschlag.
Länge 2,5 cm, Gewicht ca. 15 g   Best.-Nr. 2026

3 **Mimosapendel**

Sehr empfindliches Pendel aus Messing. Anwendbar bei allen Arbeiten im menschlichen, tierischen, pflanzlichen oder sonstigen Bereich.
Länge 3,5 cm, Gewicht ca. 25 g   Best.-Nr. 2027

4 **Spiralpendel**

Experimentell vielfach erprobt, 6-fach verstärkter Ausschlag – besonders geeignet für sensible Menschen zu feinstofflichen und spirituellen Ansprechungen.
Länge ca. 4 cm, Gewicht ca. 13 g

Feinsilber – Best.-Nr. 2029
Kupfer   – Best.-Nr. 2030
Messing   – Best.-Nr. 2031